长沙某喇叭形立交

广州某双喇叭形立交

广州某 Y 形立交

武汉某苜蓿叶形立交

北京大羊坊立交

上海某定向式立交

高等学校道路与桥梁专业规划教材

道路交叉设计

杨建明 主编

中国建筑工业出版社

图书在版编目（CIP）数据

道路交叉设计/杨建明主编. —北京：中国建筑工业出版社，2013.9
（高等学校道路与桥梁专业规划教材）
ISBN 978-7-112-15618-4

Ⅰ.①道… Ⅱ.①杨… Ⅲ.①公路交叉-设计-高等学校-教材 Ⅳ.①U412.35

中国版本图书馆 CIP 数据核字（2013）第 162054 号

高等学校道路与桥梁专业规划教材
道路交叉设计
杨建明　主编
*
中国建筑工业出版社出版、发行（北京西郊百万庄）
各地新华书店、建筑书店经销
北京红光制版公司制版
北京市安泰印刷厂印刷
*

开本：787×1092毫米　1/16　印张：14½　插页：1　字数：363千字
2013年9月第一版　2013年9月第一次印刷
定价：33.00元
ISBN 978-7-112-15618-4
(24248)

版权所有　翻印必究
如有印装质量问题，可寄本社退换
（邮政编码 100037）

本书对道路平面交叉口设计与立体交叉设计的概念、理论、标准及设计方法进行了全面系统的介绍，主要内容包括交叉口的作用与交通流分析、平交口规划与设计、交通岛设计和通行能力计算、交叉口平面、视距和展宽设计、环形交叉口设计、交叉口竖向设计、立交类型和规划、立交主线、匝道及端部设计、公路（道路）与其他线路交叉设计、附属设施设计、计算机辅助设计及示例等。书中重点对平交口设计、交通岛设计、立交主线、匝道及端部设计及附属设施设计进行详细论述。全书内容丰富，系统性强，插图详尽，结合实践，完全采用新标准、新规范，并叙述计算机辅助设计和平交口、立交设计示例。

　　本书可作为高等工科院校土木工程、道路桥梁与渡河工程及交通工程专业本科生教材（含成人和继续教育本科相关专业），也可为道路与铁道工程方向研究生和道桥、市政、交通等方面工程技术人员参考使用。

* * *

责任编辑：辛海丽
责任设计：李志立
责任校对：张　颖　刘梦然

前 言

近年来随着我国经济的高速发展，交通建设也突飞猛进，公路和城市市政道路的新建和改建方兴未艾，作为公路及城市道路网节点的交叉口设计与施工也得到极大发展。交叉口不仅是道路交通枢纽，同时也是重要的交通设施。交叉口通常分为平交口和立体交叉，前者建设投资较省；而立体交叉的建设投资高、设计与施工难度大，对周围建筑物和环境影响较大。立体交叉设计的合理与否，不仅对工程规模、投资多少、建筑物动迁、占用土地等有极大影响，同时对区域交通和经济发展也有一定影响。立体交叉的设计不仅是路线线形设计，还包括桥梁、涵洞、交通附属设施及景观设计。

道路交叉设计是道路与桥梁工程专业的必修课，近年来，随着交通事业发展，平交口和立交设计理论、原理和方法发生了很大变化，设计标准和规范已重新修订，设计理论与方法也在不断更新。同时道路交叉设计是实践性很强的学科，需要学生学习过程有较强的动手能力，才能完整理解交叉口设计理论和规范要求，因此笔者在编写本教材时，尽量采用新标准、新规范和设计示例以适应需求。本教材编写有以下特点：第一，内容编排系统性强，首先力求平交口和立交设计理论、原理和方法系统化；其次强调理论联系实践，坚持理论与实践相结合；再次结合设计示例讲解。力求学生在系统学习设计理论的基础上，能在短时间内设计出相应的平交口和立交，从而加深对平交口和立交设计理论、规范和方法的理解。

本书第一、二、三、六章由杨建明编写，第四、五章由刘华良、杨建明编写。全书由杨建明统稿。由于编者水平有限，读者若发现本书有错误和不完善的地方，请予以批评指正。

目 录

第1章 概论 ··· 1
　1.1 交叉口的作用与分类 ··· 2
　1.2 交叉口的交通特征 ·· 2
　1.3 改善交叉口的基本途径 ·· 5
　1.4 交叉口发展历史概况 ··· 5
　1.5 本课程的学习目的、特点和学习方法 ····························· 9
　复习思考题 ·· 9

第2章 道路平面交叉设计 ··· 10
　2.1 交叉口设计概述 ·· 11
　2.2 交叉口交通组织设计 ·· 16
　2.3 交叉口通行能力 ·· 21
　2.4 交叉口平面与视距设计 ··· 25
　2.5 交叉口展宽设计 ·· 38
　2.6 环形交叉口设计 ·· 44
　2.7 交叉口竖向设计 ·· 51
　复习思考题 ·· 64

第3章 道路立体交叉设计 ··· 66
　3.1 立交基本组成及特征 ·· 67
　3.2 立体交叉的分类与形式 ··· 69
　3.3 立交规划、选型与设计 ··· 74
　3.4 立交主线设计 ··· 84
　3.5 立交桥跨设计 ··· 88
　3.6 立交匝道设计 ··· 94
　3.7 匝道端部设计 ··· 116
　3.8 分离式立体交叉 ·· 130
　3.9 立交服务水平与通行能力分析 ··································· 131
　复习思考题 ··· 135

第4章 公路（道路）与铁路、乡村道路、管线交叉 ················ 137
　4.1 道路与铁路交叉 ·· 138
　4.2 道路与乡村道路交叉 ·· 141
　4.3 城市人行立交 ··· 143
　4.4 道路与管线交叉 ·· 146
　复习思考题 ··· 147

第5章 附属设施设计 ·· 148
5.1 交通安全设施设计 ··· 149
5.2 照明设施设计 ·· 168
5.3 排水设施设计 ·· 173
5.4 收费站及广场设计 ··· 180
5.5 景观设计 ··· 191
复习思考题 ··· 194

第6章 计算机辅助设计及示例 ·· 195
6.1 计算机辅助设计 ··· 196
6.2 平交设计示例 ·· 199
6.3 立交设计示例 ·· 202
复习思考题 ··· 224

参考文献 ··· 225

第1章
概　　论

教学要点

知识要点	掌　握　程　度	相　关　知　识
基本概念	(1) 掌握交叉口的基本概念； (2) 掌握交叉口交通流的交通特征； (3) 了解交叉口设计的发展史与趋势	(1) 交叉口的作用； (2) 分流、合流、冲突与交织
交叉口设计的 发展与现状	(1) 了解平交口设计的进展； (2) 了解立体交叉的发展历史； (3) 了解交叉口设计学习的要求	(1) 平面交叉口的作用； (2) 立体交叉口的作用

技能要点

技能要点	掌　握　程　度	应　用　方　向
交叉口的作用	(1) 掌握交叉口的作用； (2) 了解交叉口的分类	(1) 交叉口分类； (2) 交叉口选择
交叉口 交通特征	(1) 掌握分流、合流、冲突和交织基本概念； (2) 掌握交叉口不同控制方式交通流的特征； (3) 掌握平交口的构造特征	(1) 平交口设计的基础； (2) 立体交叉设计的基础

基本概念

概论：交叉口、交叉口作用、交叉口分类、公路（道路）与铁路交叉、公路（道路）与公路（道路）交叉、公路与乡村道路交叉、公路（道路）与管线交叉；立体交叉、平面交叉；互通式立体交叉、分离式立体交叉；分流点、合流点、冲突点、交织段；信号控制交叉口、无信号控制交叉口；渠化交通。

引例

交叉口是道路网的节点，是车辆与行人在交叉口汇集、穿行和转向的位置。据统计，大约35%～59%的交通事故发生在交叉口。此外车辆在通过交叉口时，在交叉口延误的时间占全程行车时间31%，其中因信号而引起延误时间约占全部交叉口延误时间的60%。因此良好的交叉口设计可以改善交叉口行车条件，保证车辆和行人的安全，同时可以节省车辆和行人通过交叉口的时间，具有极大的经济效益和社会效益。

1.1 交叉口的作用与分类

交叉口是道路网非常关键的部分，各向道路在交叉口相互连接而构成路网，以满足沟通各向交通的需要。相交道路上的各种车辆和行人在交叉口汇集、转向和穿行，互相干扰或发生冲突，不但造成车速减慢、交通拥挤阻塞，而且还容易发生事故。据统计，车辆通过信号交叉口的时间延误约占全程时间的31%，发生在交叉口的交通事故约占道路事故总数的35%~59%。道路的行车安全、交通流量、运营费用和通行能力很大程度上取决于交叉口的正确规划和设计。而交叉口的正确设计，有利于提高交叉口乃至整个路网的行车安全和通行能力。

根据相交道路及相交构筑物的性质、等级，公路（道路）交叉可分为公路（道路）与公路（道路）交叉、公路（道路）与铁路交叉、公路（道路）与乡村道路交叉和公路（道路）与管线交叉等，如图1.1所示。

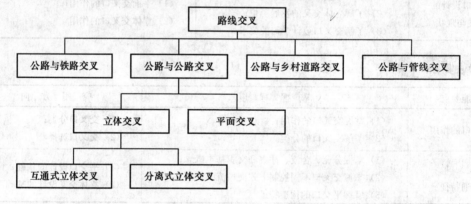

图1.1 路线交叉的分类

1.2 交叉口的交通特征

1. 平面交叉的交通特征

汽车行驶时的轨迹称交通流线（也称行车路线）。在十字交叉口入口处，每一交通流线都将分成直行、左转、右转三个方向的交通流线，这一分一合，形成了交通流线间十分复杂的关系。

交错点是指交通流线相互发生交错的连接点。由于行车路线在交错点发生交错，给行车安全带来影响。按交通流线交错的不同形式，又分为分流点、合流点、冲突点以及交织段四种情况，如图1.2所示。

分流点是指一条交通流线分为两条交通流线的地点。在分流点处，由于有的车辆要驶出原交通流线，改变行车方向，因而要减速，使通行能力降低，有可能产生尾随撞车。分流点主要产生在交叉口入口处，直行、右转、左转交通流线之间。

合流点主要是指来自不同方向的交通流线以较小的角度向同一方向汇合行驶的地点。由于几列不同方向的车队合成一列车队，车辆之间可能发生同向挤撞或尾随撞车，通行能力也会降低。合流点主要产生在交叉口出口处，直行、右转和左转交通流线之间。

冲突点是指来自不同方向的交通流线以较大角度或接近90°角度相互交叉的地点。冲突点处由于交通流线角度很大，发生撞车的可能性最大，对交通干扰影响很大。冲突点主要产生在交叉相交的公共区内，左转、直线交通流线之间。三、四、五路交叉口三种危险点分布如图1.3所示。

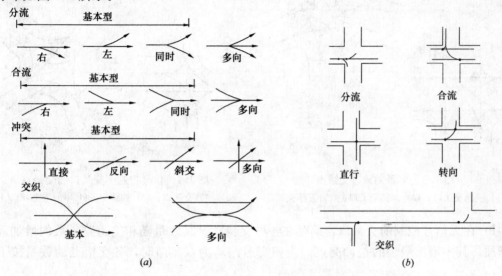

图1.2 交叉口交通流线的基本情况
(a) 交通流线图；(b) 交叉平面图

交织段是分流和合流的组合情况，当两方向的交通流线合流后，交换车道又分流。交织段长度是交织的基本参数。

此三类交错点都存在相互尾撞、挤撞或碰撞的可能性，是影响交叉口行车速度、通行能力和发生交通事故的主要原因。其中，以直行与直行、左转与左转以及直行与左转车辆之间所产生的冲突点，对交通的干扰和行车的安全影响最大；其次是合流点；再次是分流点。因此，在交叉口设计时，应尽量采取措施减少冲突点和合流点，尤其要减少或消灭冲突点。

无信号控制时，三路、四路和五路相交平面交叉口交错点分布情况如图1.3所示，其数量如表1.1所示。有信号控制下的平面交叉口交错点可见图1.4和表1.1。

平面交叉口交错点数量表　　　　　　　　　表1.1

交错点类型	无信号控制			有信号控制		
	相交道路的条数			相交道路的条数		
	3条	4条	5条	3条	4条	5条
分流点	3	8	15	2或1	4	4
合流点	3	8	15	2或1	4	6
左转车流冲突点	3	12	45	1或0	2	4
直行车流冲突点	0	4	5	0	0	0
总 数	9	32	80	5或2	10	14

由图 1.4 和表 1.1 可得出以下三点结论：

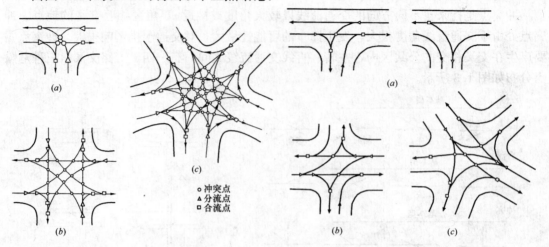

图 1.3　平面交叉口交错点
(a) 三路交叉口；(b) 四路交叉口；(c) 五路交叉口

图 1.4　信号控制下交叉口的交错点
(a) 三路交叉口；(b) 四路交叉口；(c) 五路交叉口

1) 在无信号控制的交叉口，都存在各种交错点。其数量随相交道路条数的增加而显著增加，其中增加最快的是冲突点。当相交道路均为双车道时，各交错点的数量按下式计算：

$$\left.\begin{array}{l}分流点 = 合流点 = n(n-2) \\ 冲突点 = \dfrac{n^2(n-1)(n-2)}{6}\end{array}\right\} \quad (1.1)$$

式中　n——交叉口相交道路的条数。

因此，在规划和设计交叉口时，应力求减少相交道路条数，尽可能避免五条或五条以上道路相交。

2) 产生冲突点最多的是左转弯车辆。如图 1.3 所示四路交叉口若没有左转车流，则冲突点可由 16 个减至 4 个，而五路交叉口则从 50 个减到 5 个。因此，在交叉口设计中，如何正确地处理和组织左转弯车辆，是保证交叉口交通通畅和安全的关键所在。

3) 在有信号控制的交叉口，交叉口的冲突点减少，保证行车安全，但增加交叉口的延误时间，影响交叉口的通行能力。在设信号控制的交叉口，其通行能力比路段上的通行能力减少。三条道路交叉口减少约为 30%，四条道路交叉口减少约为 50%，五条道路交叉口减少约为 70%。

因此，在交叉口设计过程中，必须力求减少或消除冲突点，保证车辆和行人的安全，同时又要努力提高交叉口的通行能力，保证行车畅通。

2. 平面交叉的构造特征

具有公共面是交叉口的主要构造特征。由于是在平面上相交，各条道路在交叉口处就形成了共有的公共平面，如图 1.5 所示。一个十字路口的公共面上，有四个出口，集中到公共面上，形成了十分复杂的交通状况。

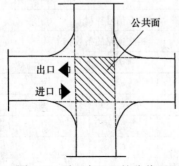

图 1.5　平面交叉口的公共面

另外，公共面为各相交道路的组成部分之一，在几何上应满足各条道路的平面、纵面线形和排水的要求。因此，如何设计好交叉口的公共面，确保交叉口排水畅通和路容美观，是平面交叉口的设计任务之一。

1.3 改善交叉口的基本途径

1. 使交通流线在时间上分离

用交通组织和管理的办法对交叉口的交通进行限制，在同一时间内只允许某一方向的车流通过，这样在交叉口的危险点就大大减少。通常，在交叉口装置自动交通信号灯，或由交警指挥，或设置让行交叉口，或定时不准左转车通行等，都是属于在时间上分离的措施。

2. 使交通流线在平面上分离

在交叉口采用各种交通设施或进行交通组织，使交通流线在平面上分离，这也是减少交叉口危险点的重要途径。通常采用的措施和方法有：

（1）在交叉口进口处设置专用车道，将不同方向车辆在过交叉口前分离到各专用车道上，减少行车干扰。

（2）合理组织交通路线，变左转车为右转车。如设置中央岛组织环行交通，规定交通路线，绕街坊组织大环行交通，设置远引交叉，都属于这一类型。

（3）组织渠化交通。在交叉口用画线、绿带、交通岛和各种交通标志等方法，限制交通流线，使交通流线在平面上分离的交通组织方法。

3. 使交通流线在空间上分离

设置立体交叉，从根本上分离交通流线，解决交叉口交通问题。

1.4 交叉口发展历史概况

早期公路车速和交通量都不大，所有道路都是平面交叉，交叉口的安全和畅通尚未构成问题，但交叉口的交通组织就已引起了人们的重视。1868年，在英国伦敦威斯敏斯特地区首次安装了一台两色信号灯管理路口的交通。1914年美国克利夫兰市开始使用电照明的信号灯。1918年纽约开始使用三色手动信号灯，最早在交叉口设立交通标志是1895年由意大利设计，1909年九个欧洲国家政府一致同意采用"交叉路口"、"前有铁路横过"等标志，开始了交通标志的国际化。

随着交通的发展，汽车大量增加，平交口往往交通拥挤、堵塞和产生事故。美国从1906年交通事故死亡400人，到1920年死亡12500人，其中约40%是发生在交叉口。因而产生对平交口进行设计的需求。为保证交叉口的行车视距，在转弯处设置曲线并适当加宽，以保证车辆平稳顺当地驶入和驶出交叉口。然后，逐步将平面交叉由简单的十字交叉逐渐发展为加铺转角式、扩宽路口式、渠化路口式以及环形交叉等形式。后来，人们认为按环形行车原则组织交通的交叉口是解决平面交叉冲突的有效办法，因而环形交叉在英国、美国、加拿大、瑞典和其他许多国家一时都获得广泛应用。1945年英国的技术规范推荐公路干线交叉采用环形交叉，并按交通量大小设计交叉的几何尺寸，中心岛直径由

18～72m，环道宽度由9～15m不等。美国的环形交叉，中心岛直径由60～90m，与环道相连的道路间距为21～24m。瑞典环形交叉中心岛直径一般为40m。我国在20世纪50～70年代期间，各地也盛行环形交叉，并针对我国自行车多的特点，在环道外侧都设计有一条或几条自行车道。

当道路交通迅速发展和汽车数量急剧增长时，平面交叉已不能适应汽车快速行驶和保证行车安全的需要，从空间上来分隔交叉的交通流变得尤为迫切。随着高速公路及干线公路的发展，要保证车辆大量、快速、安全地通过交叉口，根本的途径是运用交通流在空间上实行分离的形式，立交顺其自然产生了，随后得到大量发展。

世界上最早的立交出现在德国，建于1925年，采用苜蓿叶形立交。1928年在美国新泽西州建成了第一座全苜蓿叶形立体交叉（图1.6），该立体交叉平均每昼夜通过的交通量为62500辆，高峰时每小时达到6074辆，即每分钟可允许100辆车通过。截至1936年，公路立交达到125座，大部分是苜蓿叶形和部分苜蓿叶形，其平曲线半径一般不小于50m，匝道纵坡不大于5%～6%；环形立交的环道半径不小于90m，纵坡不大于8%。

加拿大立体交叉的兴起稍晚于美国，1936年在安大略省别尔里格顿城附近公路上建成第一座喇叭形立体交叉，其最小平曲线半径为33m，最大纵坡为3%，跨线桥桥下最小净空高度4.3m（图1.7）。

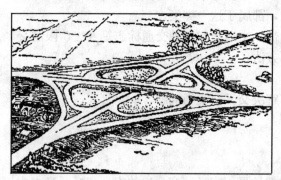

图1.6 苜蓿叶形立交

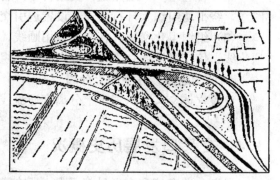

图1.7 喇叭形立交

第一座三岔式公路立体交叉是1935年德国在法兰克福至美茵公路干线上建造的，该立交由公路十字分岔到盖杰别尔洛和曼盖姆（图1.8）。这座立交建有三座跨线桥，采用400～1000m的大半径平曲线。由于有了这座立交，曼盖姆三角形地带从此闻名于世。

随着交通量增长的需要，也为了节约用地，立体交叉开始向三层、四层及定向式发展。纽约城的特利包罗三层立交，上下层供干线车辆快速行驶，中层则为地方交通服务。美国洛杉矶城建成世界上第一座四层公路立交，其第二、四层供干线车

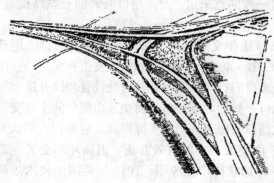

图1.8 三岔式公路立交

辆通行，一、三层布置转向联络匝道，最高层高出地面14.4m，最低层低于地面下6.6m；主线为6车道，设计车速96km/h；联络匝道的曲线半径90～105m，车速不低于55km/h；总建筑费用达280万美元。

我国第一座立交是1955年在武汉滨江路修建的半边苜蓿叶形立交（图1.9）。该立交利用武汉市江汉一桥主桥边孔供滨江路通过，用两小环道与桥上连接实现车辆左转。第一座全互通式双层环形立交于1964年在广州大北路建成，1986年又改建为三层环形立交，该立交位于内环环市路与城北进出干道解放北路交叉处。

北京西直门立交（图1.10）建成于1980年，为机动车与非机动车完全分离的三层环形立交，中层为非机动车环，是为地面非机动车、行人及建筑服务的基本层。该立交现已改建。

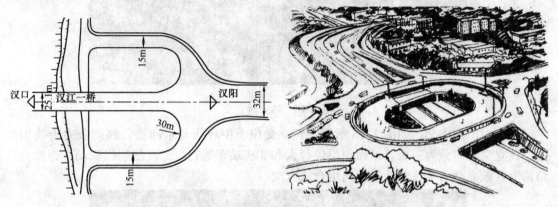

图1.9 我国第一座车行立交（1955年）　　　　图1.10 北京西直门立交

我国城市立交设计中，特别注意到我国存在有大量的非机动车（自行车）和行人交通，因而三层立交得到广泛应用。1979年建成的北京建国门三层长条苜蓿叶形立交（图1.11），采用三桥六洞，从空间上分隔机动车和非机动车，使之各行其道。左转和直行的自行车走中层环道，右转自行车走外缘慢车道；主线机动车直行走一、三层，转弯走快车匝道。

图1.11 建国门立交

北京四元桥是一座苜蓿叶形加定向式四层大型互通立交（图1.12），它由26座桥组成，其中主桥2座、匝道桥10座、副路桥6座、跨河桥8座。桥梁面积约4万 m^2，桥梁总长2773m，桥梁最高12m。桥址位于四环路上，北通亚运村、南达京津塘高速公路，四环路在此同时跨越机场高速公路和京顺路。

图1.12　四元桥立交

天津中山门立交，如图1.13所示，该立交位于中环线与京津塘公路两条主干线相交处。该立交竖向分为三层，地面一层供行人和非机动车通行，二、三层供机动车行驶。从结构上看该立交为半苜蓿叶半定向组合式立交。

图1.13　天津中山门蝶式立交

1988年我国大陆第一条高速公路——沪嘉高速公路建成通车，随后沈大高速公路建成。截至2011年底，我国高速公路达8.50万公里，在这些公路上修建了大量立交。其中沈大高速公路设有25座立交。如图1.14所示为沈大高速大石桥立交，沈大高速在K156+205.4处与营口—大石桥铁路相交，又在K156+255.5处与营口—大石桥一级公路相交，为避免匝道与铁路干扰，沈大路上设喇叭形立交，营大线上设Y形立交。

人行立交在我国近年来也得到迅速发展。最早是1973年武汉在航空路修建了一座钢筋混凝土箱形结构的人行地道；广州在1980年修建了北京路和延安路东侧两座人行天桥、均为斜腿刚架式钢桥。此后，北京、上海、天津、沈阳、西安等大城市和高速公路上相继

图 1.14　沈大高速大石桥立交

修建了数以千计的人行天桥和人行地道，为行人通过路口和横过道路提供了安全和便利的条件。

1.5　本课程的学习目的、特点和学习方法

本课程是道桥专业的主要专业课。它主要介绍交叉口设计的基本理论、原则和方法，是实践性很强、与理论紧密结合的课程。学习的目的在于学生掌握基本交叉口设计的方法和规范要求，然后运用所学知识进行交叉口设计。

交叉口是道路网的重要节点，车辆和行人需要在交叉口汇集、转向和穿行，同时也要保障交叉口的通行能力和交通安全。因而就要求在设计时要深入调查、综合研究各方面产生的作用，从而设计出技术先进、方案合理、坚固耐用、经济节约的交叉口。本课程的内容包括交通流向分析、平交口设计、立交设计、道路与其他线路交叉设计、附属设施设计和计算机辅助设计等内容。如何进行合理的交叉口线形几何设计是本课程研究的重点。有关结构设计的内容将在路基路面工程、桥梁工程、隧道工程、桥涵水文等专业课中学习。

为了学好道路交叉设计，可以从以下几方面进行：

（1）熟悉道路勘测设计的理论。这门课是道路勘测设计课程的继续，道路勘测设计的理论在交叉口设计过程应用。

（2）熟悉交叉口设计理论和相关规范。需要学生熟练掌握交叉口设计的理论和方法，同时掌握交叉口设计的相关规范，有条件的可以看看设计院设计的图件。

（3）理论联系实际的原则。道路交叉设计是一门实践性很强的学科，虽然学习大量交叉口设计的理论和规范，但如不加实践，并不能很好地掌握交叉口设计的要点。如立交的端部设计，虽然理论上很好理解，但怎样处理好端部主线和匝道的关系，必须通过实践才能正确理解。因此，希望学生多动手，最好能独立进行平交口和立交的设计。

复 习 思 考 题

1. 试述交叉口的作用。
2. 道路交叉口交通流有何特征？有何措施减少冲突点？

第 2 章
道路平面交叉设计

教学要点

知识要点	掌 握 程 度	相 关 知 识
基本概念	(1) 掌握交叉口组成、类型、交通组织特点； (2) 掌握交叉口视距、展宽车道概念； (3) 掌握交叉口竖向设计方法	(1) 展宽车道、交通岛、人行横道等； (2) 车辆、行人及非机动车交通组织； (3) 方格网等高线法
平面交叉设计	(1) 掌握交叉口交通组织设计； (2) 掌握交叉口平面、展宽设计； (3) 掌握环形交叉口设计； (4) 掌握交叉口竖向设计	(1) 交叉口车道布设、交通岛和人行横道； (2) 平纵线形、展宽车道和视距设计； (3) 环形交叉口、竖向设计

技能要点

技能要点	掌 握 程 度	应 用 方 向
交叉口选择与交通组织	(1) 掌握不同交叉口的特点； (2) 掌握交叉口交通组织设计	(1) 交叉口选型研究； (2) 交叉口交通组织设计
交叉口平纵横设计	(1) 掌握交叉口平面、视距设计； (2) 掌握交叉口展（拓）宽设计； (3) 掌握环形交叉口设计； (4) 掌握交叉口竖向设计	(1) 交叉口选型及可行性研究； (2) 交叉口施工图设计与应用

基本概念

平面交叉设计：交叉道路、进口道、出口道、展（拓）宽车道、交通岛、人行横道、标志标线；视距三角形、缘石半径；左转、右转车道；中心岛半径、环道宽度、交织角；路脊线、方格网法、圆心法、等分法、平行线法、Coons 曲面、竖向设计。

引例

平面交叉口是公路和城市道路网络的节点，因车辆、行人和非机动车在此汇集、通过和转向，从而造成交叉口车辆行人相互干扰，造成行车速度降低，也易发生交通事故。交叉口设计有助于解决交叉口交通组织和提高通行能力，确定相交道路间及交叉口和周围建筑物间共同面的形状。虽然平面交叉设计与实践取得大量成果，但仍存在交叉口竖向设计和交叉口的交通仿真技术研究不足的问题，因此为提高交叉口通行能力和交通安全，必须加强平面交叉设计

理论的研究。

2.1 交叉口设计概述

道路与道路（或铁路）在同一平面上相交的地方称为平面交叉口（或称道口）。各种不同道路纵横交错，构成复杂的道路网络，道路网络的节点就是交叉口，交叉口是道路网的重要组成部分，是道路交通的咽喉。相交道路的各种车辆、行人都要在交叉口汇集、通过或转向，由于它们之间相互干扰，造成行车速度降低，阻滞交通，耽误通过时间，也容易发生交通事故。据国内外交通事故统计资料表明，约有35%~59%的交通事故发生在交叉口。此外车辆在通过交叉口时，车辆在交叉口延误的时间占全程行车时间的31%，其中因信号而引起的延误时间约占全部交叉口延误时间的60%。因此，如何正确设计交叉口、合理组织交通，对于提高交叉口的车速和通行能力、避免交通阻塞、减少交通事故，都具有重要意义。

交叉口设计的基本要求：一是保证车辆与行人在交叉口能经最短的时间顺利通过，使交叉口的通行能力能适应各条道路的行车要求；二是交叉口竖向布置，保证车辆行车稳定和舒适，同时符合排水和美观要求。

2.1.1 交叉口组成

平面交叉口通常由交叉道路、附加车道、交通岛、人行横道、标志标线等部分组成，如图2.1所示。

1）交叉道路

交叉道路是与交叉口联结的道路在交叉口附近的路段。

2）进口道

平面交叉口上，车辆从上游路段驶入交叉口的一段车行道。

3）出口道

平面交叉口上，车辆从交叉口驶入下游路段的一段车行道。

4）进出口道展宽渐变段、展宽段

展宽进出口道，主要指新增左或右转弯车道。展宽渐变段长度按车辆以70%路段设计车速行驶3s横移一条车道时来计算确定；展宽段最小长度应保证左转或右转弯车不受相邻候驶车辆排队长度的影响。

5）中央分隔带

快速路上、下行快速机动车道间必须设计中间带分隔。通常，由中央分隔带及行车方向两侧路缘带组成。

6）机非分隔带

分隔机动车道和非机动车道。

7）交通岛

为控制车辆行驶位置或为保护行人，在车道之间设置的岛状区域称为交通岛。按其作用不同，可分为导流岛、安全岛。导流岛是在交叉口为将交通流引导到规定路线，防止其无秩序地行驶为目的而设置的岛；安全岛是为行人横道安全而设置的岛，如行人安全岛、转角交通岛。

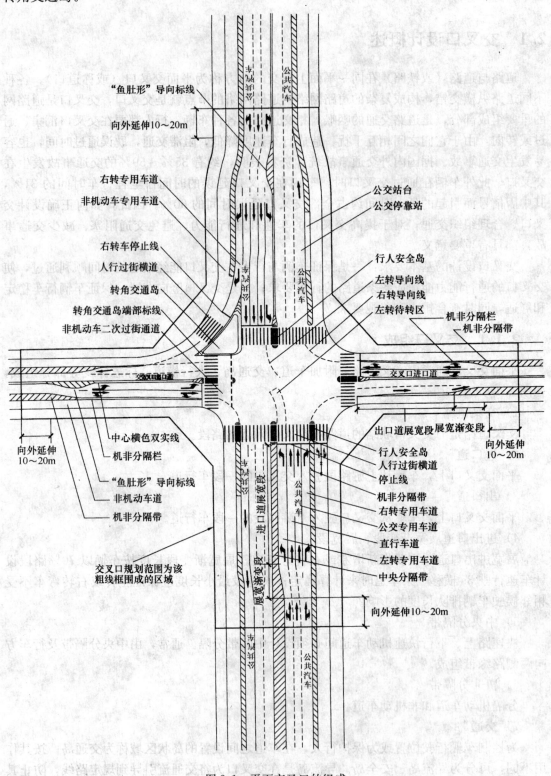

图 2.1 平面交叉口的组成

8) 人行过街横道

供行人横穿道口而设置的，以避免行人与车辆间相互干扰。

9) 标志标线

交通标志用图形、符号和文字传达交通特定信息、实行交通管理、指导行人和车辆行进。交通标线用路面画线和箭头、文字、突起路标以及路边线轮廓标进行管制交通和引导车辆行人行进。如停止（车）线、鱼肚形导向标线、左右转导向线和左转待转区等标线。

10) 平面交叉口范围

平面交叉口范围应包括该交叉口各条道路相交部分及其进出口道（展宽段和渐变段）以及行人、自行车过街设施所围成的空间。

2.1.2 交叉口设计原则和主要内容

交叉口的行车安全和通行能力，在很大程度上取决于交叉口的形式和交通组织，因此在设计交叉口时，必须首先考虑交叉口形式的选择和交通组织问题。为此，设计时应遵循下列原则：

1) 道路交叉口的位置受道路网规划控制，两条道路相交以正交为宜；当必须斜交时，交叉角应不小于70°（受地形条件或其他特殊情况限制时，应不小于60°，城市道路特殊困难时为45°），并避免错位交叉、多路交叉和畸形交叉。

已有的错位交叉口、畸形交叉口应加强交通组织与管理，并尽可能加以改造。

平交范围内的相交道路路段宜采用直线；当采用曲线时，其半径宜大于不设超高的圆曲线半径。纵面应力求平缓，并符合视觉所需的最小竖曲线半径值。

2) 交叉口的形状、类型应根据相交道路的功能、性质、等级、计算速度、设计小时交通量、转向车流的分布和当地地形地物条件等因素进行设计。

平面交叉的选型应选用主要道路或主要交通流畅通、冲突点少、冲突区小且冲突区分散的形式。

3) 交叉口平面设计应与交通组织设计、交通信号控制及交通标志与标线等管理设施设计同步进行。正确组织不同流向车流、人流，布设必要的转弯车道、交通岛、交通标志与标线等。

平面交叉的交通管理方式为主路优先、无优先交叉和信号交叉三种，应在总体设计中根据相交道路的功能、等级、交通量等确定所采用的方式。

一级公路作为干线公路时，应优先保证干线公路的畅通，适当限制平面交叉数量；一级公路作为集散公路时，应合理设置平面交叉，减少对主线交通的干扰，且应设置齐全、完善的交通安全设施。城市出入口、通过城镇路段及城市道路对车速有限制时，可设信号控制。

4) 交叉口设计应使行人过街便捷、安全，并适应残疾人、儿童、老人等弱势群体的通行要求；同时，妥善处理机动车与非机动车的相互干扰。

5) 交叉路口的竖向布置应符合行车舒适、排水迅速和美观的要求；同时，应与周围建筑物标高协调，便于布设地下管线和地上设施。

6) 平面交叉设计时，应使进出口道通行能力与其上游路段通行能力相匹配，并注意与相邻交叉口之间的协调。

7) 交叉口计算行车速度：两相交公路的等级或交通量相近时，平面交叉范围内的直行车道的设计速度可适当降低，但不得低于路段设计速度的70%，城市平交口设计速度取相交道路设计速度的50%~70%计算，转弯车取小值，直行车取大值。

8) 交叉口设计应节约用地，合理拆迁。

道路平面交叉设计的基本要求：一是保证相交道路上所有车辆与行人交通的流畅和安全；二是保证交叉口范围内的地面水迅速排除。

道路平面交叉口设计的主要内容如下：

1) 正确选择交叉口的位置和形式，确定各组成部分的几何尺寸（包括车行道宽度、缘石转弯半径、绿化带、交通岛等）；

2) 合理布置各种交通设施（包括交通信号标志、标线、行人横道线、照明和停车线等）；

3) 验算交叉口行车视距，保证安全通视条件；

4) 作好交叉口的竖向设计，布置雨水口和排水管道；

5) 验算交叉口的通行能力，保证交叉口设计满足实际需要。

在设计平面交叉口时，需要收集和了解以下有关资料：相交道路的条数和等级、车辆和行人的估算交通量、路口行车设计速度、相交道路的设计纵坡及横断面、交叉口的地形、交叉口周围的房屋建筑和排水管道等。

2.1.3 交叉口类型及选择

1. 道路交叉口分类及其选择

平面交叉口的形式取决于道路网的规划和周围建筑物的情况，以及交通量、交通性质和交通组织。常见的形式有"十"形、"T"字形、"X"形、"Y"形、错位交叉口、多路交叉口等（图2.2）。在具体设计中，城市道路平面交叉口应按交通组织方式分类，并应满足下列要求：

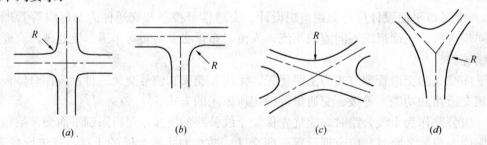

图 2.2 交叉口几何形状
(a) "十"字形；(b) "T"形；(c) "X"形；(d) "Y"形

1) A类：信号控制交叉口

平 A_1 类：交通信号控制，进口道展宽交叉口（图2.3）。

为使左右转弯车辆不影响直行车辆的正常行驶，在交叉口展宽进出口车道的平面交叉口。该类型交叉口可以单独增设右转或左转车道，也可以同时增设左、右转弯车道。可减少转弯交通对直行交通的干扰。适用于交通量较大、转弯车辆较多的城市主次干路间和二级公路间交叉口。

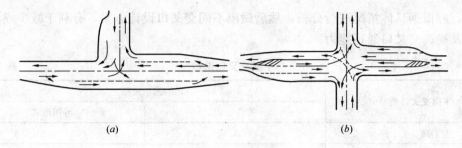

图2.3 进口道展宽交叉口

平A_2类：交通信号控制，进口道不展宽交叉口。

交叉口形式简单、进口道不展宽，采用交通信号控制车辆通行。适用交通量不大，转弯车辆较少的次干路—支路或支路—支路和三、四级公路交叉口。设计时，主要解决合适的转角曲线半径和足够视距问题。

2）B类：无信号控制交叉口

平B_1类：干路中心隔离封闭、支路只准右转通行的交叉口（简称右转交叉口）。

交叉口形式简单、主干路中心隔离封闭，支路没有直行车辆，支路只准右转车辆通行。通常适用主干路—支路交叉口。

平B_2类：减速让行或停车让行标志管制交叉口（简称让行交叉口）。

交叉口形式简单，采用减速让行或停车让行标志管制交通，适用次干路—支路、支路—支路或三、四级公路交叉口。

平B_3类：全无管制交叉口。

交叉口形式简单，无交通管制措施，适用支路—支路或低等级公路交叉口。

3）C类：环形交叉口

平C类：环形交叉口（图2.4）。

在交叉口中央设置中心岛，用环道组织渠化交通，使进入环道的所有车辆一律按逆时针方向绕岛单向行驶，直至所要去的路口离岛驶出的平面交叉口。环形交叉口的优点：驶入交叉口的各种车辆可连续不断地单向运行，没有停滞，减少了车辆在交叉口的延误时间；环道上行车只有分流和合流，消灭了冲突点，提高了行车的安全性；交通组织简便，不需信号管制；对多路交叉和畸形交叉，用环道组织渠化交通更为有效；中心岛绿化可美化环境。缺点：占地面积大，城区改建困难；增加了车辆绕行距离，特别是左转弯车辆；一般造价高于其他平面交叉。不宜用于城市主干道交叉口和坡度大于3%平面交叉口。

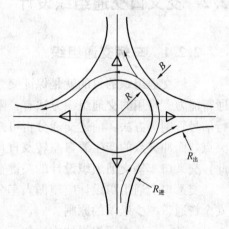

图2.4 环形交叉口

平面交叉口的选用类型，应符合表2.1的规定。

2. 交叉口形式的选择

交叉口形式选择，涉及因素较多，如交叉口现状、交通量及交通组成、地形地物和道路用地，应根据具体情况进行分析，然后做出不同交叉口设计方案，有利于减少或消除冲突点以及提高交叉口通行能力。

平面交叉口选型 表 2.1

平面交叉口类型	选型	
	推荐形式	可用形式
主干路—主干路	平 A_1 类	—
主干路—次干路	平 A_2 类	—
主干路—支路	平 B_1 类	平 A_1 类
次干路—次干路	平 A_1 类	—
次干路—支路	平 B_2 类	平 A_1 类或平 B_1 类
支路—支路	平 B_2 类或平 B_3 类	平 C 类或平 A_2 类

注：1. 人口在 50 万以上的大城市，主干路与主干路相交，经交通预测分析，需要设置立体交叉时，宜按《城市道路交叉口设计规程》CJJ 152—2010 表 3.1.4 选用；
2. 人口在 50 万以上的大城市，次干路与次干路相交，因景观需要，采用环形交叉口时，应充分论证。

一般情况下，交叉口的形式选择可按如下要求进行：
1) 相交道路条数宜少，形式尽量简单；
2) 尽量使相邻交叉口间的道路直通；
3) 交叉道路应避免锐角相交，尽量以近于 90°相交；
4) 主要道路线形尽量顺直；
5) 应尽量避免近距离错位交叉。

2.2 交叉口交通组织设计

2.2.1 车辆交通组织

车辆交通组织的目的就是保证交叉口上车辆和行人的交通安全、通畅，提高交叉口的通行能力。常用的交通组织方法有：限定车流行驶方向，设置专用车道，渠化交叉口，实行信号管制等方法。前述交通分析可知，影响交叉口通行能力和行车安全的主要因素是冲突点，而冲突点的产生源自左转及直行车辆，其中又以左转车辆所产生的冲突点最多。因此，交叉口车辆交通组织设计的关键在于解决左转车辆和直行车辆的交通组织问题。

交叉口交通组织设计应遵循人车分隔、机非分隔、各行其道；以人为本、公交优先；安全畅通、减少延误的原则。

交叉口车辆交通组织的方法如下：

1. 设置专用车道

组织不同行驶方向的车辆在各自的车道上分道行驶，互不干扰。根据行车道宽度和左、直、右行车辆的交通量大小可做出多种组合的车道划分，如图 2.5 所示。
1) 左、直、右方向车辆组成均匀，各设一专用车道，如图 2.5 (a) 所示；
2) 直行车辆很多且左、右转车也有一定数量时，设两条直行车道和左、右转各一条车道，如图2.5（b）所示；

3）左转车辆多而右转车辆少时，设一条左转车道，直行和右转车辆共用一条车道，如图2.5（c）所示；

4）左转车辆少而右转车辆多时，设一条右转车道，直行和左转车辆共用一条车道，如图2.5（d）所示；

5）左、右转车辆都较少时，分别与直行合用车道，如图2.5（e）所示；

6）行车道宽度较窄，不设专用车道，只划快、慢车分道线，如图2.5（f）所示；

7）行车道宽度很窄时，快、慢车也不划分，如图2.5（g）所示。

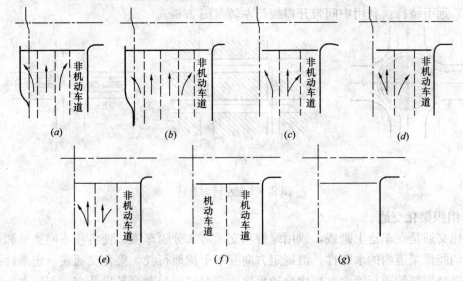

图2.5 交叉口车道划分

2. 左转弯车辆的交通组织

如前所述，左转弯车辆是引起交叉口车流冲突的主要原因，而且也影响直行车辆的通行，合理地组织左转弯车辆的交通，是保证交通安全、提高交叉口通行能力的有效方法。左转弯车辆交通组织方法可采用下列设计方法：

1）设置专用左转车道

展宽进口道，以便新增左转专用车道；在原直行车道中分出左转专用车道（图2.5c）；道路中线偏移，以便新增左转专用车道（图2.5a、b）；压缩较宽的中央分隔带，新辟左转专用车道，但压缩后的中央分隔带宽度对于新建交叉口至少应为2m，对于改建交叉口至少应为1.5m，其端部宜为半圆形（图2.1）。设置专用左转车道后左转车辆须在左转车道上等待开放或寻机通过，而不影响直行交通。

当高峰15min内每信号周期左转车平均流量达2辆时，宜设左转专用车道；当每信号周期左转车平均流量达10辆，或需要的左转专用车道长度达90m时，宜设两条左转专用车道。左转交通量特别大且进口道上游路段车道为4条或4条以上时，可设3条左转专用车道。

2）实行交通管制

通过信号灯控制或交警手势指挥，在规定时间内不准左转。

3）左转超前候驶道

设置左转超前候驶道供左转车超前候驶以提高左转车通行能力（图 2.1）。

4) 变左转为右转

(1) 环形交通：利用环道组织逆时针单向交通，变左转为右转，使冲突车流变为分流与合流，如图 2.6 (a) 所示。

(2) 街坊绕行：使左转车辆环绕邻近街坊道路右转行驶实现左转，如图 2.6 (b) 所示。这种方法绕街坊行程增加很多，通常仅用于左转车辆所占比例不大、旧城道路扩宽困难或在桥头引道坡度大的十字形交叉口，为防止车辆高速下坡时直角转弯发生事故而采用。

(3) 远引绕行：利用中间带开口绕行左转（图 2.6c）。

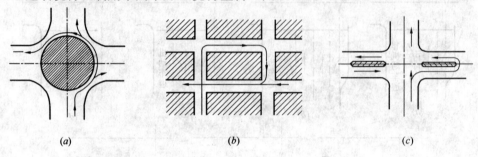

图 2.6 变左转为右转

3. 组织渠化交通

渠化交通是在车道上画线，或用绿带和交通岛来分隔车流，使各种不同类型和不同速度的车辆能像渠道内的水那样，沿规定方向互不干扰地行驶。渠化交通在一定条件下可以有效地提高道路的通行能力，减少交通事故。它对解决畸形交叉口的交通问题尤为有效。

渠化交通设计原则如下：

(1) 交叉口供分流行驶用的车道数，应根据交叉口车辆流量、流向确定。

(2) 交叉口交通岛的位置应按车流顺畅的流线设置。

(3) 进、出口道分隔带或交通标线应根据渠化要求布置，并应与路段上的分隔设施衔接协调。

渠化交通的主要作用是保证行车安全，具体表现在：

(1) 利用标线或分隔带、交通岛等，把不同方向和速度的车辆划分车道行驶，使行人和司机很容易看清互相行驶的方向，避免车辆相互侵占车道和干扰行车路线，因而可减少车辆相互碰撞的机会，增加行车安全，如图 2.7 (a) 所示。

(2) 利用交通岛的布置，限制车辆行驶方向，使斜交对冲的车流为直角交叉或锐角交叉，如图 2.7 (b)、(c) 所示。

(3) 利用交通岛的布置，限制车道宽度，控制车速，防止超车，如图 2.7 (d)、(e) 所示。

(4) 可利用渠化交通设置的交通岛或分隔带，设置各种交通标志，并可作为行人过街时避让车辆的安全岛。

在交通量较大、车速较高的交叉口利用交通岛组织渠化交通时，还需考虑设置变速车道和候驶车道，如图 2.7 (f) 所示，以利左转弯车辆转向行驶和变速行驶的需要。

在渠化交通中，最常用的是高出路面的交通岛。其设计见 2.4.5 节。

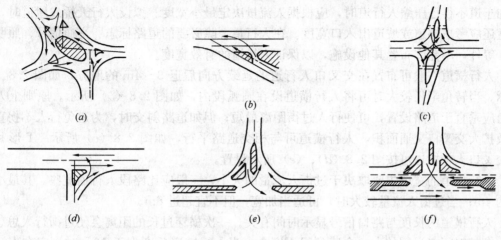

图 2.7 渠化交通

4. 调整交通组织

当旧城道路改建困难时，可对城市道路网综合考虑，采取改变交通路线，限制车辆行驶，控制行驶方向，组织单向交通，以及适当封闭一些主要干道上的支路等措施，简化交叉口交通，提高整个道路网的通行能力。

5. 采用自动控制的交通信号指挥系统

采用自动控制的交通信号指挥系统，提高道路的通行能力。

2.2.2 行人及非机动车交通组织

公路设计中往往不考虑行人和非机动车交通。但对城市道路因大量行人和非机动车存在，合理组织行人和非机动车交通，是消除交叉口交通阻塞、保障交通安全最有效的方法。

1. 行人交通组织

行人交通组织的主要任务是组织行人在人行道上行走，在人行横道线内安全过街，使人、车分离，各行其道，互不干扰。

交叉口是人流和车流汇集的地方。当通过交叉口的人流量很大时，经常会在交叉口转角的人行道上拥挤，不能走动，以致行人不得不从车行道上通行，容易产生交通阻塞现象。

人行道通常对称布置在车行道两侧。交叉口内相邻道路的人行道互相连通，并将转角处人行道加宽，以适应人流集中转向需要。为使行人安全、有序地横穿车行道，应在交叉路口设置人行横道。交叉范围的人行道和人行横道相互连接，共同组成可达任意方向的步行道网。尽量不将具有大量人流的公共建筑出入口设在交叉口上。

人行横道应设置在驾驶员容易看清的位置，标线应醒目。若人、车流量较大且车行道较宽时，应在人行横道中间设安全岛；必要时，在转角处用栏杆将人、车隔离，人行横道两端设置信号灯。当交叉口宽阔、人流量多、车流量大且车速高时，可考虑设置人行天桥或人行地道，这是行人交通组织最彻底、最有效的办法。交叉口处的人行道除满足行人通过外，还应为过街行人提供等待场地，其宽度原则上不小于路段人行道的宽度。若因设置附加车道不得已压缩人行道时，应根据人流量决定最小宽度。拟设人行天桥或地道时，人行道还应考虑梯道或坡道出入口宽度。在人行道上除必要的道路标志、交通信号、照明及栏杆等外，不允许布置其他设施，以保证人行道的有效宽度。

人行横道一般可布置在交叉口人行道的延续方向后退3~4m的地方，如图2.8（a）所示。当转角半径较大时可将人行横道设在圆弧段内，如图2.8（b）所示。原则上人行横道应垂直于道路设置，可使行人过街距离最短；但如道路斜交时，为避免行人不拐直角弯及扩大交叉口交通面积，人行横道可与相交道路平行，如图2.8（c）所示。T形和Y形交叉口人行横道可按图2.8（d）、（e）所示设置。

人行横道的宽度主要取决于过街人流量的大小，一般应比路段人行道宽些。其最小宽度为4m；当过街人流量较大时，可适当加宽，但不宜超过8m。

人行横道的长度与路口信号显示时间有关。一次横穿过长的距离会使过街行人思想紧张，尤其对行走迟缓的人，会感到很不安全。当人行横道长度大于16m时，应在人行横道中央设置行人二次过街安全岛，其宽度不应小于2m，困难情况下不得小于1.5m。

在设置信号灯控制或设置停车标志的交叉口，应在路面上标绘停止（车）线，指明停车位置。对无人行横道的交叉口，在不影响相交道路交通的条件下，停止（车）线应尽量靠近交叉口，以减少交叉口的范围，提高通行能力。当有人行横道时，停止（车）线应布置在人行横道线后至少1m处，并应与人行横道平行，如图2.8所示。

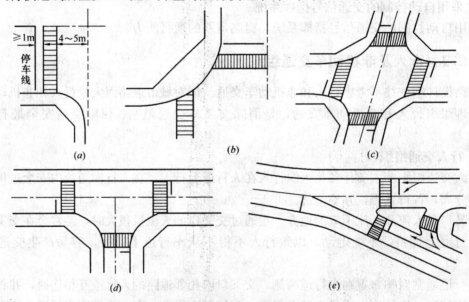

图2.8 人行横道的布置

全无管制及让行交叉口进口道必须设人行横道线，并设让行标志。

2. 非机动车交通组织

在交叉路口，非机动车道通常布置在机动车道和人行道之间。

在交叉口内，一般车流量下非机动车随机动车按交通规则在右侧行驶，不设分离设施。而车流量较大时，可采用分隔带（或墩）将机动车与非机动车分离行驶，减少相互干扰。上述两种情况与机动车交通组织共同考虑。

当车流量很大，机、非之间干扰严重时，可考虑采用立体非机动车交通组织，并与人行天桥或地道一起考虑。上、下人行天桥或地道可用梯道、坡道或混合式。一般行人宜用梯道型升降方式；非机动车应采用坡道型；非机动车较多，又因地形或其他理由不能设坡道时，可用梯道带坡道的混合型升降方式。

2.3 交叉口通行能力

2.3.1 交叉口的车道数

交叉口各相交道路的车道数，应根据交通控制、交通量、车道的通行能力及交叉处用地条件等决定。在城市道路上还应考虑大量非机动车交通存在的需要。

从渠化交通考虑、交叉口最好按车种和方向分别设置专用车道，以使左、直、右机动车和非机动车能在各自的专用车道上排列停候或行驶，避免相互干扰，提高通行能力。但在交通量较小的道路上设置过多的车道不经济，往往考虑车道混合行驶。

在确定交叉口的车道数和车道宽度时，尽可能组织机动车和非机动车分流行驶，以保证安全。而所设置的车道数，其通行能力的总和必须大于高峰小时交通量的要求；否则，交叉口会产生交通拥挤和阻塞的现象，影响道路行车安全。

交叉口的车道数可按以下方法确定：

首先选定交叉口的形式，然后根据设计年限的高峰小时交通量和不同行驶方向的交通组成，进行交通组织设计，初步定出车道数。按照所确定的交通组织设计方案，对初定的车道数进行通行能力验算，如车道通行能力总和小于高峰小时交通量的要求，则必须增加车道重新验算，直到满足交通量的要求为止。

由于受信号控制的影响，在相同车道数下交叉口车道的通行能力总是比路段上要小，所以交叉口的车道数不应少于路段上的车道数。为了充分发挥整条道路的通行能力，交叉口的设计通行能力应与路段通行能力相适应，通常交叉口的车道数宜比路段上多设一条。

2.3.2 车辆换算系数

通行能力的单位为：当量标准车辆数（或人行数）/单位时间。机动车道通行能力多以小客车为标准车型，其他车辆按规定的车型换算系数折算为当量小客车 pcu（即 passenger car unit）数。非机动车道通行能力多以自行车作为标准车型，其他非机动车按其与自行车的车型换算系数折算为当量自行车数。《城市道路工程设计规范》CJJ 37—2012 给出不同标准车型换算系数如表 2.2 所示，《城市道路交通规划设计规范》GB 50220—1995 给出非机动车换算系数如表 2.3 所示。

城市道路车辆换算系数　　　　　　　　　　　　　　表 2.2

车辆类型	小客车	大型客车	大型货车	铰接车
换算系数	1.0	2.0	2.5	3.0

非机动车换算系数　　表 2.3

车辆类型	自行车	三轮车	人力车或畜力车
换算系数	1.0	3.0	5.0

公路交通量换算采用小客车为标准车型。确定公路等级的各汽车代表车型和车辆折算系数规定（《公路工程技术标准》JTGB01—2003）如表 2.4 所示。

公路车型与车辆折算系数　　表 2.4

汽车代表车型	折算系数	说明
小客车	1.0	≤19 座的客车和载质量≤2t 的货车
中型车	1.5	>19 座的客车和载质量>2t~≤7t 的货车
大型车	2.0	载质量>7t~≤14t 的货车
拖挂车	3.0	载质量>14t 的货车

注：1. 畜力车、人力车、自行车等非机动车在设计交通量换算中按路侧干扰因素计；
　　2. 一、二级公路上行驶的拖拉机按路侧干扰因素计，三四级公路上行驶的拖拉机每辆折算为 4 辆小客车；
　　3. 公路通行能力分析所要求的车辆折算系数应针对路段交叉口等形式按不同的地形条件和交通需求采用相应的折算系数。

2.3.3　交叉口的通行能力

交叉口的通行能力随不同交通组织而异，可分为信号控制、让行标志交叉口两类。

1. 信号控制交叉口的通行能力

1）信号控制交叉口通行能力可按下式计算：

$$CAP = \sum_i CAP_i = \sum_i S_i \lambda_i \tag{2.1}$$

式中　CAP——信号控制交叉口通行能力（pcu/h）；
　　　CAP_i——第 i 条进口车道的通行能力（pcu/h）；
　　　S_i——第 i 条进口车道的规划饱和流量（pcu/h）；
　　　λ_i——第 i 条进口车道所属信号相位的绿信比。

2）信号控制交叉口规划饱和流量计算

（1）规划饱和流量应采用实测数据。当无实测数据时，在城市总体规划或分区规划阶段，规划饱和流量可按表 2.5 的规定选取；在控制性详细规划和交通工程规划阶段，规划饱和流量应结合进口车道宽度、进口车道纵坡及重车率、转弯车道的转弯半径等因素，对基本饱和流量进行修正后确定。

（2）信号交叉口基本饱和流量确定

信号交叉口基本饱和流量宜按表 2.5 的规定确定。

信号交叉口基本饱和流量（pcu/h）　　表 2.5

车道	S_b
直行车道（S_{bt}）	1550～1650～1750
左转车道（S_{bl}）	1450～1550～1650
右转车道（S_{br}）	1350～1450～1550

不同地区及规模的城市，其基本饱和流量可按当地情况，在表列流量范围内取值；中小城市、山区及积雪地区的城市取下限值；东部沿海地区、大城市、省城、单列市可取中值；北京、深圳取上限值。

(3) 各种进口车道饱和流量的进口道纵坡及重车率修正系数，当重车率不大于0.5时，可按下式计算：

$$f_g = 1 - (G + HV) \tag{2.2}$$

式中　f_g——进口车道饱和流量的进口道纵坡及重车率修正系数；
　　　G——进口道纵坡，下坡时取0；
　　　HV——换算成标准后的重车率。

(4) 各种进口车道饱和流量的车道宽度修正系数可按表2.6的规定选取。

各种进口车道饱和流量的车道宽度修正系数 f_t　　　表2.6

车道宽度（m）	f_t	车道宽度（m）	f_t
2.70	0.88	3.25	1.08
2.80	0.92	3.50	1.14
2.90	0.96	3.75	1.17
3.00	1.00	4.00	1.18

(5) 左、右转弯车道饱和流量的转弯半径修正系数可按表2.7选取。

左、右转弯车道饱和流量的转弯半径修正系数 f_z　　　表2.7

转弯半径（m）	10	15	20	25	30	35	40
f_z	0.90	0.95	0.97	1.00	1.00	1.05	1.10

(6) 各种车道规划饱和流量修正计算

直行车道经车道宽度、纵坡及重车率修正后的规划饱和流量 S_t 按下式计算：

$$S_t = S_{bt} \times f_t \times f_g \tag{2.3}$$

左转车道经车道宽度、纵坡及重车率、转弯半径修正后的规划饱和流量 S_l 按下式计算：

$$S_l = S_{bl} \times \min[f_z, f_t] \times f_g \tag{2.4}$$

右转车道经车道宽度、纵坡及重车率、转弯半径修正后的规划饱和流量 S_r 按下式计算：

$$S_r = S_{br} \times \min[f_z, f_t] \times f_g \tag{2.5}$$

3) 信号控制交叉口进口车道信号绿信比确定

(1) 改建或治理交叉口规划，有现状各交通流向的交通量数据时，各进口车道所属信号相位绿信比，可按各相位通车车道中最大交通量的比例确定；无现状各交通流向的交通量数据时，按新建交叉口规划有关规定确定。

(2) 新建交叉口规划，没有交通量数据的情况下，信号相位绿信比宜按交叉口规划进口车道数确定，也可按表2.8的规定选取。

2. 让行标志交叉口的通行能力

1) 让行标志交叉口的基本通行能力可按下列规定确定：

(1) 减速让行交叉口的基本通行能力应为1100~1580pcu/h。
(2) 停车让行交叉口的基本通行能力应为970~1560 pcu/h。

信号相位绿信比   表2.8

进口车道数	预估左转交通量	信号相位数	进口车道相位绿信比	
			同等级道路交叉口	主、次道路交叉口
2条	很少（<90pcu/h）	2	0.45	主路相位 0.51
				次路相位 0.39
≥3条	稍多（>90pcu/h）	4	0.21	主路相位 0.24
				次路相位 0.18

2) 让行标志的实际通行能力可按下式计算：

$$C = C_0 \cdot f \tag{2.6}$$

式中 C——让行标志交叉口实际通行能力；

　　　C_0——让行标志交叉口基本通行能力；

　　　f——考虑各种干扰因素的折减系数，可取 0.6～1.0。

3. 非机动车进口道通行能力

平面交叉口非机动车进口规划通行能力，应以每米车道 1h 通过非机动车辆数为计算单元。

当进口道设有机动车与非机动车分隔设施时，非机动车道规划通行能力宜为 1000 cyc/(h·m)～1200 cyc/(h·m)；当以道路标线分隔时，非机动车道规划通行能力宜为 800 cyc/(h·m)～1000 cyc/(h·m)。

4. 人行过街横道通行能力

人行过街横道通行能力，应以每条 1m 宽人行带在行人信号绿灯 1h 通过的行人数为计算单元；应根据人行横道长度、行人专用信号灯与信号周期、右转车辆干扰、对向行人相互干扰等情况综合确定；宜采用实测数据。

人行过街横道最大规划通行能力可按表 2.9 的规定选取。

人行过街横道最大规划通行能力   表 2.9

行人专用信号灯	人行过街横道长度（m）				
	7	9	15	20	25
	人行过街横道规划通行能力（人/绿灯小时·人行带数）				
有	1460	1380	1250	1130	1020
无	1370	1300	1180	1060	960

在规划城市道路时，T 形和十字形平面交叉口的规划通行能力，可按《城市道路交通规划设计规范》GB 50220—1995 的规定（表 2.10）参考采用。

平面交叉口的规划通行能力（千辆/h）   表 2.10

相交道路等级	交叉口形式			
	T 形		十字形	
	无信号灯管理	有信号灯管理	无信号灯管理	有信号灯管理
主干路与主干路	—	3.3～3.7	—	4.4～5.0

续表

相交道路等级	交叉口形式			
	T形		十字形	
	无信号灯管理	有信号灯管理	无信号灯管理	有信号灯管理
主干路与次干路	—	2.8~3.3	—	3.5~4.4
次干路与次干路	1.9~2.0	2.2~2.7	2.5~2.8	2.8~3.4
次干路与支路	1.5~1.7	1.7~2.2	1.7~2.0	2.0~2.6
支路与支路	0.8~1.0	—	1.0~1.2	—

注：1. 表中相交道路的进口道车道条数：主干路为3~4条，次干路为2~3条，支路为2条；
2. 通行能力按小客车计算。

2.4 交叉口平面与视距设计

2.4.1 交叉口设计依据

1. 计算设计交通量

设计交通量是以相交道路的设计交通量及其流向分析为依据。相交道路的设计交通量往往不尽相同，而且车辆在交叉口的流向也不相同，因此交叉口的设计交通量比路段设计交通量的确定难度大。对城市道路交叉口还要考虑机动车和非机动车有不同的高峰时间、一天当中早晚高峰流量、不同车辆流向和行人对车辆过多的干扰的特点等。因此设计平面交叉时，确定设计交通量要以交通调查和平时观测资料为依据，分析不同时间内通过交叉口的交通流性质、交通功能、相交道路特征、周围主要交通设施和土地开发利用状况，明确各进口道的直行、右转和左转交通量。根据交通量增长情况，也可采用分期修建原则先设计平面交叉，并使前期工程能为后期工程利用，预留用地，待交通量发展到某一阶段后再扩建和改建为立体交叉。

对于城市道路，信号控制平面交叉口进口道车道数、交叉口几何设计时的规划机动车与非机动车交通量，应采用规划年预测高峰小时内信号周期平均到达量；在确定渠化及信号相位方案时，应采用道路通车期信号配时时段的高峰小时内高峰15min换算的小时交通量。行人规划交通量应采用高峰小时内信号周期平均行人到达量。无行人到达量数据时，可按类似规模和区位的交叉口确定。

2. 计算行车速度

交叉口的交通岛、附加车道和转角曲线等各部分几何尺寸均取决于计算行车速度。交叉口的计算行车速度与路段计算行车速度密切相关。

公路平面交叉口主要公路的设计速度，宜与路段设计速度相同。两相交公路的功能、等级相同或交通量相近时，平面交叉范围内的直行车道的设计速度可适当降低，但不应低于路段的70%。次要公路因交角等原因改线，或因条件受限采用较低的线形指标时，可适当降低设计速度。转弯车道的设计速度应根据路段设计速度、交通量、交叉类型、交通管理方式和用地情况等因素综合确定。

城市道路交叉口内设计速度在保证安全的前提下，应按组成交叉口的各条道路的设计速度的50%~70%计算（表2.11），直行车取大值，转弯车取小值。在交叉口视距三角形验算时，进口道直行车设计速度应与相应道路设计速度一致。

交叉口机动车设计速度（km/h）　　　　　　　　　　　　表2.11

交叉口类型	部位	交叉口设计车速
平面交叉口	进口道直行车道	$0.7V_d$
	进口道左转车道	$0.5V_d$
	进口道右转车道	无转角岛式渠化不大于20km/h 转角岛式渠化不大于30km/h

3. 设计车辆

公路设计采用小客车、载重汽车、鞍式列车作为设计车辆（表2.12），平面交叉口的设计采用这三种车辆作为设计依据。平面交叉转弯曲线的线形和路幅宽度应以设计车辆转弯时的行迹作为设计控制，其转弯的行迹与行驶速度有关。

公路设计车辆外廓尺寸　　　　　　　　　　　　表2.12

车辆类型	总长（m）	总宽（m）	总高（m）	前悬（m）	轴距（m）	后悬（m）
小客车	6	1.8	2	0.8	3.8	1.4
载重汽车	12	2.5	4	1.5	6.5	4
鞍式列车	16	2.5	4	1.2	4+8.8	2

各级公路的平面交叉口应以16m总长的鞍式列车进行控制设计。左转弯曲线采用5~15km/h行驶速度的鞍式列车控制设计。大型车比例很小的公路，可采用5km/h行驶速度的鞍式列车控制设计，条件受限制时，可采用载重汽车低速行驶的行迹控制。公路等级低，交通量不大的情况下，右转弯不设专门的行车道，鞍式列车控制设计的速度可与左转弯的相同或略高一些。右转弯行车道设置分隔的情况下，转弯速度不宜大于40km/h。当主要公路设计速度较低时，右转弯速度不宜低于主要公路设计速度的50%。

城市道路设计采用小客车、大型车、铰接车作为设计车辆。机动车设计车辆及其外廓尺寸符合表2.13的规定。非机动车设计车辆及其外廓尺寸应符合表2.14规定。

机动车设计车辆及其外廓尺寸　　　　　　　　　　　　表2.13

车辆类型	总长（m）	总宽（m）	总高（m）	前悬（m）	轴距（m）	后悬（m）
小客车	6	1.8	2.0	0.8	3.8	1.4
大型车	12	2.5	4.0	1.5	6.5	4.0
铰接车	18	2.5	4.0	1.7	5.8+6.7	3.8

非机动车设计车辆及其外廓尺寸　　　　　　　　　　　　表2.14

车辆类型	总长（m）	总宽（m）	总高（m）
自行车	1.93	0.60	2.25
三轮车	3.40	1.25	2.25

4. 建筑界限

高速公路、一级公路、二级公路的净高应为 5.00m；三级公路、四级公路的净高应为 4.50m。

城市道路交叉口范围内的净高应符合表 2.15 的规定，顶角抹角宽度应与机动车道侧向净宽一致。

最小净高　　　　　　　　　　　　　　　　　　　表 2.15

车行道种类	机动车			非机动车	
行驶车辆种类	各种汽车	无轨电车	有轨电车	自行车、行人	其他非机动车
最小净高（m）	4.5	5.0	5.5	2.5	3.5

5. 通行能力

平面交叉口设计，必须使其设计服务水平下的通行能力满足交叉口的规划交通量的要求，而且不同的交通管制方式，交叉口的通行能力不一样，计算方法也不相同，详细见 2.3 节。

2.4.2 平纵线形设计

1. 平面线形

1) 公路要求

(1) 平面交叉口范围内两相交公路应正交或接近正交，且平面线形宜为直线或大半径曲线，不宜采用需设超高的曲线半径。

(2) 新建公路与等级较低的现有公路斜交时，应对次要公路在交叉前后一定范围内作局部改线，使交叉的交角不小于 70°；受地形条件或其他特殊情况限制时，应不小于 60°。

T 形交叉口中次要公路扭正改线（图 2.9）时，引道曲线与交叉中转曲线间应留长度不小于 25m 的直线。当次要公路为二级公路时，引道曲线半径应不小于 80m；次要公路为三级及三级以下的公路时，此曲线半径应不小于 40~50m。

当按公路性质和交通量需作渠化处理时，一般可保持钝角右转弯车道的基本线形，并通过合理布置交通岛来保证其他转弯车道所需的线形，如图 2.10 所示。当斜交过甚时，钝角右转弯应改为 S 形曲线，以避免过大的导流岛。

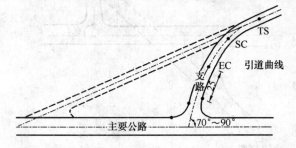

图 2.9　T 形交叉口中斜交的扭正

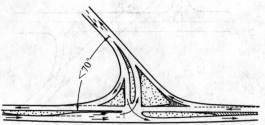

图 2.10　以渠化处理满足转弯所需的线形

斜交十字交叉口中次要公路扭正应符合图 2.11 的要求。交点不变时（图 2.11a），次要公路的每一岔中需增设两个曲线，其中离交叉口较远的曲线，其半径应不小于该公路的一般最小半径，并按要求设置缓和曲线；靠近交叉口的曲线，其半径应不小于45m，并在远离交叉口一端设置缓和曲线。改移交点时（图2.11b），只在次要公路的一岔上出现S曲线，半径的要求同上。

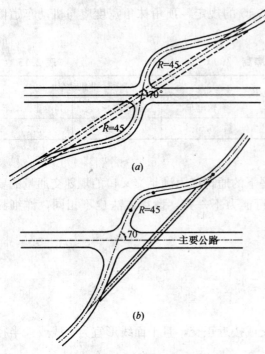

图 2.11 斜交十字交叉口的扭正
(a) 交点不变；(b) 交点改移

(3) 受条件限制而不能按上述扭正十字交叉口时，可将次要公路的两岔单独改线而组成如图2.12所示的两个错位的T形交叉。其中逆错位交叉口只限于次要公路的过境交通量比例很小的情况下。

错位交叉口中，交角为90°，次要公路引道的线形要求与斜交T形交叉口扭正时相同。

(4) 当既有公路提高等级，扩建改建或路面大修时，为扭正交叉口的改线中应采用较高的线形指标和较长路段的改移。

2) 城市道路要求

(1) 新建平面交叉口不得出现超过4叉的多路交叉口、错位交叉口、畸形交叉口以及交角小于70°（特殊困难时为45°）的斜交交叉口。已有的错位交叉口、畸形交叉口应加强交通组织管理，并加以改造。

(2) 平面交叉口范围内道路平面线形宜采用直线；当需要采用曲线时，其曲线半径不宜小于不设超高的最小圆曲线半径。

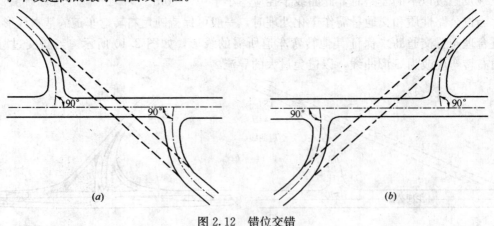

图 2.12 错位交错
(a) 顺错位；(b) 逆错位

2. 纵面线形

1) 公路要求

(1) 平面交叉口范围内，两相交公路的纵面宜平缓。纵面线形应满足停车视距的要求。

(2) 主要公路在交叉口范围内的纵坡应在 0.15%～3% 的范围内；次要公路紧接交叉的引道部分应以 0.5%～2.0% 的上坡通往交叉口。

(3) 主要公路在交叉口范围内的圆曲线设置超高时，次要公路的纵坡应服从主要公路的横坡。若次要公路在交叉前后相当长的范围内纵坡的趋势与主要公路的横坡相反，则次要公路应设置 S 形曲线，如图 2.13 所示。

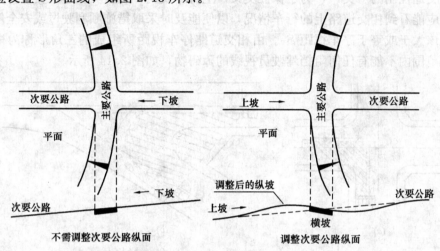

图 2.13 次要公路设置 S 形竖曲线

2) 城市道路要求

平面交叉口进口道纵坡不宜大于 2.5%，困难情况下不应大于 3%，山区城市道路等特殊情况，在保证安全的情况下可适当增加。

3. 交叉口间距

1) 公路要求

平面交叉口的间距应根据公路功能、等级、对行车安全、通行能力和交通延误的影响确定，间距应尽量地大，以提高交叉口通行能力，保证行车安全。当间距过小且密度较大的路段应采取修建辅道，适当合并或设分离式立体交叉等措施以减少平面交叉的数量。在确定两交叉口位置时应考虑：交叉口间车辆变换车道发生交织需要的长度；一个交叉口的暂停车辆不致堵塞另一个交叉口所需的间隔长度；高速过境交通不因两个路口过近而分散驾驶员注意力所需要的安全距离，一、二级公路平面交叉的最小间距应符合表 2.16 规定。

平面交叉的最小间距　　　　表 2.16

公路等级	一 级 公 路			二 级 公 路	
公路功能	干线公路		集散公路	干线公路	集散公路
	一般值	最小值			
间距 (m)	2 000	1000	500	500	300

2) 城市道路要求

城市道路平交口间距应根据城市规模、路网规划、道路类型及其在城市中的区域位置而定；干路交叉口间距宜大致相等；各类交叉口最小间距应能满足转向变换车道所需最短长度、满足红灯期车辆最大排队长度，以及满足进出口道总长度的要求，且不宜小于150m。

2.4.3 交叉口的视距设计

1. 视距三角形

对无交通控制的平交口，为了保证交叉口上行车安全，驾驶员在进入交叉口前的一段距离内，应能看到相交道路上的行车情况，以便能及时采取措施顺利驶过或安全停车。这段距离应该大于或等于停车视距 S_T。由相交道路停车视距所组成的三角形称为视距三角形。在其范围内不能有任何阻挡驾驶员视线的障碍物，如图 2.14 所示。

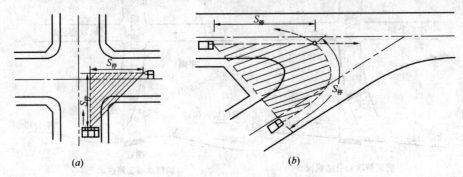

图 2.14 视距三角形
(a) 十字形；(b) T字形

公路规范规定：两相交公路间，由各自停车视距所组成的三角区内不得存在任何有碍通视的物体，如表 2.17 所示。

公路安全交叉停车视距　　　　　表 2.17

设计速度（km/h）	100	80	60	40	30	20
停车视距（m）	160	110	75	40	30	20
安全交叉停车视距（m）	250	175	115	70	55	35

城市道路平面交叉口视距三角形范围内，不得有任何高出路面 1.2m 的妨碍驾驶员视线的障碍物。交叉口视距三角形要求的停车视距应符合表 2.18 的规定。

交叉口视距三角形要求的停车视距　　　　　表 2.18

交叉口直行车设计速度（km/h）	60	50	45	40	35	30	25	20	15	10
安全停车视距（m）	75	60	50	40	35	30	25	20	15	10

视距三角形应以最不利的情况来绘制，绘制的方法和步骤如下：

1) 确定停车视距 S_T：可用停车视距计算公式或根据相交道路的计算行车速度按表 2.17、表 2.18 确定。

2) 根据交叉口具体情况，确定行车最危险冲突点：不同形式交叉口的最危险冲突点的寻找方法不尽相同。对常见十字形和 T 形（或 Y 形）交叉口的最危险冲突点可按上述方法寻找。

对十字形交叉口如图2.14（a）所示，最靠右侧第一条直行机动车道的轴线与相交道路最靠中心线的第一条直行车道的轴线所构成的交叉点是最危险的冲突点。

对T形（或Y形）交叉口如图2.14（b）所示，直行道路最靠右侧第一条直行车道的轴线与相交道路最靠中心线的一条左转车道的轴线所构成的交叉点为最危险的冲突点。

3）从最危险的冲突点向后沿行车轨迹各量取停车视距S_T。

4）连接末端构成视距三角形。在三条线所构成的视距范围内，不准有阻碍视线的障碍物存在。

条件受限制不能保证由停车视距所构成的通视三角区时，则应保证主要公路的安全交叉停车视距和次要公路至主要公路边车道中心线5～7m所组成的通视三角区，如图2.15所示。安全交叉停车视距值规定如表2.17所示。

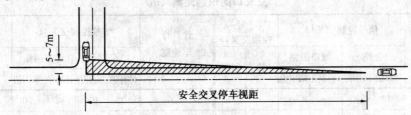

图2.15 安全交叉停车视距通视三角区

公路引道视距在数值上等于停车视距，但量取的标准为：眼高1.2m；物高0。各种设计速度所对应的引道视距及凸形竖曲线的最小半径规定如表2.19所示。

引道视距及相应的凸形竖曲线最小半径　　　　　　　　表2.19

设计速度（km/h）	100	80	60	40	30	20
引道视距（m）	160	110	75	40	30	20
引道凸形竖曲线最小半径（m）	10700	5100	2400	700	400	200

2. 识别距离

为保证车辆安全顺利通过交叉口，应使驾驶员在交叉口前的一定距离能识别交叉口的存在及交通信号和交通标志等，这段距离称为识别距离。该识别距离随交通管制条件而异。

1）无信号控制的交叉口

对无任何信号控制的交叉口，通常都是等级低、交通量小及车速不高的次要交叉口，识别距离应满足安全要求，可采用各相交道路的停车视距（表2.20）。

2）有信号控制的交叉口

对有信号控制的交叉口，在车辆正常行驶条件下，识别距离为使驾驶员能看清交通信号和显示内容，能有足够时间制动减速直至停车，但这种制动停车并非急刹车。因此有信号控制交叉口的识别距离可用公式（2.7）计算。

$$S_S = \frac{V}{3.6}t + \frac{V^2}{26a} \quad (2.7)$$

式中　S_S——交叉口的识别距离（m）；

V——路段计算行车速度(km/h);
a——减速度(m/s²),取 $a=2$ m/s²;
t——识别时间(s)。

识别时间 t 包括驾驶员的反应时间和制动生效时间。在公路上识别时间可取 10s;在城市道路上因交叉口较多,驾驶员对其存在已有思想准备,识别时间可取 6s。

3)停车标志控制的交叉口

对停车标志控制的交叉口,一般为主要道路与次要道路交叉,主次关系明确,而且对标志的识别要比对信号容易,因此可采用式(2.7)及识别时间为 2s 计算。

信号控制及停车标志控制交叉口的识别距离见表 2.20,在此范围内不能有任何障碍物。

交叉口的识别距离(m)　　　　　表 2.20

计算行车速度(km/h)	信号控制交叉口				停车标志控制交叉口	计算行车速度(km/h)	信号控制交叉口				停车标志控制交叉口
	公路		城市道路				公路		城市道路		
	计算值	采用值	计算值	采用值	采用值		计算值	采用值	计算值	采用值	采用值
80	348	350	—	—	—	30	102	100	68	70	35	35
60	237	240	171	170	104	105	20	64	60	42	40	19	20
40	143	140	99	100	54	55						

2.4.4 交叉口缘石半径设计

为了保证各种车辆能以一定速度顺利转弯,交叉口转角处的缘石或行车道路面边缘应做成圆曲线或复曲线,圆曲线的半径 R_1 称为转角半径,如图 2.16、图 2.17 所示。

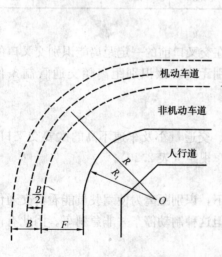

图 2.16 转角半径计算图式

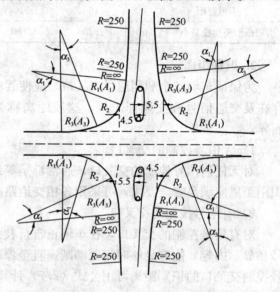

图 2.17 多圆心复曲线缘石半径

在未考虑机动车道加宽的情况下,转角半径 R_1 为:

$$R_1 = R - \left(\frac{B}{2} + F\right) \tag{2.8}$$

$$R = \frac{V_1^2}{127(\mu \pm i_h)} \tag{2.9}$$

式中　B——机动车道宽度（m），一般采用 3.5m；

　　　F——转弯处的非机动车道宽度（m），没有非机动车道时，$F=0$；

　　　R——右转车道中心线半径（m）；

　　　V_1——右转弯设计速度（km/h），可取路段设计速度的 0.5～0.7 倍，计算时可用 0.6 倍；

　　　μ——横向力系数，在 0.15～0.20 之间取值；

　　　i_h——交叉口路面横坡度，一般采用 2%。

城市道路平面交叉口转角处缘石宜为圆曲线或复曲线，其转弯半径应满足机动车和非机动车的行驶要求，可按表 2.21 选定。当平面交叉口为非机动车专用路交叉口时，路缘石转弯半径可取 5～10m。通常非机动车（多以自行车为主）转角最小半径宜大于 3m，一般最小半径为 5m，在条件允许时应尽量采用大转角半径，以有利于行车和以后交通发展的需要。

缘石转弯半径　　　　　　　表 2.21

右转弯设计速度（km/h）	30	25	20	15
无非机动车道路缘石推荐半径（m）	25	20	15	10

注：有非机动车道时，推荐转弯半径可减去非机动车道及机非分隔带的宽度。

各级公路平面交叉口的转弯设计以 16m 总长的鞍式列车进行控制设计。鞍式列车在各种转弯速度情况下，转角曲线路面内缘的最小半径如表 2.22 所示。

转角曲线路面内缘的最小半径　　　　　　　表 2.22

转弯速度（km/h）	≤15	20	25	30	40	50	60	70
最小半径（m）	15	20 (15)	25 (20)	30	45	60	75	90
最小超高（%）	2	2	2	2	3	4	5	6
最大超高（%）	一般值：6，绝对值：8							

注：条件受限制时可采用括号内的值。

公路交叉口转角曲线路面内缘的线形应符合车辆转弯时的行迹。非渠化平面交叉以载重汽车为主，转弯路面边缘可采用半径 15m 的圆曲线。当按鞍式列车设计时，路面边缘可采用符合转弯行迹的复曲线。渠化平面交叉的右转弯车道，其内侧路面边缘应采用三心圆复曲线，左转弯内侧路面边缘以一单圆曲线来控制分隔岛端的边缘线。以鞍式列车控制设计时，相交路面的边缘应采用图 2.18 所示的复曲线，相应半径 R_1、R_2 的取值见表 2.23。渠化的右转弯车道，其转角曲线路面边缘的线形是复曲线，详细设计见下节。

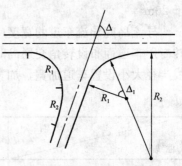

图 2.18　以鞍式列车控制设计时简单交叉口的转弯设计

R_1、R_2 的取值 表 2.23

Δ (°)	R_1 (m)	R_2 (m)	Δ_1
70~74	18	80	53°30′~58°50′
75~84	17	80	58°55′~68°00′
85~91	16	80	69°00′~75°00′
92~99	15	80	76°00′~83°00′
100~110	14	90	84°00′~95°00′

2.4.5 交通岛设计

交通岛一般可分为：

导流岛——用于控制和引导车流行驶；用以指引行车方向，它在渠化交通中起着很大作用，许多复杂的交叉口，往往只需用几个简单的导流岛，就能组织好交通，减少或消灭冲突点。

分隔岛——用于分隔反向和同向车流；用来分隔机动车和非机动车、快速车和慢速车，以及对向行驶的车流，保证行车速度和交通安全的长条形交通岛，有时也可在路面上画线来代替分隔岛。

中心岛——设在交叉口中央，用来组织左转弯车辆和分隔对向车流的交通岛。

安全岛——用于行人横过路口时暂时避让的地点；供行人过街时避让车辆之用。在宽阔的交通繁忙的街道上，宜在人行横道线中央设置安全岛，以保证行人过街安全。

交通岛设置条件：

1) 需分隔右转弯曲线车道与直行车道时，应设置导流岛。
2) 信号交叉中，左转弯为两条车道时，在左转弯与直行车道间应设导流岛。
3) 左转车道与对向直行车道间应设置分隔岛。
4) T形交叉口中，次要道路岔口的两左转弯行迹间应设置分隔岛。
5) 对向行车道间需提供行人越路的避险场所，或需设立标志、信号柱时，应设置分隔岛。

交通岛不应设在竖曲线顶部。交通岛面积不宜小于 7.0m²，面积窄小时，可用路面标线表示。转角交通岛兼作行人过街安全岛时，面积（包括岛端尖角标线部分）不宜小于 20m²。

导流岛间导流车道的宽度应适当，以避免因过宽而引起车辆并行、抢道。当需要设右转专用车道而布设转角交通岛时，右转专用车道曲线半径大于 25m，并应按设计车速及曲线半径大小设置车道加宽，加宽后的车道应符合表 2.24 的规定。

右转专用车道加宽后的宽度（m） 表 2.24

曲线半径（m）	设计车辆 大型车	小型车
25~30	5.0	4.0
>30	4.5	3.75

导流岛一般采用缘石围成高出路面的实体岛。当岛面积较小时,可采用交通标线表示的隐形岛。导流岛边缘的线形为直线与圆曲线组合,其端部最小圆曲线半径为0.5m,如图2.19所示偏移距S和内移距Q,应根据设计速度按图2.19和表2.25选用。当导流岛特别大时,导流岛端部内移距在主要道路一侧按1/10~1/20过渡,次要道路一侧为1/5~1/10。导流岛各部分要素(图2.20)最小值可按表2.26取用。

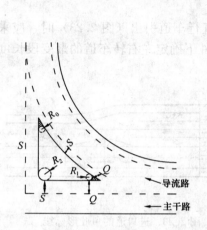

图2.19 偏移距、内移距及端部圆曲线半径最小值

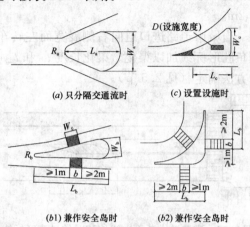

图2.20 导流岛各部分要素

导流岛偏移距、内移距、端部圆曲线半径最小值					表2.25
设计速度(km/h)	偏移距S(m)	内移距Q(m)	R_0(m)	R_1(m)	R_2(m)
≥50	0.50	0.75	0.5	0.5~1.0	0.5~1.5
<50	0.25	0.50			

导流岛各要素的最小值(m)								表2.26
图示	(a)			(b)			(c)	
要素	W_a	L_a	R_a	W_b	L_b	R_b	W_c	L_c
最小值(m)	3.0	5.0	0.5	3.0	(b+3)	1.0	(D+3)	5.0

导流岛边缘的线形取决于相邻车道的路缘线形,直行车道边缘的岛缘线应根据缘石构造作不同值的偏移,岛端迎车流边应偏移且圆滑化。常用公路导流岛如图2.21和表

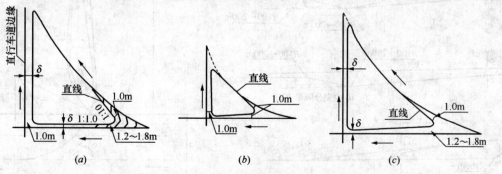

图2.21 转角导流岛
(a)大型岛;(b)小型岛;(c)大型岛的变通形式

2.27、表2.28所示。表2.28中,栏式路缘石为具有一定形状和高度,能够阻碍车辆驶离路面的界石。半可越式路缘石为在紧急情况下车辆可以驶过或在特殊情况下对车辆无损害的一种路缘石。可越式路缘石为车辆可以驶过且对车辆无损害的一种路缘石。

当城市道路进口道横断面中线偏移(图2.22)时,应采用过渡区标线加以渠化。渠化长度(l_d)可按展宽条件下确定左右转车道的渐变段长度确定(见2.5节);l_2不应小于2m。

当城市道路进口道向右侧展宽而左转车道直接从直行车道引出(图2.23)时,应采用鱼肚形标线加以渠化。渠化长度l_{d1}和l_{d2}可按展宽条件下确定左右转车道的渐变段长度的方法确定(见2.5节)。

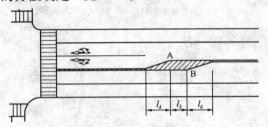

图2.22 进口道横断面中线偏移时的过渡区标线　　图2.23 进口道的鱼肚形标线

公路分隔岛宽度按其用途规定如表2.29所示。交叉中主要道路上分隔岛如图2.24所示,设计参数表如表2.30,次要道路或支路上的分隔岛见图2.25,设计参数如表2.31所示。

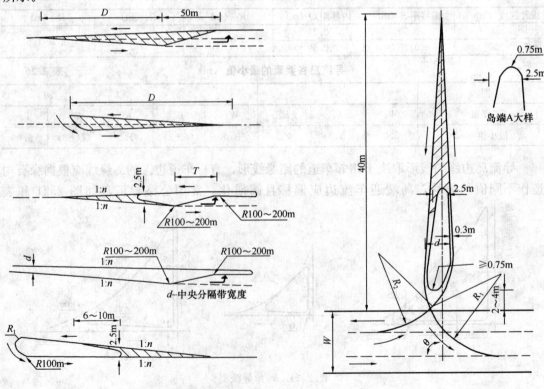

图2.24 交叉中主要道路上的分隔岛　　图2.25 交叉口支路的分隔岛

岛端圆弧半径 表 2.27

岛端形状及车流方向	↙↗	↙↗	↙↗	↑⌐→
半径（m）	0.3（0.5）	0.6（0.75）	0.6（0.75）	1.0（1.5）

括号中的值用于边长大于 30m 的大型岛

缘石后退量 表 2.28

缘石类型	δ（m）
栏式	0.6
半可越式	0.3
可越式	0

分隔岛的宽度 表 2.29

分隔岛的用途	宽度（m）
设置标志	1.2
个别行人避险以及今后可能设信号	1.8
多车道公路的信号交叉中较多行人的越路避险	2.4
左转弯车道及剩余分隔带	4.3～5.5
标线式左转弯分隔带	至少为车道宽度
二次等候左转或穿越	7m 或设计车辆长度

主要道路上分隔岛的设计参数 表 2.30

设计速度（km/h）	40	50	60	80
渐变参数 n	15	20	25	30
D	40	50	60	80
T	40	45	55	70

支路上分隔岛的设计参数 表 2.31

θ（°）	70	80	90	100	110	W（m）	≤10	11	≥14
d（m）	1.5	2.0	2.5	2.0	1.5	R_1（m）	12	14	20

公路交通岛按其构造分为缘石围成而高出周围行车道路面的实体岛、路面上用标线画出的隐形岛和无缘石的浅碟岛三种。

（1）当被交通岛分隔的行车道有不少于两条的车道或虽为一条车道但设置绕避故障车辆的加宽时应采用实体岛，岛缘宜采用斜式缘石或半可越式缘石，岛缘与车道边线应有 0.3～0.5m 宽的路缘带。

（2）岛的面积较小或不需要或不宜采用强行分隔时，宜采用隐形岛。

（3）岛的面积很大或可不依赖缘石导向的情况下（如速度较高的右转弯车道的导流岛），可采用由附加宽度不小于 0.5m 的路缘带的行车道围成的浅碟式岛。

（4）夜间交通量较大且交通岛复杂的渠化交叉应设置照明。

（5）不具备设置照明条件时，应采用反光路标勾出岛边界轮廓。同时路缘线、隐形岛的所有标线、迎流岛端部缘石的立面上，均应采用反光涂料。

中心岛的设计见 2.6 节。

安全岛是作为行人过街时避让车辆之用。如车行道很宽，宜在行人横道的中央设置安全岛，以保证行人过街的安全（图2.26），为保证岛上滞留行人的安全，应在岛边的适当位置设置防冲护栏。

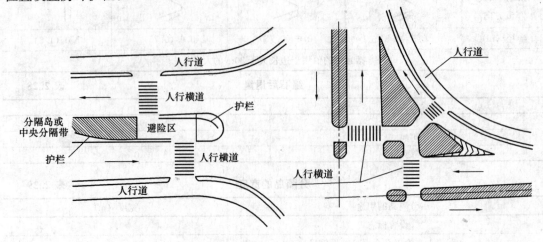

图2.26 交通岛供越路避险时的布置

2.4.6 人行横道设计

1）人行横道应设置在驾驶员容易看见的位置，宜与车行道垂直，平行于路段路缘石的延长线并适当后退，通常后退3～4m。

2）有中央分隔带的道路，人行横道应设置在分隔带端部向后1～2m处。

3）人行横道宽度应根据过街行人数量、行人信号时间等确定，顺延干路的人行横道宽度不宜小于5m，顺延支路的人行横道宽度不宜小于3m，宜以1m为单位增减。

4）当人行横道长度大于16m时，应在人行横道中央设置行人二次过街安全岛，其宽度不应小于2m，困难情况下不得小于1.5m。

5）当平面交叉口附近高架路下设置人行横道时，桥墩不应遮挡行人视线，并宜设置行人二次过街安全岛和专用信号。

6）无信号管制及让行管制交叉口必须设置条纹状人行横道，并在人行横道上游设置"让行人先行"禁令标志。对右转车无信号控制时，应在右转专用车道上游设置减速让行线，人行道边设置"让行人先行"禁令标志。

7）环形交叉口的人行横道宜设置在交通岛上游，并采用定时信号或按钮信号控制。环形交叉口中心岛不得设置人行道。

8）人行横道与人行道或交通岛的交接处应做成坡道，应符合现行行业标准《城市道路和建筑物无障碍设计规范》JGJ 50的规定。

2.5 交叉口展宽设计

当相交道路的交通量较大、转弯车辆较多而车速又高时，若交叉口进口道仍然采用路段上车道数，会导致转弯车辆和直行车辆受阻，分流与合流困难，且易发生交通事故。此时可向进口道的一侧或两侧展宽车道，增设左、右专用车道，以改善交叉口的通行条件，提高交叉口的通行能力。

展宽的车道数主要取决于进口道的各向交通量、交通组织方式和车道的通行能力等。一般应比路段单向车道数多增加一至两条车道。

城市道路进口道各车道根据高峰小时高峰 15min 换算的小时交通量设置左转直行和右转专用车道。

交叉口展宽设计主要解决展宽车道的设置条件、设置方法以及长度计算三个问题。

2.5.1 设置条件

1. 右转车道的设置条件

1) 公路要求

两条一级公路相交或一级公路与交通量大的二级公路相交时，其右转弯运行应设置经渠化分隔的右转弯车道。

一级公路、二级公路的平面交叉中，符合下列情况之一者应设置右转弯车道：

(1) 斜交角接近于 70°的锐角象限；
(2) 交通量较大，右转弯交通会引起不合理的交通延误时；
(3) 右转弯车流中重车比例较大时；
(4) 右转弯行驶速度大于 30km/h 时；
(5) 互通式立体交叉连接线中的平面交叉右转弯交通量较大时。

2) 城市道路要求

当高峰 15min 内每信号周期右转车平均到达量达 4 辆或道路空间允许时，宜设置右转专用车道。改建及治理交叉口规划时，可通过缩减进口道车道的宽度、减窄机非分隔带或利用绿化带展宽成右转专用车道或直右混行车道。当设置 2 条右转专用车道时，宜对右转车流进行信号控制。

2. 左转车道设置条件

1) 公路要求

平面交叉除下列条件下应设左转车道：

四车道公路除左转交通量很小者外，均应在平面交叉范围内设置左转弯车道。

二级公路符合下列情况之一者，应设置左转弯车道：

(1) 与高速公路或一级公路互通式立体交叉连接线相交的平面交叉；
(2) 非机动车较多且未设置慢车道的平面交叉；
(3) 左转弯交通会引起交通拥阻或交通事故时。

2) 城市道路要求

新建交叉口宜利用部分中央分隔带增辟左转专用车道；改建及治理交叉口，且高峰 15min 内每信号周期左转车平均交通量超过 2 辆时，宜设置左转专用车道。每信号周期左转车平均到达交通量达 10 辆或需要左转专用车道长度达 90m 时，宜设置 2 条左转专用车道。

2.5.2 设置方法

1. 进口车道设置方法

1) 右转专用车道设置

(1) 展宽进口道，新增右转专用车道，如图 2.27 所示。

(2) 在原直行车中分出右转专用车道。

2) 左转专用车道设置

(1) 展宽进口道，以便新增左转专用车道；

(2) 压缩较宽的中央分隔带，新辟左转专用车道，但压缩后的中央分隔带宽度对于新建交叉口至少应为 2m，对改建交叉口至少应为 1.5m，其端部宜为半圆形；

3) 道路中线偏移，以便新增左转专用车道；

4) 在原下行车道中分出左转专用车道。

2. 出口车道设置方法

出口道车道数应与上游各进口道同一信号相位流入的最大进口车道数相匹配。条件受限的改建交叉口，流入最大进口车道数可减少一条。相邻进口道设有专用车道时，出口道应展宽一条右转专用出口车道。

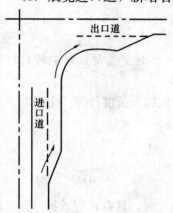

图 2.27 展宽右转车道

2.5.3 展宽车道长度

1. 进口车道等宽的右转车道的长度

交叉口的进口道设置了右转车道后，为了不影响横向相交道路上的直行车流，在横向相交道路的出口道应设加速车道，见图 2.28。进口道处右转车道的长度应能满足右转车辆减速所需长度，也应保证右转车不受相邻等候车队长度的影响；出口道的加速车道应保证加速所需长度。

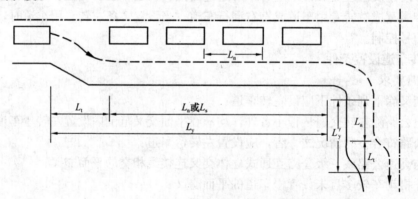

图 2.28 交叉口展宽（拓宽）计算图式

(1) 渐变段长度 L_t

渐变段的长度 L_t 可按转弯车辆经路段平均行驶速度 V_A 行驶时，每秒钟横移 1.0m 计算，即：

$$L_t = \frac{V_A}{3.6J}B \tag{2.10}$$

式中 V_A——路段平均行驶速度（km/h）；

B——右转车道宽度（m）；

J——车辆行驶时变换车道的侧移率(m/s),一般取 $J=1.0\text{m/s}$。

最小渐变段长度可按表 2.32 选用。

最小渐变段长度 表 2.32

设计速度(km/h)	100	80	60	40
渐变段长度(m)	60	50	40	30

(2) 减速所需长度 L_d 和加速所需长度 L_a

进口道减速所需长度 L_d 和出口道加速所需长度 L_a 可用下式计算:

$$L_d(或 L_a) = \frac{V_A^2 - V_R^2}{26a} \tag{2.11}$$

式中 V_A——减速时进口道或加速时出口道处路段平均行驶速度(km/h);

V_R——减速后的末速度或加速前的初速度(km/h);

a——减速度或加速度(m/s²)。

进口道的 L_d 和出口道的 L_a 采用表 2.33 所列数值。

公路变速车道长度 表 2.33

公路类别	设计速度(km/h)	减速车道长度(m) $a=-2.5\text{m/s}^2$ 末速(km/h)			加速车道长度(m) $a=1.0\text{m/s}^2$ 始速(km/h)		
		0	20	40	0	20	40
主要公路	100	100	95	70	250	230	190
	80	60	50	32	140	120	80
	60	40	30	20	100	80	40
	40	20	10	—	40	—	—
次要公路	80	45	40	25	90	80	50
	60	30	20	10	65	55	25
	40	15	10	—	25	15	—
	30	10	—	—	10	—	—

(3) 等候车队长度 L_s

右转车道长度应能使右转车辆从直行道最长的等候车队的尾车后驶入展(拓)宽的车道,其长度为:

$$L_s = nL_n \tag{2.12}$$

式中 L_n——直行车等候车辆所占长度(m),一般取 6~12m,小型车取低值,大型车取高值;

n——一次红灯受阻的直行车辆数,可用下式计算:

$$n = \frac{\text{每条直行车道通行能力} \times (1-\text{右转车比例})}{\text{每小时周期数/该向红灯占周期长的比例}}$$

所以,右转车道长度 L_y 为:

$$L_y = L_t + \max(L_d, L_s) \tag{2.13}$$

式中　　　L_y——右转车道长度（m）；

　　　　　L_t——渐变段长度（m）；

$\max(L_d, L_s)$——减速所需长度 L_d 和等候车队长度 L_s 中取大值。

2. 进口车道变宽的右转车道的长度

车道变宽的右转车道由渠化的右转车道和两端的变速车道组成，如图 2.29 所示，图中右转弯车道的参数如表 2.34 所列。此类右转车道的变速车道为一渐变段，其长度可按图 2.29 中车辆行驶时变换车道的侧移率根据公式（2.10）进行计算。

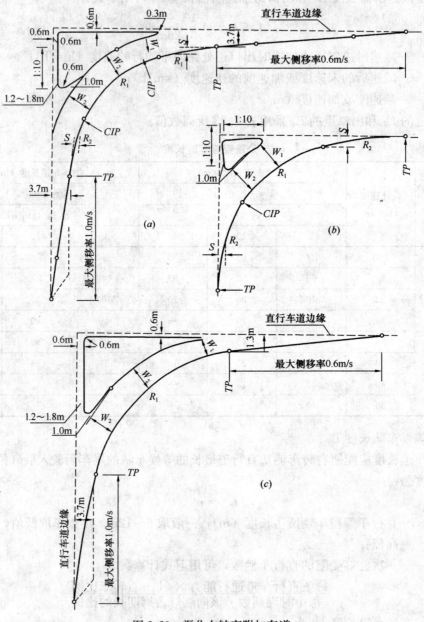

图 2.29　渠化右转弯附加车道
(a) 一般设计；(b) 最小设计；(c) 简化设计（$R_1 \geqslant 45$m）

右转弯车道参数（单位：m）　　　　　表2.34

R_1	12	14	16	18～22	24～28	30	45	90～135	150
W_1	6.4	6.1	6.1	5.5	5.2	5.2	4.9	4.6	4.6
W_2	7.7	7.7	7.4	7.1	6.8	6.4	6.1	5.8	5.8
S	1.5	1.5	1.5	1.2	1.2	1.2	0.9	0.9	0.9
R_2	\multicolumn{6}{c}{$1.5R_1$}		$2R_1$	
R_3	\multicolumn{6}{c}{$3R_1$}		$2R_1$	

注：W_1——单车道宽度；W_2——能绕越停放车辆的单车道宽度。

3. 进口道左转车道的长度

左转车道长度是由渐变段长度 L_t、减速所需长度 L_d 或等候车队长度 L_s 组成，即采用公式（2.13）计算。

但是，公式（2.12）中的 n 应为左转等候车辆数。对有信号控制的交叉口，可用下式计算：

$$n = \frac{\text{一条车道的通行能力} \times \text{车道数} \times \text{左转车比例}}{\text{每小时的周期数}} (\text{pcu/T})$$

对于无信号控制的交叉口，考虑到车辆到达的随机性，可按平均每分钟左转弯车辆数的两倍取用，即：

$$L_s = 2nL_n$$

其余计算公式及符号意义同前。

4. 出口道加速车道长度

出口道加速车道长度 L'_y 采用下式计算：

$$L'_y = L_t + L_a \tag{2.14}$$

式中　L'_y——出口道加速车道长度（m）；
　　　L_a——加速所需长度（m）；
　　　L_t——意义同前。

5. 城市道路要求

1）进口道长度

进口道长度由展宽渐变段长度（L_t）与展宽段（L_d）组成。

渐变段长度（L_t）按车辆以70%路段设计车速行驶3s横移一条车道时来计算确定。渐变段最小长度不应少于：支路20m，次干路25m，主干路30～35m。

展宽段最小长度应保证左转或右转不受相邻候驶车辆排队长度的影响。相邻候驶车辆排队长度（L_s）可由下式确定：

$$L_s = 9N \tag{2.15}$$

式中　N——高峰15min内每信号周期的左转或右转车的排队车辆数。

当需设两条转弯专用车道时，展宽段长度可取一条专用车道长度的60%。无交通量资料时，展宽段最小长度不应小于：支路30～40m，次干路50～70m，主干路70～90m，与支路相交取下限，与主干路相交取上限。

2）出口道长度

出口道长度由出口道展宽段和展宽渐变段组成。展宽段最小长度不应小于30～60m，交通量大的主干路取上限，其他取下限；当设置公交停靠站时，应再加上站台长度。渐变段最小长度不应小于20m。

2.5.4 展宽车道的宽度

进口道车道的宽度，当右转弯车道为等宽车道时，其宽度应尽量与路段车道宽度保持一致。如因占地等限制，需要变窄车道宽度时，最窄不得小于3m，一般为3~3.5m。当右转弯车道为变宽车道时，应按非等宽渐变式时，其长度应不小于按减速时1.0m/s或加速时0.6m/s的侧移率变换车道的计算值。

左转弯车道的宽度规定如表2.35所示。

左转弯车道宽度（单位：m）　　　　　　　表2.35

剩余分隔带类型	车道分画线	宽度大于0.5m的标线带	实体岛	
左转弯车道宽度	3.5	3.25	3.0	3.25
左路缘带宽度	0	0	0.5	0.3

城市道路进口道车道的宽度宜为3.25m，困难情况下最小宽度可取3.0m；当改建交叉口用地受到限制时，一条进口车道的最小宽度可取2.80m。转角导流岛右侧右转专用车道应按设计速度及转弯半径大小设置车道加宽。

城市道路出口道每条车道宽度不应小于路段车道宽度，宜为3.5m，条件受限的改建交叉口出口道每条车道不宜小于3.25m。

2.6 环形交叉口设计

2.6.1 环形交叉口类型

按中心岛直径大小分为三类：

常规环形交叉口、小型环形交叉口和微型环形交叉口。常规环形交叉口中心岛直径大于25m，交织段比较长，进口引道不拓宽成喇叭形。

小型环形交叉口中心岛直径小于25m，引道进口加宽，做成喇叭形。

微型环形交叉口中心岛直径一般小于4m。

2.6.2 常规环形交叉口

1. 中心岛的形状和半径

环形交叉口是在交叉口中央设置一个中心岛，用环道组织渠化交通，驶入交叉口的车辆，一律绕岛作逆时针单向行驶，至所需要去的路口离岛驶出。环形交叉口的组成如图2.30所示。

1) 中心岛的形状

中心岛的形状应根据交通流特性、相交道路的等级和地形地物等条件确定。原则上应保证车辆能以一定速度顺利完成交织运行，有利于主要道路方向车辆行驶方便，应满足交叉所在地的地形、地物和用地条件的限制。

中心岛的形状一般多用圆形、椭圆形、卵形、方形圆角等；交角不等的畸形交叉可采

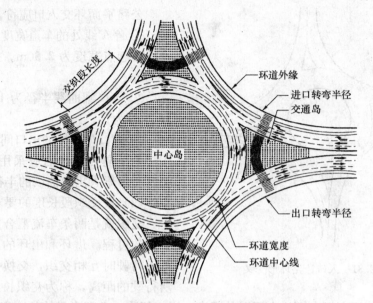

图 2.30 环形交叉口组成示意图

用复合曲线形。主要取决于相交道路的等级、角度和交通量大小。

2）中心岛的半径

中心岛最小半径（或当量半径）应同时满足环道设计速度和最小交织长度的要求。下面以圆形中心岛为例，介绍中心岛半径的计算方法。

（1）按计算行车速度要求

按计算行车速度要求的中心岛半径 R_1 仍然用平曲线半径公式计算，但因为绕岛车辆是在紧靠中心岛，宽度为 b_i 的车道中间行驶，距中心岛边缘 $b_i/2$，故实际上采用中心岛半径应按下式计算：

$$R_1 = \frac{V^2}{127(\mu \pm i)} - \frac{b_i}{2} \tag{2.16}$$

式中　V——环道计算行车速度（km/h）；环道设计速度应按相交道路中最大设计速度的 50%～70% 计取，车速较大的，宜取较小的系数值；

b_i——内侧车道宽（含车道加宽），可取 5.5m（大型车）；

μ——横向力系数，取 0.14～0.18；

i——环道横坡，取 1.5%～2%。

中心岛最小半径与相应的环道设计速度应符合表 2.36 的规定。

环道设计速度与中心岛最小半径　　　　表 2.36

环道设计速度（km/h）	20	25	30	35	40
中心岛最小半径（m）	20	25	35	50	65

公路平面环形交叉口，又称"入口让路"环形交叉，意即到达入口的车辆发现左方环道上有车辆，且无插入间隙时，应在入口等候，待机入环。入口应偏斜并拓宽为多车道，如图 2.31 所示。对于公路平面环形中心岛的直径宜不小于 10m。最小可采用 5m，其形状除特殊需要者外，均应为圆形。

公路平面环交入口应符合如下要求：

① 停车线处的车道宽度为3.00m。增设车道起点宽度为2.50m。拓宽有效长度为25m。

② 入口圆曲线半径为10～100m，并以20m为宜。

③ 入口与邻接的出口间应尽量避免采用短的反向曲线，而应采用直线圆角形，必要时可增大出口曲线的半径。

(2) 按交织段长度的要求

交织就是两条车流汇合交换位置后又分离的过程。进环和出环的两辆车辆，在环道行驶时互相交织，交换一次车道位置所行驶的距离，称为交织长度。交织长度

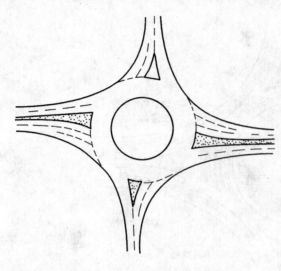

图2.31 入口让路环形交叉

的大小主要取决于车辆在环道上行驶的速度。当相邻路口之间有足够的距离，使进环和出环的车辆在环道上均可在合适的机会相互交织连续行驶，该段距离称为交织段长度。通常可有两种方法确定：一是按进交叉口道路的机动车道边线的延长线和环道中心线相交的两个交点之间的车道中心线来标定，此法有利于计算，并适用于无导流岛的环形交叉口，如图2.32所示。二是按导流岛端部的延长线与环道中心线交点之间的距离来标定，此法适用于机、非混行的环行交叉口。

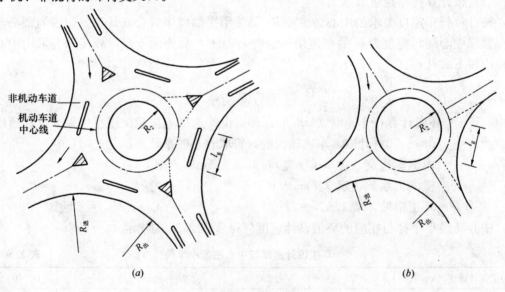

图2.32 交织段长度

中心岛半径必须满足两个路口之间最小交织段长度的要求，否则，在环道上行驶中需要互相交织的车辆，就要停车等候，不符合环形交叉连续行驶的交通特征。最小交织长度不应小于以环道设计速度行驶4s的距离，行驶铰接车时，最小交织长度应不小于30m。最小交织段长度如表2.37所示。

最小交织长度					表 2.37
环道设计速度 V（km/h）	20	25	30	35	40
最小交织长度 l（m）	25	30	35	40	45

满足两条道路交角的交织段长度对应的中心岛圆弧半径 R_2 可由下式确定：

$$R_2 = \frac{360 l_g}{2\pi \omega} \tag{2.17}$$

式中 ω——相邻两条相交道路间的交角（°）；

l_g——最小交织长度（m）。

2. 环道的宽度

环道即环绕中心岛的单向行车带。其宽度取决于相交道路的交通量和交通组织。

一般靠近中心岛的一条车道作绕行之用，最靠外侧的一条车道供右转弯之用，中间的一条至两条车道为交织之用，环道上一般设计三到四条车道。实践证明，车道过多，不仅难于利用，反而易使行车混乱，导致不安全。据观测，当环道车道数从两条增加到三条时，通行能力提高最为显著；而当车道数增加到四条以上时，通行能力增加得很少。因为车辆在绕岛行驶时需要交织，在交织段长度小于两倍的最小交织段长度（考虑占地和经济性，一般不可能超过两倍）范围内，车辆只能顺序行驶，不可能同时出现大于两辆车交织。所以，不论车道数设计多少条，在交织断面上只能起到一条车道的作用。

因此，环道的机动车道数宜为 2～3 条；对现有大型环形交叉的改建或具有特殊要求的可放宽要求。

环道上每条车道为正常车道宽度加上车道加宽的宽度。环道上车道加宽值应符合表 2.38 的规定。

环道上车道加宽值（m）						表 2.38
中心岛半径（m）		$10<R\leqslant15$	$15<R\leqslant20$	$20<R\leqslant30$	$30<R\leqslant40$	$40<R\leqslant50$	$50<R\leqslant60$
车型	小型车	0.80	0.70	0.60	0.50	0.40	0.40
	大型车	3.00	2.40	1.80	1.30	1.00	0.90

对非机动车交通可与机动车混行或分行布置，为保证交通安全，减少相互干扰，一般以分行为宜，可用分隔带（或墩）或标线等分隔。非机动车道宽度应视具体情况而定，一般不小于相交道路中的最大非机动车行车道宽度，也不宜大于 6m。

公路规定：

环道宽度应为各岔中最大入口宽度的 1～1.2 倍。一般情况下环道宜为三车道的宽度。当某一个入口的右转弯交通量占 50% 或达 300pcu/h 时，应增设与环道间有 "V" 形标线的导流岛分隔的右转弯车道，如图 2.33 所示。

3. 交织角

交织角是进环车辆轨迹与出环车辆轨迹的平均相交角度。交织角是检验车辆在环道上交织行驶时的安全情况。它以距右转机动车的外缘 1.5m 和中心岛边缘 1.5m 的两条切线交角来表示，如图 2.34 所示。

交织角的大小取决于环道的宽度和交织段长度。环道宽度越窄，交织段长度越大，则交织角越小，行车就越安全。但交织段要长，中心岛半径就要增大，占地也要增加。根据经验，交织角以控制在 20°～30°为宜。通常在交织段长度已有保证的条件下，交织角多能满足要求。

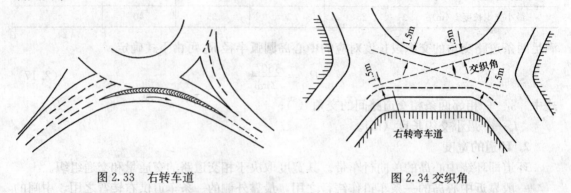

图 2.33　右转车道　　　　　　　　　图 2.34　交织角

4. 环道外缘线形及进出口曲线半径

从满足交通需要和工程节约考虑，环道外缘平面线形不宜设计成反向曲线形状，如图 2.35 中虚线，据观测，这种形状在环道的外侧约有 20% 的路面（图 2.35 中阴影部分）无车行驶，这既不合理也不经济。实践证明，环道外缘平面线形宜采用直线圆角形状或三心复曲线形状，如图 2.35 中实线所示。

环道进、出口的曲线半径取决于环道的计算行车速度。为使进环车辆的车速与环道车速相适应，应对进环车辆的车速加以限制。一般环道进口曲线半径采用接近或小于中心岛的半径，而且各相交道路的进口曲线半径不要相差太大。环道出口的曲线半径可较进口曲线半径大一些，以便车辆加速驶出环道，保持交叉口畅通。

5. 环道的横断面

环道的横断面形状对行车的平稳和路面的排水有很大关系，而横断面的形状又取决于路脊线的选择。通常环道横断面的路脊线设在交织车道的中间，若机动车与非机动车之间设有分隔带时，其路脊线也可设在分隔带上。环道路脊线通过设于进、出口之间的三角形方向岛或直接与交汇道路的路脊线相连，如图 2.36 所示，图中虚线中路脊线，箭头指向为排水方向。环道横断面宜设计成以环道中心线为路拱脊线的两面坡，中心岛的周围低洼处设置雨水口，以保证环道内不产生积水。环道纵坡度不宜大于 2%。

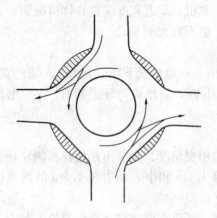
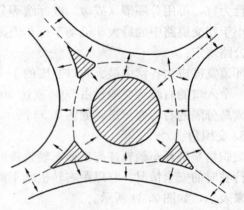

图 2.35　环道外缘线形　　　　　　　　图 2.36　环道的路脊线

公路规定：
(1) 环道的横坡宜为2%。最大不超过2.5‰，最小以不妨碍排水为原则。
(2) 环道不设置超高。出、入口曲线上应设置与行驶速度和圆曲线半径相应的超高。
(3) 环道的横断面应为拱形。

6. 环形交叉口的通行能力

环形交叉口的交通特点是所有驶入交叉口的车辆一律环绕中心岛作逆时针行驶，所有直行和左转车辆都要交织行驶，不论其车道数设置多少条，在交织段长度小于2倍的最小交织段长度时，其通行能力只能达到一条车道的最大理论值。现以四路相交为例求算交叉口总的通行能力，如图2.37所示。

1) 如果环道上只设一条机动车道：此时通过任意交织断面 $B\text{-}B$ 的直、左、右车辆都必须按顺序驶过 A 点。该点的通过量 N_A 为：

$$N_A = N_{右1} + N_{直1} + N_{左1} + N_{直2} + N_{左2} + N_{左3} (辆/小时) \quad (2.18)$$

其中第4条道路进环的车辆不通过 A 点。

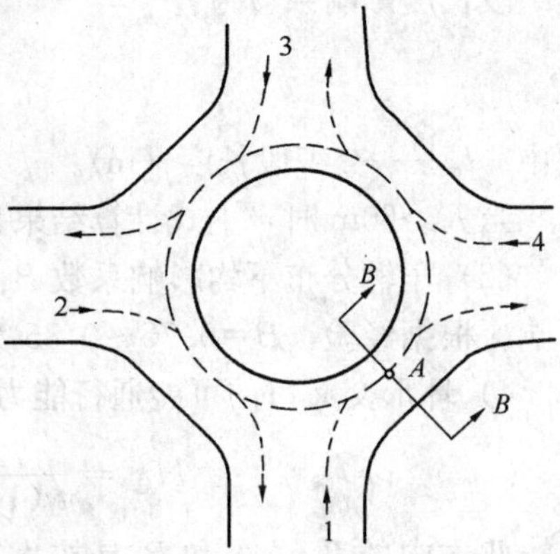

一般各进口道驶入的车辆相差不大，现假设各进口道的左、直、右行交通量均相等，则：

$$N_A = N_右 + 2N_直 + 3N_左$$

若再假设各进口道的左转和右转大致相等，即 $N_右 = N_左$，则：

图2.37 四路相交计算图式

$$N_A = 2(N_右 + N_直 + N_左)$$

而整个环道的通过量 $N_环$ 为：

$$N_环 = 4(N_右 + N_直 + N_左)$$

则：

$$N_环 = 2N_A(辆/小时) \quad (2.19)$$

同理，对五路相交的环形交叉口，其环道的总通行能力也是式(2.19)。

2) 如果环道上的机动车道数≥2条：其中有一条为右转车道，其余为绕岛和交织行驶车道。由于右转车不参与交织，则环形交叉口的总通过量 $N_总$ 为：

$$N_总 = N_{直,左} + N_右 (辆/小时) \quad (1)$$

式中 $N_{直,左}$——各交汇道路进口道的直行车和左转车通过量（辆/小时）；
$N_右$——各交汇道路进口道的右转车通过量（辆/小时）。

当交汇道路驶入环道的交通量基本相等，且左、右转车辆比例基本相同时，则有：

$$N_{直,左} = 2N_A = 2 \cdot \frac{3600}{t_i}(辆/小时) \quad (2)$$

式中 t_i——直行和左转车辆通过交织断面的车头时距（s）。据观测，正常行驶时为3.6s；机动车高峰时为3.1s；非机动车高峰时为3.6～3.9s。

设右转车辆占总交通的百分比为 β_r，则：

$$N_右 = N_总 \cdot \beta_r = (N_{直,左} + N_右)\beta_r$$

解此，得：

$$N_{右} = N_{直、左} \cdot \frac{\beta_r}{1-\beta_r} = \frac{7200}{t_i} \cdot \frac{\beta_r}{1-\beta_r} (辆/小时) \tag{3}$$

将（2）、（3）式代入（1）并整理，得环形交叉口的总通行能力 $N_{总}$ 为

$$N_{总} = \frac{7200}{t_i(1-\beta_r)} (辆/小时) \tag{2.20}$$

3) 对 $N_{总}$ 的修正系数

(1) 交织段长度影响系数 A：交织段长度的大小对通过量的影响较大，据观测，如以交织段长度等于 30m（环道平均车速为 17km/h）时的通过量为 1，而交织段长度等于 60m（环道平均车速为 20km/h）时的通过量为 1.2，则当交织段长度在 30～60m 之间的交织段长度影响系数为：

$$A = \frac{3l_g}{2l+30}$$

式中　l_g——交织段长度（m）。

当 $l_g > 60m$ 时，上式计算结果只能作参考。

(2) 车辆分布不均影响系数 B：由于环道上车流的不均匀性，应考虑车辆分布不均的影响。根据经验，$B=0.75～0.85$ 为宜。

4) 环形交叉口的可能通行能力

$$N_{总} = \frac{7200}{t_i(1-\beta_r)} \cdot \frac{3l_g}{2l+30} \cdot B (辆/小时) \tag{2.21}$$

此式中的系数 A 和 B 是按大型车占 60%、小型车占 30%、挂车占 10% 的比例求得的。

环形交叉的设计通行能力见表 2.39 规定。

环形交叉口设计通行能力　　　　　　表 2.39

机动车车行道的设计通行能力（辆/h）	2700	2400	2000	1750	1600	1350
相应的自行车数（辆/h）	2000	5000	10000	13000	15000	17000

注：1. 表列值包括 15% 的右转车辆，右转车辆为其他比例时，应另行计算。
　　2. 本表是按中心岛半径为 20～25m、环道宽度 18～20m、交织长度 30m 左右四路交汇环形交叉口观测研究确定。其中车型按 30% 小客车、60% 普通汽车、10% 铰接车而定出。
　　3. 本表适用于交织段长度 $l_g=25～30m$。当 $l_g=30～60m$ 时，表中设计通行能力应进行修正。即随着交织段长度 l_g 的加大，将提高环道的车速，并使环交的通行能力增加。修正系数 ψ 按下式计算，即 $\psi=3l_g/(2l_g+30)$。

7. 环形交叉口设计要点及适宜条件

(1) 环道的车行道可根据交通流的情况，采用机动车与非机动车混行或分行布置。分行时分隔带宽度应大于或等于 1.0m。

(2) 机动车道数一般采用三条。车道宽度应考虑车道加宽，非机动车道宽度不应小于相交道路的最大非机动车道宽度，但也不宜超过 6m。

(3) 环岛上不应布置人行道。

(4) 环道外缘的平面线形不宜设计成反向曲线。进口缘石半径就要满足右转车速要求。出口缘石半径应大于或等于进口缘石半径。

(5) 环道纵坡不宜大于 2%，横坡宜采用两面坡。

(6) 环道上应满足绕行车辆的停车视距要求。

环形交叉口适用多路交汇或转弯交通较均衡的交叉口，相邻道路中心线间夹角宜大致相等。常规环形交叉口不宜用于城市干道交叉口。坡向交叉口的道路，纵坡度大于或等于3%时，不宜采用环形平面交叉。

2.7 交叉口竖向设计

交叉口竖向设计的目的是通过调整交叉口范围的行车道、非机动车道、人行道及附近地面等有关各点的设计标高，合理确定各相交道路间及交叉口和周围建筑物间共同面的形状，以符合行车舒适、排水迅速和建筑艺术三方面要求。

2.7.1 交叉口竖向设计的要求和原则

竖向设计主要取决于相交道路的等级、交通量、横断面形状、纵坡的大小和方向以及周围地形等。交叉口竖向设计的基本要求是首先应满足主要道路的行车方便，在不影响主要道路行车平顺的前提下，适当变动主要道路的纵坡和横坡，以照顾次要道路的行车需要。交叉口竖向设计的原则如下：

1) 相同等级道路相交时，通常维持各自的纵坡不变，而改变它们的横坡度。
2) 主要道路与次要道路相交时，主要道路的纵横坡度均维持不变，而将次要道路纵横坡度可适当改变。
3) 为保证交叉口排水，设计时至少应有一条道路的纵坡方向背离交叉口。如遇特殊地形，所有道路纵坡方向都向着交叉口时，必须在交叉口内设置雨水口和排水管道，以保证排水要求。
4) 合理布置雨水井和变坡点，以确保雨水不流过交叉口人行横道或另一条道路。雨水井应设在交叉口人行横道的前面以截住来水的地方和竖向设计的低洼处。
5) 交叉口范围内横坡要平缓些。纵坡度宜不大于2.5%，困难情况下应不大于3%。山区城市道路等特殊情况，在保证安全的情况下可适当增加。
6) 交叉口竖向设计标高应与周围建筑物的地坪标高协调。

2.7.2 交叉口竖向设计的基本类型

交叉口竖向设计的形式，主要取决于交叉范围相交道路的纵坡、横坡及地形。以十字形交叉口为例，按其所处地形及相交道路纵坡方向不同，可划分为六种基本类型，如图2.38所示。

1) 位于凸形地形上，相交道路的纵坡全由交叉口中心向外倾斜（图2.38a）。

设计时使交叉口的纵坡与相交道路的纵坡一致，适当调整一下接近交叉口的路段横坡，让雨水流向交叉口四个转角的街沟或路基外排除，交叉口内不需设置雨水口。

2) 位于凹形地形上，相交道路的纵坡全向交叉口中心倾斜（图2.38b）。

这种形式地面水都向交叉口集中，排水比较困难，应尽量避免。若因地形限制，必须时应设置地下排水管道排水。为防止雨水汇集到交叉口中心，应适当改变相交道路的纵坡，以抬高交叉口中心标高，并在转角设置雨水口。最好在相交道路纵坡设计时，应将一条主要道路的变坡点设在远离交叉口的地方，保证有一条道路的纵坡方向能背离交叉口。

3) 位于分水线地形上，三条道路纵坡由交叉口向外倾斜，而另一条道路的纵坡向交叉口倾斜（图2.38c）。

设计时应将纵坡指向交叉口的道路路脊线，在交叉口处分为三个方向，相交道路的横断面不变，并在纵坡指向交叉口道路的人行横道线外设雨水口，防止雨水流入交叉口内。

4) 位于谷线地形上，有三条道路纵坡向交叉口倾斜，而另一道路的纵坡由交叉口向外倾斜（图2.38d）。

设计时，与谷线相交的道路进入交叉口之前，在纵断面上产生转折而形成过街横沟，不利于行车，应尽量使纵坡转折点离交叉口远一些，并在该处插入竖曲线。纵坡指向交叉口的人行横道线外应设置雨水口。

5) 位于斜坡地形上，相邻两条道路的纵坡向交叉口倾斜，而另外两条道路的纵坡由交叉口向外倾斜（图2.38e）。

设计时，相交道路的纵坡均不变，而将两条道路的横坡在进入交叉口前逐渐向相交道路的纵坡变化，使交叉口上形成一个单向倾斜面。并在纵坡指向交叉口道路的人行横道线外设雨水口。

6) 位于马鞍形地形上，相对两条道路纵坡向交叉口倾斜，而另外两条道路的纵坡由交叉口向外倾斜（图2.38f）。

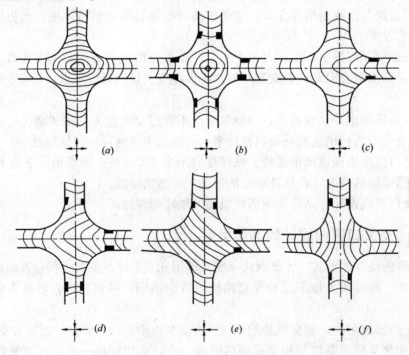

图2.38　交叉口竖向设计的基本图式

设计时，相交道路纵、横坡都可按自然地形在交叉口内适当调整，并在纵坡指向交叉口的道路两侧设置雨水口。

以上为几个典型十字形交叉口竖向设计形式，对于其他不同形式的交叉口，竖向设计的要求和原则是一样的。另外，竖向设计的使用效果与相交道路纵坡方向的组合有很大关系，因此如要获得交叉口理想的竖向设计，应在道路纵断面设计时，就考虑交叉口竖向设计的要求,为其创造良好的条件。

2.7.3 交叉口竖向设计的方法

交叉口竖向设计的方法有方格网法、设计等高线法以及方格网等高线法三种。

方格网法是在交叉口范围内以相交道路中心线为坐标基线打方格网,测出方格点上的地面标高,求出其设计标高,并标出相应的施工高度。设计等高线法是在交叉口范围内选定路脊线和标高计算线网,并计算其上各点的设计标高,勾绘交叉口设计等高线,最后标出各点施工高度。比较上述两种方法,其中设计等高线法比方格网法更能清晰地反映出交叉口的竖向设计形状,但等高线法上的标高点在施工放样时不如方格网法方便。为此通常把以上两种方法结合使用,称之为方格网设计等高线法,可以取长补短,既能直观地看出交叉口的竖向形状,又能满足施工放样方便的要求。对于普通交叉口,多采用方格网法或设计等高线法,其中混凝土路面宜采用方格网法,而沥青路面宜采用设计等高线法;对于大型、复杂的交叉口和广场的竖向设计,通常采用方格网设计等高线法。

若采用方格网法,则不需勾绘设计等高线,而采用设计等高线法时,可不打方格,只加注一些特征点的设计标高即可。随着计算机在道路设计的应用,有力推动平交口设计智能化发展。

1. 平交口范围确定

交叉口的设计范围一般为转角圆曲线的切点以外 5～10m(相当于一个方格的距离),主要用于过渡处理(如横坡的过渡、标高的过渡等)。

2. 路脊线的确定及特征点的计算

平交口路脊线应根据相交道路的等级和交叉角等因素而定,既要考虑行车平顺,又要考虑整个交叉口的均衡美观。路脊线通常是对向行车轨迹的分界线,即车行道的中心线。在交叉口上,路脊线的交点就是控制标高的位置。

1)相同(或相近)等级的道路相交时的路脊线确定及特征点标高计算

相同(或相近)等级的道路相交,竖向设计时一般维持各自的纵坡不变,而改变它们的横坡度。如十字形交叉口、X形交叉口和交角大于75°的T形交叉口,路脊线通常是对向行车轨迹的分界线,即行车道的中心线;对于斜交过大的T形交叉口(或称Y形交叉口),其路中心线不宜作为路脊线,应加以调整。
以X形和Y形交叉口为例。

(1)X形交叉口特征点标高计算

X形交叉口在交叉口范围内分别被相交道路的中心线分割成四部分。在进行交叉口竖向设计时,每个部分的设计方法是一样的。此处主要以图2.39中的 $A_1OA_2B_2EB_1$ 部分为例,简述控制标高确定和特征点高程的计算。

交叉口的控制标高应以整个道路系统的竖向规划标高为依据,并综合考虑相交道路的纵坡、交叉口周围的地形、路面厚度和建筑物的布置等来确定。在定位控制标高时,不宜使相交道路的

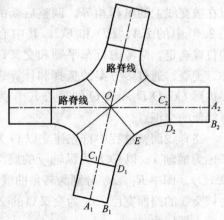

图2.39 X形交叉口路脊线及特征点

纵坡相差太大,一般要求差值不大于0.5%,可能时尽量使用纵坡大致相等,以利于竖向设计处理。

位于路脊线上,交叉口入口处及转角曲线切点处的特征控制点 O、A_1、B_1、C_1、D_1、C_2、D_2、A_2、B_2 以及 F、G、H、I 等点的标高均可根据相交道路的纵面纵坡和路拱横坡值求得。

如:

$$h_A = h_O - OA_1 \cdot i_1 \quad (2.22)$$

$$h_{B_1} = h_{A_1} - \frac{B}{2} \cdot i_2 \quad (2.23)$$

式中　B——车行道宽度(m);
　　　i_1——道路设计纵坡(%);
　　　i_2——路拱横坡(%)。

其余各特征点均可按上式分别计算。

E 点的设计标高在公路平面交叉口中应满足对角线上行车平顺和排水的要求,在城市道路平面交叉口还必须满足圆弧 D_1D_2 间的排水要求,即圆弧 D_1D_2 间的纵坡必须 $\geqslant 0.3\%$。交叉口无分隔的导流岛时,转角曲线由于半径较小、曲线短而难以采用合适的超高,在特殊困难的情况下除设置排水所必须的横坡外,可不设超高,一般对角线 OE 的横坡宜控制在 0.3%~2% 间为宜。$D_1D_2 = l$,$D_1E = l_1$,D_1D_2 设计标高分别记为 h_{D_1}、h_{D_2},则当行车平顺和排水要求均满足的条件下,E 点的设计标高 h_E,可按下式计算:

$$h_E = h_{D_1} + \frac{h_{D_2} - h_{D_1}}{l} \cdot l_1 \quad (2.24)$$

其余各类似 E 点的特征点可按上式计算即可。

(2) Y 形交叉口路脊线的调整及特征点标高计算

①路脊线的调整

Y 形交叉口斜交角度过大,其原设计路中线已不宜作为设计路脊线,路拱也不匀称,应予适当调整。调整路脊线时,要求两个转角曲线的切点在被交线上的里程相等。调整后新的路脊线如图 2.40 中的 EA、ED 和 EC,其中心控制点 E 的位置选定,应考虑行车平顺和交叉口布局的匀称、美观。通过多方案的选择和计算表明,可取多边形 $OC_1D_1D_2A_2A_1O$ 的重心 E 作为调整后路脊线新的交汇点。

路脊线调整过程中首先建立以 O 为原点、以 OA_1 为横轴 x、以 OO_1 为纵轴 y 的局部直角坐标系 xOy。图中 R_1、R_2 分别为转角曲线1、转角曲线2的半径,B_1 为主线的路面宽度,B_2 为被交线的路面宽度,θ_1 为交叉口的交叉角,则在 xOy 坐标系中多边形 $OC_1D_1D_2A_2A_1O$ 的重心坐标为:

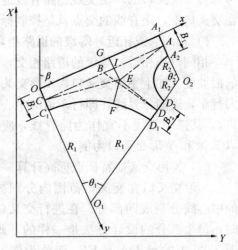

图 2.40　Y 形交叉口路脊线的调整

$$\begin{cases} x_E = \dfrac{\sum F_i x_i}{\sum F_i} = \dfrac{F_0 \cdot x_{0E} - F_1 \cdot x_{1E} - F_2 \cdot x_{2E}}{F_0 - F_1 - F_2} \\ y_E = \dfrac{\sum F_i y_i}{\sum F_i} = \dfrac{F_0 \cdot y_{0E} - F_1 \cdot y_{1E} - F_2 \cdot y_{2E}}{F_0 - F_1 - F_2} \end{cases} \quad (2.25)$$

式中 F_0——梯形 $A_1O_2O_1O$ 的面积；

F_1——扇形 $C_1D_1O_1$ 的面积；

F_2——扇形 $A_2D_2O_2$ 的面积；

(x_{0E}, y_{0E})——梯形 $A_1O_2O_1O$ 的重心坐标；

(x_{1E}, y_{1E})——扇形 $C_1D_1O_1$ 的重心坐标；

(x_{2E}, y_{2E})——扇形 $A_2D_2O_2$ 的重心坐标。

采用重心法计算确定的重心 E 点位置，还要基本符合与主要行车方向路面边缘线的距离相等，如图中的 GE、EF；如 GE、EF 值相差较大，可在 EG 线方向适当移位至满足要求。当 $GE=EF$ 时，E 点就是中心控制点。

②特征点标高的计算

Y 形交叉口与 T 形交叉口相类似，只是路脊线调整后对角线处的特征断面改为 EH、EF 断面，如图 2.41 所示。

特征点 A、C、D 以及 GE 与中心线 AC 的交点 I 的标高可以分别根据相交道路的纵面线形求得，E 点的标高为：

$$h_E = h_1 + IE \cdot |i_z| \quad (2.26)$$

式中 h_1——I 点设计标高；

i_z——主线的路拱横坡。

H、F 点标高的确定与十字形、T 形交叉口中叙述的方法相同，不再叙述。

2) 主要道路与次要道路相交时的路脊线确定及特征点标高计算

主要道路与次要道路相交时，主要道路的纵横断面均维持不变，而将次要道路的双坡横断面，逐渐过渡到与主要道路纵坡相一致的单坡横断面，此时，路脊线的交点 O 移动次要道路路脊线与主要道路路面边线的交点 O_1（或 O_2）处，如图 2.42 所示。为适应主要

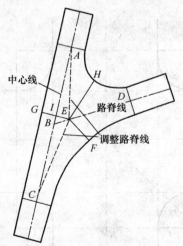

图 2.41 Y 形交叉口路脊线及特征点

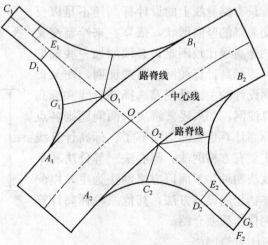

图 2.42 主次道路相交的路脊线和特征点

道路的横断面，应适当调整次要道路的纵断面，紧接主要道路处的纵坡最好是根据主要道路的横坡、纵坡及主要道路与次要道路的交叉角计算得到的综合值。

特征点 A_1、O_1、B_1、A_2、O_2、B_2 的标高可根据主要道路的纵面线形和横坡值计算；E_1、G_1、D_1、F_1 点的标高根据 O_1 点的设计标高和 O_1G_1 的纵坡及次要道路的横坡确定；C_1、C_2 点的标高分别由 O_1A_1、D_1 点和 O_2、A_2、D_2 点标高考虑满足行车的平顺和排水要求确定，计算方法同上。

3. 交叉口设计标高计算方法

1) 路段设计等高线的计算

当道路的纵坡、横断面形式及路拱横坡度确定以后，可按照所需要的等高距 h、计算路段上设计等高线的水平距离。

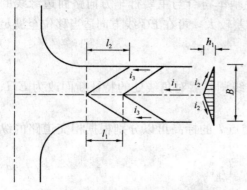

图 2.43 路段设计等高线绘制

如图 2.43 所示，图中 i_1 和 i_3 分别为行车道中心线和边线的设计纵坡（通常情况下 $i_1=i_3$）（%）；i_2 为车行道的路拱横坡度（%）；B 为车行道的宽度（m）；h_1 为车行道的路拱高度（m）。

中心线上相邻等高线的水平距离 l_1 为：

$$l_1 = \frac{h}{i_1} \quad (\text{m}) \quad (2.27)$$

设置路拱以后，等高线在车行道边线上的位置沿纵向上坡方向偏移的水平距离 l_2 为：

$$l_2 = h_1 \cdot \frac{1}{i_3} = \frac{B}{2} \cdot \frac{i_2}{i_3} \quad (\text{m}) \quad (2.28)$$

计算出 l_1 和 l_2 位置后，由 l_1 定出中心线上其余等高线的位置，最后连接相应高程点，即得用设计等高线表示的路段设计等高线图。实际上如路拱形式为抛物线时，等高线应经曲线勾绘，只有直线型路拱可用折线连成等高线，为简化起见图 2.43 用折线表示。

2) 交叉口上设计等高线的计算

只有路脊线上的设计标高还不足以反映交叉口的竖向形状，依靠它来绘制交叉口的等高线比较困难，必须增加一些辅助线，即标高计算线网。实践证明，交叉口竖向设计的关键是正确选择路脊线和标高计算线网，如果妥善解决这两问题则各点的标高计算也就迎刃而解了。标高计算线网主要有方格网法、圆心法、等分法和平行线法四种。下面以方格网法为主，以配合本例竖向设计方法，其他三种标高计算线网仅作简要介绍。

①方格网法

如图 2.44 所示，方格网法标高计算

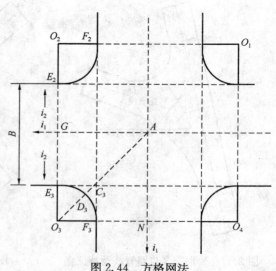

图 2.44 方格网法

线网就是前述已打了方格的交叉口平面图,该法适用于道路正交的交叉口。

根据路脊线交叉点 A 的控制标高 h_A,可逐一推算出某些特征点的设计标高。转角曲线切点横断面上的三点标高为:

$$h_G = h_A - AG \cdot i_1 \tag{2.29}$$

$$h_{E_3}(\text{或} h_{E_2}) = h_G - \frac{B}{2} \cdot i_2 \tag{2.30}$$

同理,可求得其余三个切点横断面上的三点标高。

由 E_3 或 F_3 的标高可推算出行车道边线延长线交叉点 C_3 的标高,如不相等取平均值,即:

$$h_{C_3} = \frac{(h_{E_3} + R \cdot i_1) + (h_{F_3} + R \cdot i_1)}{2} \tag{2.31}$$

过 C_3 的 A、O_3 连线与转角曲线相交于 D_3,则 D_3 点的标高为:

$$h_{D_3} = h_A - \frac{h_A - h_{C_3}}{AC_3} \cdot AD_3 \tag{2.32}$$

转角曲线 E_3F_3 和路脊线 AG、AN 上所需其他各点标高,可根据已算出的特征点标高,用补插法求得。

同理,可推算出其余转角所需各点的设计标高。

②圆心法

如图 2.45 所示,在路脊线上按施工要求每隔一定距离或等分定出若干点,并与缘石转弯半径的圆心连成直线(只连到缘石曲线上),即得圆心法标高计算线网。

③等分法

如图 2.46 所示,将路脊线等分为若干份,相应地把缘石曲线也等分为相同份数,连接对应点,即得等分法标高计算线网。

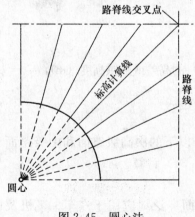

图 2.45 圆心法

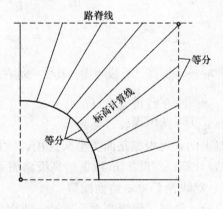

图 2.46 等分法

④平行线法

如图 2.47 所示,先把路脊线的交叉点与各缘石曲线的圆心连成直线,然后按施工要求在路脊线上分若干点,过这些点作该直线的平行线交于行车道边线,即得平行线法标高计算线网。

以上四种标高计算线网方法中,对于正交的十字形或 T 形交叉口,各种方法都可采

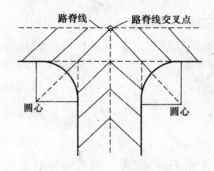

图 2.47 平行线法

用;而对斜交的交叉口宜采用圆心法和等分法。应该指出,标高计算线所在的位置就是用于计算该断面路拱设计标高的依据,而标准的路拱横断面是与车辆行驶方向垂直的。如果所定标高计算线位置不与行车方向垂直,那么按路拱方程计算出的标高将不能准确地反映路拱形状。所以应尽量使标高计算线与路拱横断面的方向一致,同时也要便于计算。

3) 计算标高计算线上的设计标高

每条标高计算线上标高点的数目,可根据路面宽度、施工需要以及等高距来确定。对路宽、坡陡、施工精度要求高的,标高点可以多些;反之,则少些(图 2.48、图 2.49)。

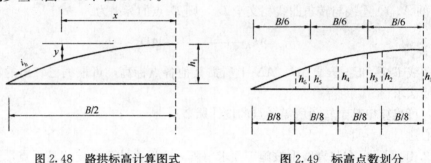

图 2.48 路拱标高计算图式　　图 2.49 标高点数划分

标高计算线上标高点的方程与选用的路拱形式有关,当采用抛物线形路拱时,可用下列公式计算:

$$y = \frac{h_1}{B}x + \frac{2h_1}{B}x^2 \quad (\text{m}) \tag{2.33}$$

$$y = \frac{h_1}{B}x + \frac{4h_1}{B^3}x^3 \quad (\text{m}) \tag{2.34}$$

式中　h_1——标高计算线两端(其中一端在路脊线上)的高差或路拱高度(m),$h_1 = \frac{B}{2} \cdot i_h$;

　　　B——车行道宽度(m);

　　　i_h——路拱横坡(%)。

以上两式可根据路面类型来选用,一般宽 14m 以下的次高级路面和中级路面可用式(2.33)计算;宽度 14m 以上的高级路面采用式(2.34)计算。

4) 双线性 Coons 曲面模型

Coons 曲面(孔斯曲面)Bezier 曲面及样条曲面广泛地应用于汽车、飞机及机械行业,通常采用一个个曲面片来描述设计面。这些曲面模型能对设计面进行严格的数学表达,精度较好,但因为它们是自由曲面,在平面交叉口立面描述中较难标定,一般不直接采用,目前采用双线性 Coons 曲面模型来描述交叉口的设计面。

(1) 双线性孔斯曲面模型的数学表达

图 2.50 为双线性 Coons 曲面的基本形式,当曲面用参数形式表示时,曲面上每个点坐标 (x, y, z) 都是双参数 u、v 的函数,即:

$$x = x(u,v), y = y(u,v), z = z(u,v) \tag{2.35}$$

写成矢量形式为：

$$\vec{r}(u,v) = [x(u,v), y(u,v), x(u,v)] \tag{2.36}$$

参数 u、v 在 uv 平面上某一区域中变化，令参数 u 与 v 的变化区域是单位正方形区域 $[0,1] \times [0,1]$，即 u 与 v 独立地在 $[0,1]$ 之间变化，记为 $0 \leqslant (u,v) \leqslant 1$。

双线性 Coons 曲面实际上是由 u 方向的单线性曲面和 v 方向的单线性曲面及基于四个角点的双线性曲面"叠加"而成，其曲面形式如下：

$$\begin{aligned}\vec{r}(u,v) &= \vec{r}(u,v) + \vec{r}_2(u,v) + \vec{r}_3(u,v) \\ &= (1-u)\vec{r}(0,v) + u\vec{r}(1,v) + (1-v)\vec{r}(u,0) + v\vec{r}(u,1) \\ &\quad - (1-u)(1-v)\vec{r}(0,0) - u(1-v)\vec{r}(1,0) - v(1-u)\vec{r}(0,1) - uv\vec{r}(1,1)\end{aligned} \tag{2.37}$$

式 (2.37) 中 $\vec{r}(0,v)$、$\vec{r}(1,v)$、$\vec{r}(u,0)$ 和 $\vec{r}(u,1)$ 为该曲面给定的四条边界曲线，$\vec{r}(0,0)$、$\vec{r}(1,0)$、$\vec{r}(0,1)$ 和 $\vec{r}(1,1)$ 为四个角点的值。

双线性 Coons 曲面具有下列特点：

①上述构造方法构成曲面的保凸性，保证了 (u,v) 平面与 (x,y) 平面互相转换的唯一性。

②形成的参数曲面仅由空间四个角点构成的四条边界曲线决定。

③在平面上，两边界曲线可以是直线、圆、缓和曲线或任何插值曲线，另两条边界曲线为直线。

④立面上，四条边界曲线均可以是直线、圆弧以及一系列散点构成的曲线。

双线性 Coons 曲面模型描述交叉口立面的关键技术是 Coons 曲面片的划分和模型上定义的基本运算。

(2) 双线性 Coons 曲面模型上定义的基本运算

在双线性 Coons 曲面模型上定义的适合于交叉口竖向设计的基本运算主要有曲面上任一点高程的计算。将式 (2.37) 以标量 z 坐标形式写出，并令在 u 方向上线性插值的高程为 p_u，在 v 方向上线性插值的高程为 p_v（图 2.51），则曲面上任一点 $p(u,v)$ 的高程为：

$$\begin{aligned}z &= [p_u(u,0)(1-v) + p_u(u,1)v + p_v(0,v)(1-u) + p_v(1,v)u] \\ &\quad - [p(0,0)(1-u)(1-v) + p(0,1)(1-u)v + p(1,0)u(1-v) + p(1,1)uv]\end{aligned} \tag{2.38}$$

式 (2.38) 中 $p(1,0) = z_3$，$p(0,1) = z_0$，$p(1,0) = z_2$，$p(1,1) = z_1$ 为曲面片四个角点的标高。$p_v(0,v)$、$p_v(1,v)$ 为路拱曲线。当路拱为直线路拱时，它们的方程为：

$$p_v(0,v) = z_3 + v(z_0 - z_3)$$
$$p_v(1,v) = z_2 + v(z_1 - z_2)$$

当路拱为抛物线路拱时，$p_v(0,v)$、$p_v(1,v)$ 的方程可根据式 (2.33) 或式 (2.34) 与平面几何关系得到。$p_u(u,1)$ 为中线或路脊线上的纵面线形曲线，当曲面片位于直线段时，$p_u(u,1) = z_0 + u(z_1 - z_0)$。$p_u(u,0)$ 为转角曲线上的纵面线形曲线，一般是单坡，即 $p_u(u,0) = z_3 + u(z_2 - z_3)$。

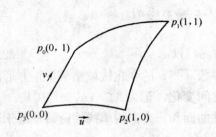 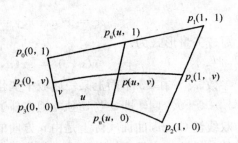

图 2.50　Coons 曲面的基本形式　　　　图 2.51　曲面上点的高程计算

(u, v) 坐标与 (x, y) 坐标的关系，是利用曲面的保凸性，根据几何关系求得的。

（3）Coons 曲面片的划分

在平面交叉口竖向设计中，要使设计曲面保持连续光滑和平顺，必须保证各 Coons 曲面片间光滑拼接，这取决于 Coons 曲面片的正确划分。同时 Coons 曲面片的划分通常以路脊线为界，特征控制点正好位于 Coons 曲面边上或是 Coons 曲面片的角点。因而，Coons 曲面片划分过程，实际上与确定交叉口特征断面的过程一致。下面以 X 形交叉口为例，说明 Coons 曲面片的划分方法。

图 2.52 所示是相同（或相近）等级的道路相交时的 X 形交叉口的 Coons 曲面划分形式，在交叉口设计范围内，X 形交叉口划分了 16 个 Coons 曲面曲面片，其中曲面片③～⑩共 8 片均包含圆弧。

图 2.53 所示是主要道路与次要道路相交的 X 形交叉口的 Coons 曲面划分形式，在交叉口设计范围内，主要道路不参与 Coons 曲面片的划分，其余部分交叉口划分了 12 个 Coons 曲面片。X 形交叉口的曲面片④⑥⑦⑨中，有两个角点重合，即 $z_0 = z_3$ 或 $z_1 = z_2$；u 向线在平面的投影上，一个边界曲线为圆曲线，另一条边界曲线为主要道路的边线。

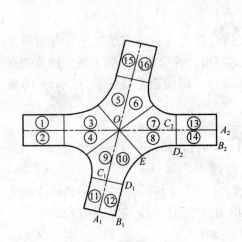 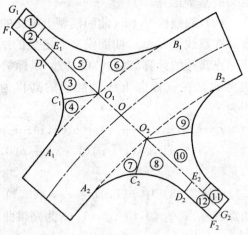

图 2.52　X 形交叉口 Coons　　　　　　图 2.53　主次道路相交的 X 形交叉口
　　　　曲面片划分图　　　　　　　　　　　　Coons 曲面片划分图

（4）双线性 Coons 曲面模型的应用与特点

双线性 Coons 曲面模型是三维曲面模型，能比较精确地表达交叉口的立面，而且交叉口范围内 Coons 曲面片个数不多，查找、计算速度较快，精度较高，适合计算机处理，因而，双线性Coons曲面模型多应用于交叉口的计算机辅助设计。在交叉口平面设计完成后，根据相交道路的等级和交叉角，调整和确定路脊线，并自动进行Coons曲面片的划分，依次计算各特征点高程，建立曲面模型，计算加密点的高程，最后画出高程设计图。

2.7.4 平面交叉口的设计步骤与示例

1. 平面交叉口的设计步骤

1) 收集资料

(1) 测量资料：交叉口的控制标高和控制坐标；收集或实测1:500或1:200地形图，详细标注附近地坪及建筑物标高。

(2) 道路资料：相交道路的等级、平纵横设计指标、交叉口控制标高和四周建筑物标高。

(3) 交通资料：交通量及交通流向资料。

(4) 排水资料：区域排水方式，已建或拟建地下、地上排水管渠的位置和尺寸。

2) 交叉口方案设计

对于大型复杂的平面交叉口或改建的平面交叉口，可根据上述收集的有关设计资料及要解决的主要交通问题，拟定交叉口的位置、形式及交通管理方式，并用不同道路条件与交通管理方式组合成多种设计方案。对每一方案应进行概略计算与设计，然后绘制草图，并进行方案比较。对于简单或方案明了的平面交叉口，可不进行方案比选，直接选择平面交叉口的形式，进行详细设计。

3) 详细设计

根据推荐的方案或选定的形式作细部设计。其设计内容有：

(1) 决定交通管理方式。对于设置信号的平面交叉口，根据初步拟定的道路条件，设计计算交通管制的具体方法和控制参数。

(2) 根据规划交通量及管理方式检验交叉口通行能力，计算车道数，确定各部分几何尺寸和平面设计参数，根据交通组织布置附加车道、交通岛等（城市道路的交叉口还有停车线和人行横道等）。

(3) 绘制平面设计图。将上述设计成果绘制在交叉口的大比例尺地形图上，构成平面交叉口设计详图。交叉口的设计范围一般为转角圆曲线的切点以外5~10m，用于过渡处理。平面设计完成后，需要检查交叉口的视距和用地条件。

(4) 进行竖向设计，并计算工程数量。

(5) 编制工程概（预）算。通过详细设计，提出全部工程实施的设计文件和设计图纸资料。通常一个平面交叉口的施工图有交叉口的平面设计图与竖向设计图。如果调整了被交道路的纵坡，则还应提供被交道路的纵断面图。

2. 方格网等高线法设计示例

方格网设计等高线法交叉口竖向设计的方法和步骤如下（若采用方格网法，则不需勾绘设计等高线，而采用设计等高线法时，可不打方格，只加注一些特征点的设计标高即可）：

(1) 收集资料

测量资料、道路资料、交通资料、排水资料。

(2) 绘制交叉口平面图

按比例绘出道路中心线、车行道、人行道及分隔带的宽度，转角曲线和交通岛等。以相交道路中心线为坐标基线打方格网，斜交道路的方格网线应选在便于施工放样测量的方向，方格的大小一般采用 $5 \times 5 \sim 10 \times 10 m^2$，并量测方格点的地面标高。

(3) 确定交叉口的设计范围

(4) 确定竖向设计图式和等高距

根据相交道路的等级、纵坡方向、地形情况以及排水要求等，确定所采用的竖向设计图式（即图 2.38 所示的各种图式）。根据纵坡度的大小和精度要求选定等高线间距 h，一般 $h=0.02\sim0.10$m，为便于计算取偶数为宜。

(5) 绘制设计等高线

① 路段设计等高线的计算

② 交叉口上设计等高线的计算

分别选定路脊线和控制标高、标高计算线网和计算标高计算线上的设计标高。

③ 绘制和调整等高线

根据所选竖向设计图式和等高距 h，把各等高点连接起来，就得初步的设计等高线图。

该设计等高线图应满足行车平顺和路面排水通畅的要求。通过调整等高线的疏密（一般中间部分疏一些，而边沟处密一些），使纵、横坡度变化均匀，调整个别不合适的标高，并合理布置雨水口。

检查方法是采用三角板或直尺，沿行车方向、横断面方向和任意方向，检查设计等高线的分布是否合理，以判别纵坡、横坡及合成坡度是否满足行车和排水要求。最后检查侧沟纵坡能否顺利排水，以及雨水口布置是否合理。

(6) 计算施工高度

根据设计等高线图，用内插法求出方格点上的设计标高，则施工高度等于设计标高减去地面标高。

【例 2-1】 已知某正交的十字形交叉口位于斜坡地形上。相交道路车行道的中心线及边线的纵坡 i_1、i_3 均为 3‰，路拱横坡 i_2 为 2%，车行道宽度 B 为 15m，转角曲线半径 R 为 10m。交叉口控制标高为 2.05m，若等高距 h 采用 0.10m，试绘制交叉口的竖向设计图。

本例题竖向设计方法是采用方格网设计等高线法，竖向设计图式为图 2.38（e）。主要步骤如图 2.54 所示。

1) 路段上设计等高线的绘制

$$l_1 = \frac{h}{i_1} = \frac{0.1}{0.03} = 3.33\text{m}$$

$$l_2 = \frac{B}{2} \cdot \frac{i_2}{i_3} = \frac{15}{2} \times \frac{0.02}{0.03} = 5.00\text{m}$$

由 l_1 和 l_2 即可绘制路段上的设计等高线。

2) 交叉口上设计等高线的绘制

(1) 根据交叉口控制标高推算 F_3、N、F_4 三点标高：

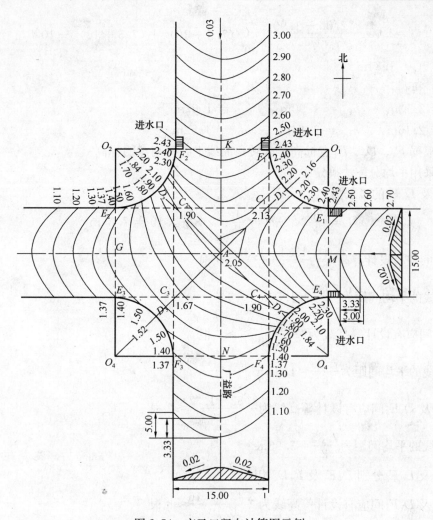

图 2.54 交叉口竖向计算图示例

$$h_N = h_A - AN \cdot i_1 = 2.05 - 17.5 \times 0.03 = 1.52\text{m}$$

$$h_{F_3} = h_{F_4} = h_N - \frac{B}{2} \cdot i_2 = 1.52 - \frac{15}{2} \times 0.02 = 1.37\text{m}$$

同理，可求得其余道口切点横断面的三点标高分别为：

$$h_M = 2.58\text{m} \qquad h_{E_4} = h_{E_1} = 2.43\text{m}$$
$$h_K = 2.58\text{m} \qquad h_{F_1} = h_{F_2} = 2.43\text{m}$$
$$h_G = 1.52\text{m} \qquad h_{E_2} = h_{E_3} = 1.37\text{m}$$

(2) 根据 A、F_4、E_4 点标高，求 C_4、D_4 等点的设计标高：

$$h_{C_4} = \frac{(h_{F_4} + R \cdot i_1) + (h_{E_4} - R \cdot i_1)}{2}$$

$$= \frac{(1.37 + 10 \times 0.03) + (2.43 - 10 \times 0.03)}{2}$$

$$= 1.90\text{m}$$

$$h_{D_4} = h_A - \frac{h_A - h_{C_4}}{AC_4} \cdot AD_4$$

$$=2.05-\frac{2.05-1.90}{\sqrt{7.5^2+7.5^2}}\times(\sqrt{(7.5+10)^2+(7.5+10)^2}-10)$$

$$=1.84\text{m}$$

同理，可得：

$h_{C_1}=2.13\text{m}$ $h_{C_2}=1.90\text{m}$ $h_{C_3}=1.67\text{m}$
$h_{D_1}=2.16\text{m}$ $h_{D_2}=1.84\text{m}$ $h_{D_3}=1.52\text{m}$

(3) 根据 F_4、D_4、E_4 点标高，求转角曲线上各等高点的标高

本例采用平均分配法确定。

F_4D_4 及 D_4E_4 的弧长为：

$$L=\frac{1}{8}\times 2\pi R=\frac{1}{8}\times 2\times\pi\times 10=7.85\text{m}$$

F_4D_4 间应有设计等高线为 $\frac{1.84-1.37}{0.10}\approx 5$ 根

等高线的平均间距为 $\frac{7.85}{5}=1.57\text{m}$

D_4E_4 间应有设计等高线为 $\frac{2.43-1.84}{0.10}\approx 6$ 根

等高线的平均间距为 $\frac{7.85}{6}=1.31\text{m}$

F_3D_3 及 D_3E_3 间应有设计等高线为 $\frac{1.52-1.37}{0.10}\approx 2$ 根

等高线的平均间距为 $\frac{7.85}{2}=3.93\text{m}$

F_2D_2 及 D_2E_2 分别 D_4E_4 及 F_4D_4 相同。

E_1D_1 及 D_1F_1 间应有设计等高线为 $\frac{2.43-2.16}{0.10}\approx 3$ 根

等高线的平均间距为 $\frac{7.85}{3}=2.62\text{m}$

(4) 根据 A、M、K、G、N 各点标高，可分别求出路脊线 AM、AK、AG、AN 上的等高点。对路脊线上的标高点位置，也可以根据待定等高线标高、A 点标高以及纵坡 i_1 来确定。比如南端标高为 1.70m 的等高点距 A 点在路脊线上的距离为 $(2.05-1.70)/0.03=11.67\text{m}$。

(5) 按所选的竖向设计图式，将对应等高点连接起来，即得初步竖向设计图。

(6) 根据交叉口等高线中间应疏一些，边缘应密一些，且疏与密过渡应均匀的原则，对初定竖向设计图进行调整，即得图 2.54 所示的交叉口竖向设计图。

3. T 形平面交叉口设计示例

详见 6.2 节。

复习思考题

1. 试述平面交叉口的类型和适应范围。
2. 试述交通岛的类型及作用。

3. 图 2.55 为某四路相交的交叉口，在 A、B、C 路段均设有中间带（其中 A、B 方向宽为 4.5m，C 方向宽为 2.0m），A 方向为双向六车道，B、C 方向为双向四车道，D 为双向双车道，每条车道宽 3.5m，人行道宽 4.0m。拟渠化解决的问题是：改善 C 往 B 的右转行驶条件；压缩交叉口面积；明确各向通过交叉口的路径；解决行人过街问题。试拟定渠化方案。

4. 图 2.56 为正交的十字形交叉口，相交道路计算行车速度为 60km/h，双向六车道，每条车道宽 4.0m，人行道宽 4.0m，进口道右侧车道供直右方向行驶，转角曲线半径为 15.0m。从视距的要求考虑，试问位于转角人行道外缘的建筑物 A 是否拆除？

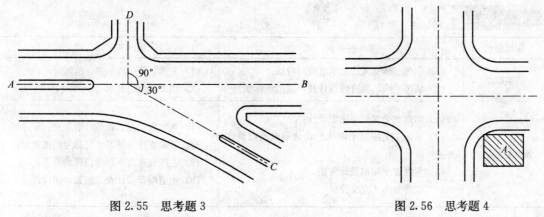

图 2.55　思考题 3　　　　　　　　图 2.56　思考题 4

5. 试述右转车道和左转弯车道的设计方法。
6. 简述环形交叉口的设计方法。
7. 简述平交口竖向设计中圆心法和等分法的区别。
8. 参照图 2.42，当主要道路与次要道路相交时，主要道路在交叉口的横坡保持不变，应将路脊线的交叉点由 O 点移到 O_1 和 O_2 点。若主要道路与次要道路正交，次要道路车行道宽为 20m，转角曲线半径为 10m，试绘制位移后的四种标高计算线网。

第3章
道路立体交叉设计

教学要点

知识要点	掌 握 程 度	相 关 知 识
基本概念	(1) 掌握立体交叉的基本组成与特征； (2) 掌握主线、匝道的设计技术规范与标准	(1) 主线、跨线构造物、匝道等； (2) 相关规范的要求
立体交叉设计	(1) 掌握立交规划与选型设计； (2) 掌握立交匝道平面线形设计和纵断面设计方法； (3) 掌握立交端部设计方法； (4) 了解分离式立交设计	(1) 喇叭形立交、苜蓿叶形立交、子叶形立交、Y形立交、环形立交和定向式立交； (2) 主线及匝道平纵横设计的要求； (3) 匝道端部设计及分流和合流设计

技能要点

技能要点	掌 握 程 度	应 用 方 向
立交选型与评价	(1) 掌握各种立交特点； (2) 了解各种立交规划、选型与评价	(1) 工程可行性研究； (2) 工程可行性评价及区域路网规划
立交主线、匝道及端部设计	(1) 掌握匝道平面线形设计和纵断面设计； (2) 掌握匝道加减速车道的计算与布设； (3) 匝道端部设计、分流和合流设计	(1) 立体交叉工程可行性研究； (2) 立体交叉施工图设计

基本概念

立体交叉设计：主线、跨线构造物、匝道、出入口、变速车道、匝道端部、集散道路；分离式立交、互通式立交；喇叭形立交、子叶形立交、Y形立交、苜蓿叶形立交、环形立交和定向式立交；主线、匝道平纵横设计、直接式、平行式变速车道；右、左转弯匝道；匝道端部设计、车道平衡设计、端部分流和合流设计。

引例

北京四元桥立交，1993年建立，是当时我国最大的立体交叉。它位于首都机场路、京顺路与四环路的交会点，是首都国门第一路与北京城区交通网的连接枢纽。是由2座主桥，6座通道桥，8座跨河桥，10座匝道桥共计26座结构类型不同的桥梁组成的定向加苜蓿叶形四层大型立交桥群，桥梁总面积40572m²，总长度2800m，立交占地62公顷。该桥北通奥运

村，南达京津塘高速公路，四环路在此同时跨越机场高速和京顺路。

3.1 立交基本组成及特征

立体交叉（简称立交）是利用跨线构造物使道路与道路（或铁路）在不同标高的平面上相互交叉的连接方式。立交是高速道路（高速公路、一级公路和城市快速路的统称）必不可少的组成部分，在道路交通中起着非常重要的作用。采用立交可使各方向车流在不同标高的平面上行驶，消除或减少了冲突点；车流可连续稳定行驶，提高了道路的通行能力；节约运行时间和燃料消耗；控制了相交道路车辆的出入，车辆各行其道，互不干扰，为车辆的快速、安全、经济、舒适行驶提供保证。但立体交叉往往占用土地较多，构造物多、施工复杂、投资较大，不易改建，对周围环境有较大影响。因此应根据路网规划、经技术经济及环境评价后确定。

3.1.1 立交的组成

1. 互通式立交的组成

立体交叉通常由跨线构造物、主线（或称正线）、匝道、出入口以及变速车道等部分组成，如图3.1所示。

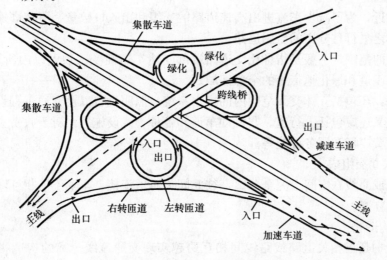

图 3.1 立体交叉的组成

1）跨线构造物

它是相交道路的车流实现空间分离的主体构造物，指设于地面以上的跨线桥（上跨式）或设于地面以下的地道或隧道（下穿式）。

2）主线

主线也称正线，它是组成立体交叉的主体，指相交道路（含被交道路）的直行车行道，主要包括连接跨线构造物两端到地坪标高的引道和立体交叉范围内引道以外的直行路段。

3）匝道

它是立体交叉的重要组成部分，是指供上、下相交道路的转弯车辆行驶的连接道路，有时也包括匝道与主线或匝道与匝道之间的跨线桥（或地道）。匝道使空间分离的两主线连接，形成互通式结构。按其作用可分为右转匝道和左转匝道两类。

4) 出口和入口

出、入口是主线与匝道的结合部位。由主线驶出进入匝道的道口为出口，由匝道驶入主线的道口为入口。

5) 变速车道

为适应车辆变速行驶的需要，而在主线右侧的出入口附近增设的附加车道。可分为减速车道和加速车道两种，出口端为减速车道，入口端为加速车道。

6) 辅助车道

在高速道路立体交叉的分、合流附近，为使匝道与高速道路车道数平衡和保持主线的基本车道数而在主线外侧设置的附加车道。

7) 匝道的端部

是指匝道两端分别与主线相连接的道口，它包括出入口、变速车道和辅助车道等。

8) 绿化地带

在立体交叉范围内，由匝道与主线或匝道与匝道之间所围成的封闭区域，一般用以美化环境的绿化地带，也可布设排水管渠、照明杆柱等设施。

9) 集散道路

在城市附近，为了减少车流进出高速道路的交织和出入口数量，可在高速道路的一侧或两侧设置与之平行且分离的专用道路。

立体交叉的范围，一般是指各相交道路端部变速车道渐变段顶点以内所包含的主线、跨线构造物、匝道和绿化地带等的全部区域。

除此以外，还包括立体交叉范围内的排水系统、照明设备以及交通工程设施等。对城市道路立体交叉还应包括人行道、非机动车道和各种管线设施等。对于收费立体交叉也包含收费站、收费广场和服务设施等。

2. 分离式立交组成

相交道路或路线在空间上完全分离，彼此间无匝道连接。车辆不能相互转换的立交形式称为分离式立交。

1) 跨线构造物

跨线构造物是指相关道路或路线间相互跨越实现交通流线分离的构造物，可采用桥梁、地道、隧道等构造物。

2) 引道

引道是指道路或路线为了跨越或下穿相交路线设置的上坡或下坡的连接道。

3.1.2 公路和城市立交的特征

公路上的立体交叉和城市道路上的立体交叉，在其作用、主要组成部分和设计方法方面是基本相同的。但由于受地形、地物、用地以及收费制等环境条件的影响，使得二者之间又有一些区别，设计的主导思想各具特色。

城市立交一般计算行车速度较低，交通组织较为复杂，存在非机动车、行人交通；受用地、建筑物和地下管线影响较大，拆迁费用高，多采用地下管线排水与城市排水系统连接；一般不收费，相邻立体交叉间间距较小；施工时要考虑维持原有的交通和快速施工，城市立交比公路立交重视美观和绿化要求，立体交叉形式复杂多样。

公路立交一般地物障碍少，用地较松，计算行车速度较高，线形指标也较高，交通组成较为简单，占地也较多，多采用明沟排水系统。一般需设收费站，两立体交叉间距较大，施工时维持原有交通的要求较低，立交形式较简单。

3.2 立体交叉的分类与形式

3.2.1 按结构物形式分类

立体交叉按相交道路结构物形式划分为上跨式和下穿式两类。

1) 上跨式立交：用跨线桥从相交道路上方跨过的交叉方式。这种立交施工方便，造价较低、排水易处理，但占地大，引道较长，跨线桥影响视线和周围景观，不利于非机动车辆的行驶。宜用于乡村及城郊用地比较充裕、地面建筑物干扰较小的地区。

2) 下穿式立交：用地道（或隧道）从相交道路下方穿过的交叉方式。这种立交占地较少，立面易处理，下穿构造物对视线和周围景观影响小，但施工期较长且对地下管线干扰大，造价较高，排水困难，养护和管理费用大。多用于城市市区。

3.2.2 按交通功能分类

按交通功能划分为分离式立交和互通式立交两类。

1. 分离式立交

仅设跨线构造物一座，使相交道路空间分离，上、下道路无匝道连接的交叉方式，如图3.2所示。这种类型立交结构简单，占地少，造价低，但相交道路的车辆不能转弯行驶。适用于高速公路与铁路或次要道路之间的交叉。

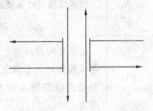

3.2 分离式立交

2. 互通式立交

不仅设跨线构造物使相交道路空间上分离，而且上下道路间用匝道连接，以供转弯车辆行驶的交叉方式。这种立交车辆可转弯行驶，全部或部分消灭了冲突点，各方向行车干扰较小，但立交结构复杂，构造物多，占地多，造价较高，但交通功能强大。

3.2.3 按相交道路等级划分

公路立交按相交道路等级分为：

1) 枢纽立交

高速公路间或高速公路与具干线功能的一级公路间或具干线功能的一级公路间的互通式立体交叉，应为枢纽互通式立体交叉。枢纽互通式立体交叉的匝道应具有良好自由流的线形，匝道上不设置收费站，匝道端部不出现穿越冲突。

2) 一般立交

高速公路、一级公路间及其与其他公路相交的互通式立体交叉应为一般互通式立体交叉，其匝道上可设置收费站，且高速公路出入口以外允许设置平面交叉。

3) 分离式立交

城市道路立交应根据相交道路等级、直行及转向（主要是左转）车流行驶特征、非机动车对机动车干扰等分类，主要类型划分及功能特征宜符合表3.1的规定，分类应满足下列要求：

1) A类：枢纽立交

立A_1类：主要形式为全定向、喇叭形、组合式全互通立交。宜在城市外围区域采用。

立A_2类：主要形式为喇叭形、苜蓿叶形、半定向、定向—半定向组合的全互通立交。宜在城市外围与中心区之间区域采用。

2) B类：一般立交

立B类：主要形式为喇叭形、苜蓿叶形、环形、菱形、迂回式、组合式全互通或部分互通立交。宜在城市中心区域采用。

3) C类：分离式立交

立C类：分离式立交。

立体交叉口类型划分及功能特征　　　　　　表 3.1

立交类型	主线直行车流行驶特征	转向（主要指左转）车流行驶特征	非机动车及行人干扰情况
立A_1	快速或按设计速度连续行驶	经定向匝道或经集散、变速车道行驶	机非分行，无干扰；车辆与行人无干扰
立A_2	快速或按设计速度连续行驶	一般经定向匝道或经集散、变速车道行驶，或部分左转车减速行驶	机非分行，无干扰；车辆与行人无干扰
立B	快速或按设计速度连续行驶，次要主线受转向车流交织干扰或受平面交叉口左转车冲突影响，为间断流	减速交织行驶，或受平面交叉口影响减速交织行驶，为间断流	机非分行或混行，有干扰；主线车辆与行人无干扰
立C	快速或按设计速度连续行驶		

3.2.4 立体交叉的形式与特点

1. 三路立体交叉

三条道路交汇的立体交叉，根据交叉处车流轨迹线的交叉方式和几何形状的不同，可分为部分互通式、完全互通式类型。

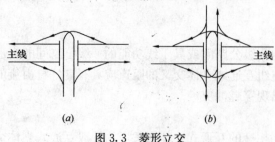

图 3.3 菱形立交

1) 部分互通式立交

相交道路的车流轨迹线之间至少有一平面冲突点的交叉。当高速道路与次要道路相交或用地和地形等限制时可采用这种类型立交。部分互通式的代表形式有菱形立交等。

菱形立交：如图 3.3 所示，图中

(a)为三路立交,(b)为四路立交。

这种立交能保证主线直行车辆快速通畅;转弯车辆绕行距离较短;主线上具有高标准的单一进出口,交通标志简单;主线下穿时匝道坡度便于驶出车辆减速和驶入车辆加速;左转车辆绕行距离较短;形式简单,仅需一座桥,用地和工程费用小。但次线与匝道连接处为平面交叉,影响立交通行能力和行车安全。适应于出入交通量较少、匝道上无收费站的一般互通式立交。

布设时应将平面交叉设在次线上,主线上跨或下穿应视地形和排水条件而定,一般以下穿为宜。次线上可通过渠化或设置交通信号等措施组织交通。

2) 完全互通式立交

相交道路的车流轨迹线全部在空间分离的交叉。它是一种比较完善的高级形式,匝道数与转弯方向数相等,各转向都有专用匝道,适用于高速道路间相交。其代表形式有喇叭形、子叶形、Y形等。

(1) 喇叭形立交:如图3.4所示,是三路立交的代表形式,可分A式和B式,经小环道(转向约为270°)左转匝道和一个半定向型匝道来实现左转所构成的立交形式。由小环道驶入主线为A式,驶出时为B式。

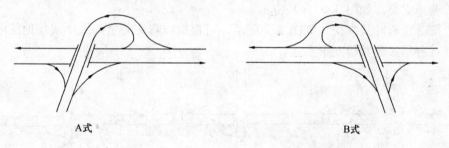

图3.4 喇叭形立交

这种立交除小环道匝道适应车速较低外,其他匝道都能为转弯车辆提供较高速度的半定向运行;只需一座跨线构造物,投资较省;无冲突点和交织,通行能力大,行车安全;造型美观,行车方向容易辨别。适用于高速道路与一般道路相交的T形交叉。

布设时应将小环道匝道设在交通量小的方向上,主线交通量大时采用A式。次线上跨对转弯交通视野有利,下穿时宜斜交或弯穿。

(2) 子叶形立交:如图3.5所示,由两个小环道来实现车辆左转。只需一座构造物,造价较低,造型美观,但交通运行条件不如喇叭形好,主线上存在交织,多用于苜蓿叶形立交的前期工程。布设时以使主线下穿为宜。

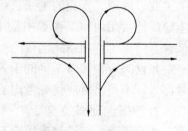

图3.5 子叶形立交

(3) Y形立交:如图3.6(a)为定向Y形,图3.6(b)为半定向Y形。

该立交能为转弯车辆提供高速的定向或半定向运行;无交织,无冲突点,行车安全;方向明确,路径短捷,通行能力大;主线外侧占地宽度较小,但需要构造物多,造价较高。一般适用于各方向交通量很大的三路枢纽互通式立交。

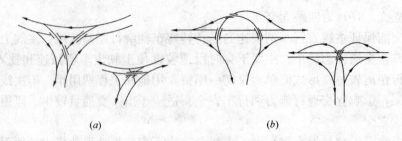

图 3.6 Y 形立交

2. 四路立体交叉

四条道路交汇构成四路交叉，根据交叉处车流轨迹线的交叉方式和几何形状的不同，可分为部分互通式、完全互通式和环形立交三种类型。

1）部分互通式立交

相交道路的车流轨迹线之间至少有一平面冲突点的交叉。当个别方向的交通量很小或分期修建时可采用这种类型立交。部分互通式的代表形式有菱形立交和部分苜蓿叶形立交等。

(1) 菱形立交，如图 3.3 (b) 所示。

(2) 部分苜蓿叶式立交，如图 3.7 所示，可根据转弯交通量的大小或场地的限制，采用图示任一种形式或其他变形形式。

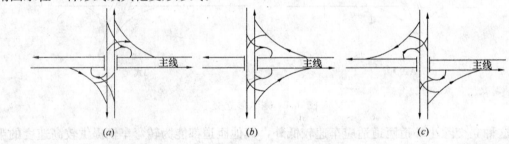

图 3.7 部分苜蓿叶形立交

此三种形式立交的主线直行车快速通畅；单一驶出方式简化了主线上的标志；仅需一座跨线桥，用地和工程费用较小；远期可扩建为全苜蓿叶形立交，但次线上存在平面交叉，有停车等待和错路运行的可能。适用于出入交通量较小的一般互通式立交。

布设时应使转弯车辆的出入尽可能少妨碍主线的交通，最好使每一转弯运行均为右转弯出入，不得已时应优先考虑右转出口。平面交叉口应布置在次线上。

2）完全互通式立交

相交道路的车流轨迹线全部在空间分离的交叉。它是一种比较完善的高级形式，匝道数与转弯方向数相等，各转向都有专用匝道，适用于高速道路间相交。其代表形式有双喇叭形、苜蓿叶形、Y 形和 X 形等。

(1) 苜蓿叶形立交：如图 3.8 (a) 为标准形，图 3.8 (b) 为带集散车道形。

由四个对称的小环道左转匝道来实现各方向左转弯车辆的运行。立交各匝道相互独立，交通运行连续而自然，无冲突点，可分期修建，仅需一座构造物，但这种立交占地面积大，左转小环道转向角 270°，转弯半径小，绕行距离较长，小环道匝道适应车速较低，

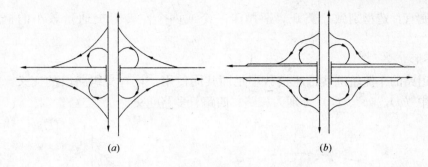

图 3.8 苜蓿叶形立交

且桥上、下存在交织，限制立交的通行能力。适用于两条高速公路或一级公路相交，左转交通量不大的郊区及乡村立交。

布设时视具体条件，小环道匝道可采用单曲线、多心复曲线、扁平形等。为消除主线上的交织，避免双重出口、使标志简化以及提高立交的通行能力和行车安全，可加设集散车道。

(2) X 形立交：又称半定向式立交，如图 3.9(b) 为对角左转匝道拉开布置。

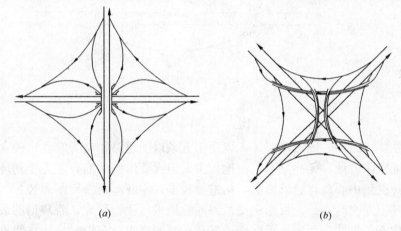

图 3.9 X 形立交

该立交各方向运行都有专用匝道，自由流畅，转向明确；无冲突点，无交织，通行能力大；适应车速高，但占地面积大，层多桥多，造价高，在城区很难实现。一般用于高速道路之间、各左转弯交通量均大、车速要求高、通行能力大的枢纽互通式立交。

(3) 组合式立交：根据交通量并结合地形、地物限制条件，在同一座立交中采用两种或两种以上不同形式的左转匝道组合而成的立交，如图 3.10 所示。

这种立交主线双向在立交范围不拉开距离的情况下，左转匝道多为小环道和半定向匝道，立体形式多种多样；匝道布设形式与交通量相适应；充分利用地形、地

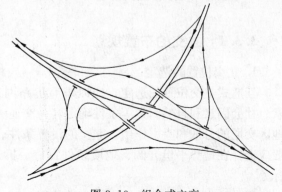

图 3.10 组合式立交

物，因地制宜，造型别致、美观。适用于一个或两个左转弯交通量较小的枢纽互通式立交。

3) 环形立交

相交道路的车流轨迹线因匝道数不足而共同使用，且有交织路段的交叉，如图3.11所示，其中（a）、（b）、（c）分别为三路、四路、多路立交。

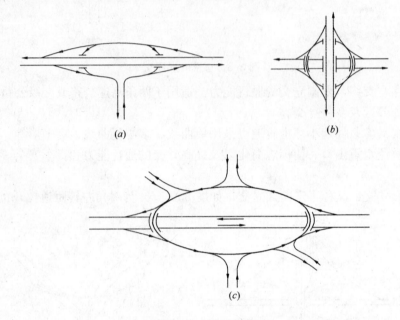

图 3.11 环形立交

适用于主要道路与一般道路交叉，以用于五条以上道路相交为宜。这种立交能保证主线直行，交通组织方便，无冲突点，占地较少。但次要道路的通行能力受到环道交织能力的限制，车速受到中心岛直径的影响，构造物较多，左转车辆绕行距离长。

当采用环形立交时，必须根据相交道路的性质进行比较研究，看环道的最大通行能力和所采用的中心岛尺寸是否满足远期交通量和车速的要求。布设时应让主线直通，中心岛可采用圆形、椭圆形或其他形状。

3.3 立交规划、选型与设计

3.3.1 立交的布置规划

1. 立交位置的选定

互通式立交位置的选定，应以现有道路网或已批准的规划为依据。考虑区域交通因素、社会因素和自然因素等条件确定，为交通流发生源提供便捷出入口。同时考虑立交对地区交通的分散和吸引作用、立交的设置条件、技术上的合理性、经济上的可行性等，一般应选择在地势平坦开阔、地质条件良好、拆迁较少及相关道路具有较高的平纵线形指标处。

通常应根据下列条件选定立交的位置：

1) 相交道路的性质。高速道路间及其与其他各级道路相交时，一级公路与交通繁忙的一般公路相交时，均应设置互通式立交。

2) 相交道路的位置。高速道路与通往大城市，重要政治、经济中心，重要港口、机场、车站和游览胜地的道路相交处应设置互通式立交。

3) 相交道路的交通量。两条具干线功能的一级公路相交时应设置互通式立交。

4) 地形条件。当交叉所在地形条件适宜修建立交时可采用，如高填方路段与其他道路交叉处，较高的桥头引道与滨河路交叉等。

5) 经济条件。针对投资成本、营运费用和安全性分析，设置互通式立交的效益大于设置平面交叉时，可修建互通式立交。

2. 立交的间距

确定互通式立交间距时，主要应考虑以下影响因素：

1) 满足交通密度的要求。相邻立交之间保持合适的间距，应与其担负的交通量均衡。间距过大会使交通联系不便；间距过小则又影响高速道路功能的发挥，且使建设投资增加。

2) 能满足交织路段长度的要求。相邻立交之间应保证足够的交织路段，以便在相邻立交出入口之间设置足够的加减速车道。交织路段是指前一个立交匝道的合流点到后一个立交匝道的分流点之间的距离。

3) 满足标志和信号布置需要。相邻立交之间应保证足够的距离，在此路段内设置一系列标志和信号，以便连续不断地告诉驾驶员下一立交出口的到来。

4) 驾驶员操作顺适的要求。相邻立交之间的距离如果过近，特别是在城市道路上，因互通式立交的平面连续变化，纵断面起伏频繁，会对车辆运行、驾驶操作以及景观均不利。

5) 经济的要求。立交间距过小，布置过多，则造价高，不经济，反而不如连续的高架桥经济合理。

对互通式立交的标准间距，公路上规定在大城市、重要工业区周围为 5~10km；一般地区为 15~25km；最小间距不应小于 4km；相邻互通式立交间距不宜大于 30km，超过时，应设置与主线立体分离的"U 形转弯"设施。城市道路规定相邻互通立交叉点的间距，应大于上下游匝道出入口间变速车道与交织段长度之和及满足设置必要交通标志的要求，且不宜小于 1.5km。

3.3.2 立交选型与设计

立交形式选择的目的是为提供行车效率高，安全舒适，适应设计交通量和计算行车速度，满足车辆转弯需要，并与环境相协调的立交形式，选型是否合理，不仅影响立交本身的功能，如通行能力、行车安全和工程经济等，而且对区域规划、地方交通的发挥及城市景观环境等都有重要影响。

1. 影响立交形式选择的因素

影响因素概括为道路、交通、环境及自然条件，具体内容详见图 3.12。

2. 立交形式选择的基本原则

互通式立交形式选择，应遵循下列基本原则：

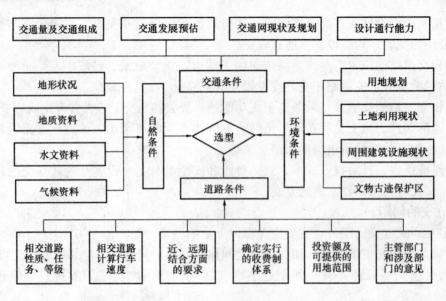

图 3.12 影响立交形式的基本因素

1) 取决于相交道路的性质、任务和远景交通量等，确保行车安全畅通和车流的连续。相交道路等级高时应采用完全互通式立交；交通量大、计算行车速度高的行车方向要求线形标准高、路线短捷、纵坡平缓；车辆组成复杂时要考虑个别交通特性的需要。在城市道路上，若使机、非交通量都很大的车流分离行驶，可采用三层或四层式立交。

2) 选定的立交形式应与所在地的自然环境条件相适应，要充分考虑区域规划、地形地质条件、可能提供的用地范围、周围建筑物及设施分布现状等。在满足交通要求前提下综合分析研究，力求合理利用地形，工程营运经济，与环境相协调，造型美观，结构新颖合理。

3) 选型应全面考虑近远期结合，既要考虑近期交通要求，减少投资费用，又要考虑远期交通发展需要改建提高的可能。

4) 选型应从实际出发，有利施工、养护和排水，尽量采用新技术、新工艺、新结构，以提高质量、缩短工期和降低成本。

5) 选型和总体布置要全面安排，分清主次，考虑平面线形指标和竖向标高的要求。如铁路与道路相交，常以铁路上跨为宜，可减小净空高度；高速道路与其他道路相交，原则上高速道路不变或少变，其他道路抬高或降低；城市立交原则上非机动车道不变或少变，有利于行人及自行车通行。

6) 选型应与定位相结合。立交的形式随所在位置的地形地物及环境条件而异，通常先定位后选形，并使选形与定位结合考虑。

3. 立交形式选择与方案评价

1) 选择立交的基本形式

公路立交形式选择：

(1) 两条干线公路或高速公路相交时，可选择全定向、半定向式立交，当部分左转弯交通量较小时，可选择组合式立交。

(2) 两条一级公路相交时，宜采用有部分苜蓿叶形、苜蓿叶形、环形或组合式立交。

(3) 高速公路同一级公路或交通量大的二级公路相交,且设置收费站时,宜采用双喇叭形。与交通量小的二级公路相交时,宜采用在被交公路上设置平面交叉的旁置式单喇叭形、部分苜蓿叶形。匝道上不设收费站时,宜采用菱形。

(4) 一级公路与二、三、四级公路相交,因交通转换而设置互通式立体交叉时,宜采用菱形、部分苜蓿叶形。

城市道路立交形式选择:

(1) 枢纽立交应选择全定向、半定向、组合式等立交。一般立交可选择全苜蓿叶形、部分苜蓿叶形、喇叭形、菱形以及环形或组合式等立交。

(2) 直行和转弯交通量均较大并需高速集散车辆的快速路与快速路相交的枢纽立交,应选用全定向式或半定向式立交;左转弯交通量差别较大的枢纽立交,可选用组合式立交。

(3) 相交道路等级相差较大,且转弯交通量不大的一般立交,可选用菱形、部分苜蓿叶形或喇叭形立交。

(4) 城市不宜选用占地较大的全苜蓿叶形立交;左转交通量较大的立交不应选用环形立交。

城市道路立交选型可按表 3.2 选定。

城市立体交叉选型　　　　　　　　　　　　表 3.2

立体交叉选型	选型	
	推荐形式	可用形式
快速路—高速公路	立 A_1 类	—
快速路—快速路(一级公路)	立 A_1 类	—
快速路—主干路	立 B 类	立 A_2 类、立 C 类
快速路—次干路	立 C 类	立 B 类
快速路—支路	—	立 C 类
主干路—高速公路	立 B 类	立 A_2 类、立 C 类
主干路—主干路	—	立 B 类
主干路—次干路	—	立 B 类
次干路—高速公路	—	立 C 类
支路—高速公路	—	立 C 类

根据影响立交形式选择的主要因素,表 3.3 为常用立交形式的选择条件,可供参考。

互通式立交形式的选择　　　　　　　　　　表 3.3

项目 立交形式	计算行车速度(km/h)			交叉口总通行能力(辆/小时)	占地面积(公顷)	相交道路等级及交叉口情况
	直行	左转	右转			
定向式立交	80~100	70~80	70~80	13000~15000	8.5~12.5	1. 高速公路相互交叉; 2. 高速公路与市郊快速路相交
苜蓿叶形立交	60~80	30~40	30~40	9000~13000	7.0~9.0	1. 高速公路相互交叉; 2. 高速公路与快速路,主干路相交; 3. 用地允许的市区主要交叉口

续表

项目 立交形式	计算行车速度（km/h） 直行	左转	右转	交叉口总通行能力（辆/小时）	占地面积（公顷）	相交道路等级及交叉口情况
部分苜蓿叶形立交	30～80	25～35	25～40	6000～8000	3.5～5.0	1. 高速公路与快速路、主干路相交； 2. 苜蓿叶形立交的前期工程
菱形立交	30～80	25～35	25～35	5000～7000	2.5～3.5	1. 高速公路与次要公路相交； 2. 快速路与主干路相交
三、四层式环形立交	60～80	25～35	25～35	7000～10000	4.0～4.5	1. 快速路相互交叉； 2. 市区交叉口； 3. 高等级公路与次要道路相交
喇叭形立交	60～80	30～40	30～40	6000～8000	3.5～4.5	1. 高速公路与快速路相交； 2. 高等级公路相互交叉； 3. 用地允许的市区交叉口
三路环形立交	60～80	25～35	25～35	5000～7000	2.5～3.0	1. 高等级公路相互交叉； 2. 市区T形、Y形交叉口
三路子叶形立交	60～80	25～35	25～35	5000～7000	3.0～4.0	1. 高等级公路相互交叉； 2. 苜蓿叶形立交的前期工程
三路定向式立交	80～100	70～80	70～80	8000～11000	6.0～7.0	1. 高速公路相互交叉； 2. 地形适宜的双向分离式道路相交

注：相交道路按六车道计，交通量为当量小汽车。

2）立交几何形状及结构的选择

立交的几何形状及结构对行车速度、运行时间、行车视距、视野范围、服务水平及通行能力等影响较大。在基本形式的基础上，通过仔细研究，对立交的总体结构进行安排和匝道布置，如跨线构造物的布置，出入口的位置，匝道布置象限，内外匝道采用整体式或分离式、匝道的平、纵、横几何形状及尺寸等。

3）立交方案比较评价

立交方案综合评价是立交设计的一个重要环节。立交设计的好坏，关键是看立交方案选择的合理性，一个不合理的立交方案，其细部设计再好，最终设计结果也是不能满意的。立交方案综合评价的目的是通过方案的综合评价，寻求技术上、经济上最合理的立交形式，使立交在道路网中发挥更大的社会和经济效益。立交方案的评价方法很多，通常有分项评分法、技术经济比较法、综合评价法（层次分析法和模糊数学法）等，现简单介绍如下：

(1) 技术经济比较法

技术经济比较法是直接计算各立交方案的技术指标、使用指标和经济指标数值，列成数表逐项进行对比和分析，选出最佳方案。该法以分析方案的技术经济指标为主，未进行指标的综合量化，带有很大的经验性，但方法简便、直观，是设计人员常用的方案比选方法。各指标的具体内容为：

①技术指标

F——占地面积（公顷）；

L_1——以单车道计的匝道总长度（km）；

L——立交范围内以单车道计的主线总长度（km）；

S_1——匝道的路面面积（m²）；

S——立交范围内主线的路面面积（m²）；

L_0——以单车道计的跨线桥总长度（m）；

W——路基土石方数量（m³）。

②使用指标

$T_左$——汽车在相邻道路上两固定点间以计算行车速度左转运行的时间（s）；

$T_右$——同上条件下以计算行车速度右转运行的时间（s）；

$t_左$——同上条件下以最佳车速左转运行的时间（s）；

$t_右$——同上条件下以最佳车速右转运行的时间（s）。

③经济指标

C——立交范围内的路基、路面及跨线构造物等的总造价（万元）；

A——立体交叉一年的养护费用（万元）；

B——立体交叉一年的运输费用（万元）。

对表 3.4 比较分析如下：

主要技术经济指标汇总表　　　　　表 3.4

比较指标		单位	方案一 苜蓿叶式立交	方案二 环形立交	方案三 定向式立交
技术指标	F	公顷	51.9	8.5	8.1
	L_1	km	5.8	2.03	2.74
	L	km	14.6	5.84	6.37
	S_1	m²	18850	6600	8900
	S	m²	49720	19940	21600
	L_0	m	184	516	1044
	W	m³	179840	211810	210320
使用指标	$T_左$	s	150	106	81
	$T_右$	s	74	80	79
	$T_左+T_右$	s	224	186	160
	$t_左$	s	229	173	136
	$t_右$	s	115	134	133
	$t_左+t_右$	s	344	307	269
经济指标	C	万元	5861	6416	7038
	A	万元	295	271	277
	B	万元	2095	1890	1750
	$A+B$	万元	2390	2161	2027
比较结果					推荐方案

方案一苜蓿叶形立交：在匝道计算行车速度为60km/h相同条件下，该方案占地面积、匝道和主线路面面积最大，匝道和主线长度、左转车辆运行时间最长，养护和营运费用最高。其优点是跨线桥长度最短，土石方数量最少，造价最低。

方案二环形立交：除了土石方数量最大，匝道和主线的长度及路面面积最小以外，其余指标介于方案一、三之间。

方案三定向式立交：跨线桥最多，长度最长，造价最高，但其占地面积最小，左转车辆运行时间短，养护和营运费用最低。综合分析，定向式立交是三个立交方案中较好的方案，可作为推荐方案。

(2) 综合分析法

立交方案综合评价是一个多目标、多层次的决策分析过程，它涉及对方案的功能、技术、经济、管理和环境等诸多因素的综合分析和比较，以选择整体最优或较优的立交方案。目前国内外普遍使用的是层次分析法和模糊数学综合评价方法。

①层次分析法

美国运筹学家 T. L. Saaty 教授于 20 世纪 70 年代初期提出层次分析法（Analytic Hierarchy Process，简称 AHP，它是对一些较为复杂、较为模糊的问题作出决策的简易方法，它特别适用于那些难于完全定量分析的问题。层次分析法的特点是能将决策者对复杂系统的决策思维过程进行易理解的简单数量化，所需定量数据少，计算方便，可解决多目标、多层次、多准则的决策问题。近几年来，该法已得到广泛的应用，在我国社会、经济、军事、科技等领域的规划和决策方面发挥极大的作用。

A. 层次分析法的基本原理

运用层次分析法建模，大体上可按下面四个步骤进行：

a. 建立递阶层次结构模型；

b. 构造出各层次中的所有判断矩阵；

c. 层次单排序及一致性检验；

d. 层次总排序及一致性检验。

B. 层次分析法计算

a. 递阶层次结构的建立

应用 AHP 分析决策问题时，首先要把问题条理化、层次化，构造出一个有层次的结构模型。在这个模型下，复杂问题被分解为元素的组成部分。这些元素又按其属性及关系形成若干层次。上一层次的元素作为准则对下一层次有关元素起支配作用。一般可分为最高层、中间层、最低层（图 3.13）。最高层也称为目标层，中间层称为准则层，最低层称为措施层或方案层。

b. 构造判断矩阵

在建立层次结构模型后，上下层次间因素的隶属关系就被确定。在此基础上，对每层次中各因素的相对重要性作出判断。在层次分析法中，为了使判断量化，将这些判断通过引入合适的标度用数值表示出来，写成判断矩阵，判断矩阵表示针对上一层次的某因素，本层次与之有关因素间相对重要性的两两比较。判断矩阵通常引用 Saaty 等建议引用数字 1~9 及其倒数作为标度。表 3.5 列出了 1~9 标度的含义：

c. 排序及一致性检验

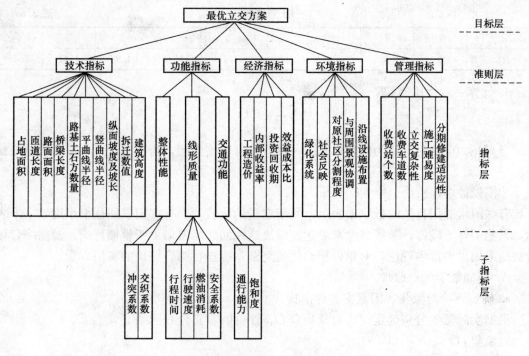

图 3.13 立交方案综合评价指标体系

判断尺度定义表　　　　　　　　　　　　　　　　表 3.5

标　度	含　义
1	表示两个因素相比，具有相同重要性
3	表示两个因素相比，前者比后者稍重要
5	表示两个因素相比，前者比后者明显重要
7	表示两个因素相比，前者比后者强烈重要
9	表示两个因素相比，前者比后者极端重要
2, 4, 6, 8	表示上述相邻判断的中间值
倒数	若因素 i 与因素 j 的重要性之比为 a_{ij}，那么因素 j 与因素 i 重要性之比为 $a_{ji} = \dfrac{1}{a_{ij}}$。

目前常见的计算排序权重向量的方法主要有：和积法、方根法、特征根法、最小二乘法和对数最小二乘法等几种。本文采用特征根法计算权重向量 $W = \{w_1, w_2, \cdots w_n\}$，步骤为：

(a) 采用特征根法计算权重向量 $W = \{w_1, w_2, \cdots w_n\}$。

(b) 利用 $\lambda_{\max} = \sum \dfrac{(AW)_i}{nW_i}$，求矩阵最大特征根。

(c) 判断矩阵的一致性检验

计算一致性指标 CR，$CR = \dfrac{CI}{RI}$，$CI = \dfrac{\lambda_{\max} - n}{n - 1}$，对 $n = 1, \cdots 9$，Saaty 给出了 RI 的值，如表 3.6 所示。

表 3.6 RI 随机值

n	1	2	3	4	5	6	7	8	9
RI	0	0	0.58	0.90	1.12	1.24	1.32	1.41	1.45

d. 计算一致性比例 CR

$$CR = \frac{CI}{RI}$$

当 $CR < 0.10$ 时，认为判断矩阵的一致性是可以接受的，否则应对判断矩阵作适当修正。

②模糊数学评价法

有些因素能用具体的数字来表示，便于定量的比较。而有些因素往往很难用数字来表示，只能用好、较好、差等概念来表达，解决这种问题需要借助于模糊理论。模糊综合评价法是采用模糊数学理论，对难以精确化的复杂系统进行综合评价的实用方法。

A. 模糊数学评价原理

a. 确定评价对象集、因素集和评语集

根据实际需要分别确定评价对象集合 O、评价因素集合 U 和评语集合 C。

对象集：$O = \{O_1, O_2, \cdots, O_n\}$

因素集：$U = \{u_1, u_2, \cdots, u_n\}$

评语集：$C = \{c_1, c_2, \cdots, c_n\}$

b. 建立评价因素权分配矩阵

可以采用层次分析法得到权分配矩阵。即 m 个因素的权分配矩阵为：

$$W = (w_1 \quad w_2 \quad \cdots \quad w_n)$$

根据归一化原则，由 $\sum_{i=1}^{m} w_i = 1$

c. 建立模糊评判矩阵 R

评判矩阵 R 中的元素 r_{ij} 是对象 O_{ij} 在因素 u_i 上评语 C 的特性指标，称为隶属度，因此 $r_{ij} \in [0, 1]$。

$$R = \begin{bmatrix} R_1 \\ R_2 \\ \vdots \\ R_m \end{bmatrix} = \begin{bmatrix} r_{11} & r_{12} & \cdots & r_{1n} \\ r_{21} & r_{22} & \cdots & r_{2n} \\ \vdots & \vdots & \vdots & \vdots \\ r_{m1} & r_{m2} & \cdots & r_{mn} \end{bmatrix}$$

d. 计算评判结果矩阵 B

$$\begin{aligned} B &= (b_1 \quad b_2 \quad \cdots \quad b_n) \\ &= W \delta R \\ &= (w_1 \quad w_2 \quad \cdots \quad w_m) \delta \begin{bmatrix} r_{11} & r_{12} & \cdots & r_{1n} \\ r_{21} & r_{22} & \cdots & r_{2n} \\ \vdots & \vdots & \vdots & \vdots \\ r_{m1} & r_{m2} & \cdots & r_{mn} \end{bmatrix} \end{aligned}$$

式中　δ——广义模糊算子。

根据互通式立交方案综合评价的实际,广义模糊算子 δ 采用 $M(\cdot,+)$ 型,即"加权平均型,则上式变为:

$$B = W \times R$$

以上步骤是一级综合评判的过程,它是模糊综合评判的基础。对于复杂问题,因素之间有上下层次关系,此时必须进行多级综合评判。多级综合评判原理同一级综合评判相同,按由下往上的顺序逐级进行,也就是把低一级综合评判的结果作为高一级评判的输入,直到最终得到评价结果。

B. 建立评价指标体系

借助于层次分析法的原理,建立图 3.13 所示的综合评价指标。第一层为目标层,用于不同立交方案间的比选;第二层为准则层,作为立交方案比选的基本原则;第三层为子准则层,是对第二层的细化,具体描述立交各项指标的属性;第四层为子指标层,是对功能指标中各指标属性的具体描述。

C. 计算及立交方案比选

4. 立交设计资料、流程及成果

1) 设计资料

(1) 自然资料:测绘立体交叉范围的 1:500～1:2000 地形图,详细标注建筑物的建筑线、种类、层高、地上及地下的各种杆线、管线等地物;调查并收集用地发展规划、水文、地质、土壤、气象资料;收集附近的国家控制点和水准点等。

(2) 交通资料:收集相交道路转弯及直行交通量、交通组成;推算远景规划交通量;绘制交通量流量流向图;调查非机动车和行人流量。

(3) 道路资料:调查相交道路的等级、平纵线形、横断面形式和尺寸;相交道路的交角、控制坐标和标高;路面类型及厚度;确定净空高度、设计荷载、设计速度及平纵横指标。

(4) 排水资料:收集立交所在区域的排水系统、现状和规划;各管渠位置、埋深和尺寸。

(5) 文件资料:收集设计任务书,上级主管部门的具体批复、要求、意见及有关文件。

(6) 其他资料:调查取土、弃土和材料来源;施工单位,季节、工期和交通组织与安全。

2) 设计流程

立交设计,是经过规划、可行性研究、方案设计到技术设计的全过程。其方案设计和技术设计的一般流程如下:

(1) 初拟方案:根据设计要求和地形条件,在地形图上绘出可能的立交方案。

(2) 确定比较方案:对初拟方案进行分析,应考虑线形是否顺直、转弯半径能否满足要求,各层间可否跨越,拆迁是否合理,一般选 2～4 个比较方案。

(3) 确定推荐方案:在地形图上按比例绘出各比较方案,完成初步的平纵设计、桥跨方案和概略工程量计算,做出各方案比较表,全面比较后一般确定 1～2 个推荐方案。比较时应考虑交通是否流畅安全,各匝道的平、纵、横及其相互配合是否合适,立交桥的结构、布置是否合理,设计和施工难易程度,整体工程的估价,养护营运条件以及立交的造型和绿化。

(4) 确定采用方案：对推荐方案提供需要模型或透视图，征询各方面的意见，最后定出采用方案。应权衡造价与方案、近期与远期、局部与全局的关系，也可采用分期修建的立交方案。

(5) 详细测量：对采用方案实施实地放线并详细测量，进一步收集技术设计所需的所有资料。

(6) 技术设计：完成全部施工图设计和工程预算。

以上1～4步为初步设计阶段，5～6步为施工图设计阶段。

3) 设计成果

(1) 初步设计阶段

①互通式立体交叉

互通式立体交叉设置一览表、工程数量表、方案比较表、交通量分布图、立交平面图，主线、被交道路和匝道的纵断面图、横断面图、路基、路面设计图表、桥型布置图、涵洞、通道典型设计图、其他工程一般设计图。

②分离式立体交叉

分离式立体交叉设置一览表、工程数量表、立交平面图、道路和匝道纵断面图、横断面图、桥型布置图、其他工程一般设计图。

③通道与人行天桥

通道与人行天桥设置一览表、工程数量表、通道一般布置图、天桥一般布置图。

(2) 施工图设计阶段

①互通式立体交叉

互通式立体交叉工程数量表、平面设计图、线位图，直线、曲线及转角表、逐桩坐标表，主线、被交线道路和匝道纵断面图、匝道及被交线道路标准横断面图和路面结构图，匝道与主线连接部设计图和路面高程数据图、路基设计表、路基土石方数量表、路基、路面设计图表，排水系统布置图、排水沟加固及高路堤地段边坡、急流槽结构图、跨线桥桥型布置图，跨线桥全桥工程数量表，通道设计图表、涵洞设计图表、管线交叉设计图表、附属设施设计图。

②分离式立体交叉

分离式立体交叉一览表、工程数量表、立交平面图、纵断面图、被交叉公路横断面图和路基、路面设计图、桥型布置图和结构设计图、其他构造物设计图。

③通道与人行天桥

通道、天桥工程数量表、通道设计图、天桥设计图。

3.4 立交主线设计

互通式立交范围内有较多的出入口，主线应有足够的视距，以保证驾驶员做出准确的反应和判断，确保行车安全，因此立交范围内主线的平曲线半径、竖曲线半径、最大纵坡较主线标准段有更高的要求。

3.4.1 主线设计要求

（1）主线设计应满足立交的易识性，保证足够的行车视距，使主线上行驶的车辆从较远处看清立交，有充裕的时间注意立交出入车辆及出入口位置。

（2）确保立交主线上车辆行驶的要求，以及进出口车辆行驶安全、便利，在主线设计的同时，还应综合考虑其他交通设施，如变速车道、集散道路、导流岛等设施。

（3）线形设计中，原则上匝道线形应服从主线线形的要求，在保证主线线形的前提下，主线和匝道综合考虑，为匝道设计创造较好的条件，便于进出口连接。

（4）主线线形应满足标准要求，在可能的条件下采用较高指标。相交主线力求正交，并在直线或大半径的曲线段相交。

（5）力求主线纵坡平缓，注意排水问题。

（6）保证两相交主线具有足够的跨越高度，应满足行车视距条件、桥下净空要求。

3.4.2 平面线形设计

立交主线平面线形设计的主要任务是确定两条路线交叉点的位置、交叉角度以及主线的曲线要素（圆曲线半径、缓和曲线长度或参数 A）。交叉点的位置和交叉角度一般在立交规划中确定。主线线形设计方法与一般道路相同，考虑立交主线的交通特征，主线平面设计应注意以下几点：

（1）尽量采用直线或大半径的曲线，避免使用小半径的曲线，以便进、出口连接和匝道、集散道路的设置。

（2）立交桥跨主线宜采用直线，避免设置曲线桥，以便于桥梁设计和施工。不得已采用曲线桥时，应尽可能使相交路线走向沿曲线桥的圆心方向。

（3）在考虑交叉角、交点位置及确定线形要素时，应选满足主要道路的线形要求，尽可能为主线创造较好的行车和车辆出入的条件。

根据公路路线设计规范规定，互通式立交范围内，主线线形的主要技术指标如表 3.7 所示。

根据城市道路交叉口设计规程规定，立交主线平面线形技术要求应与路段一致。

公路立交交叉范围内主线形指标　　　　表 3.7

设计速度（km/h）			120	100	80	60
最小圆曲线半径（m）		一般值	2000	1500	1100	500
		极限值	1500	1000	700	350
最小竖曲线半径（m）	凸形	一般值	45000	25000	12000	6000
		极限值	23000	15000	6000	3000
	凹形	一般值	16000	12000	8000	4000
		极限值	12000	8000	4000	2000
最大纵坡（%）		一般值	2	2	3	4.5(4)
		极限值	2	2	4(3.5)	5.5(4.5)

注：当主要公路以较大的下坡进入互通式立体交叉且所接的减速道为下坡，同时后随的匝道线形较低时，主要公路的纵坡不得大于括号内的值。

3.4.3 纵断面线形设计

1. 一般要求

当主线为半径较大的凹形竖曲线时,驾驶员视线开阔,容易看清立交的全貌;反之,若互通式立体交叉的主线处于半径较小的凸形竖曲线范围内或紧接其后时,立交的全部或部分被遮挡的可能,尤其是出口不易识别,从而影响行车。

立交主线纵面线形设计方法与一般道路纵面线形设计方法相同,除满足一般纵面设计的要求外,还应注意以下几点:

(1) 注意满足控制高程的要求。立交交叉点的控制高程包括上线、下线的高程,是立交纵面设计的基本依据,是在立交规划中已经确定的,设计时应作为纵面设计的"控制点"控制。

(2) 当需调整立交上线或下线的高程时,应注意保证相交路线有足够的跨越高度 H。H 的最小值可由下式计算:

$$H = H_1 + h_j + bi_1 + ai_2 \tag{3.1}$$

式中 H_1——下线要求净空高度(m);
h_j——上部构造建造高度(m);
b——下线车行道与硬路肩的宽度(m);
a——土路肩宽度(m);
i_1——车行道横坡;
i_2——土路肩横坡。

(3) 主线进出口处的高程应与匝道设计整体考虑,一般是先定主线高程,再控制匝道。

(4) 跨线桥下凹形竖曲线上方的净空高度应满足鞍式列车有效净空的要求,应使其有效净空高度大于规定的净空高度。

2. 纵坡

交通事故与主线的纵坡有很大关系,立交范围内主线纵坡过大,会严重影响行车安全;互通式立交下坡坡度较大时,对驶出主线的汽车减速不利,其结果将由于车速过大,车辆在驶出主线时易失去控制和稳定性;上坡坡度较大时,驶入主线的汽车不易加速,这不仅要延长加速车道的长度,而且即使加速车道长度得到保证,当大型车车速未增加到规定速度就与主线汇流,也会造成交通事故,因此主线的最大纵坡应规定在适当的范围内。

公路立交主线的最大纵坡要求按表 3.7 规定。

城市道路立交主线的最大纵坡应符合表 3.8 的规定。

3. 坡长

坡长限制包括纵坡限制坡长和纵坡的最小长度两方面。

1) 纵坡限制坡长

长距离的陡坡对汽车行驶不利。连续上坡发动机过热影响机械效率,使行驶条件恶化,下坡则因频繁制动而影响安全。

城市道路交叉口设计规程规定,当道路纵坡大于表 3.8 时,可按表 3.9 的规定限制坡长。

机动车道最大纵坡度　　　　　　　　　表 3.8

设计速度（km/h）	100	80	60	50	40
最大纵坡推荐（%）	3	4	5	5.5	6
最大纵坡限制（%）	5	6	7		8

注：1. 机动车道最大纵坡应采用小于或等于最大纵坡推荐值；受地形条件或特殊情况限制时，方可采用最大纵坡限制值。
2. 山区城市设计速度为40km/h的道路，经技术经济论证，最大纵坡可增加1%。
3. 越岭路线连续上坡（或下坡）路段，地形相对高差为200～500m时，平均纵坡不应大于5.5%；地形相对高差大于500m时，平均纵坡不应大于5%，且连续3km路段的平均纵坡不应大于5.5%。
4. 海拔3000m以上高原城市道路的最大纵坡推荐值可按表列值减小1%，最大纵坡折减后若小于4%，则仍采用4%。
5. 冰冻积雪地区快速路最大纵坡不得超过4%，其他道路不得超过6%。

纵坡限制坡长　　　　　　　　　　　表 3.9

设计速度（km/h）	100			80			60			50			40	
纵坡度（%）	4	4.5	5	5	5.5	6	6	6.5	7	6	6.5	7	6.5	7
纵坡限制坡长（m）	700	600	500	600	500	400	400	350	300	350	300	250	300	250

2）纵坡最小长度

坡长过短，就会使变坡点个数增加。行车时颠簸频繁，当坡度差较大时还容易造成视线的中断，视距不良，从而影响到行车的平顺性和安全性。

城市道路交叉口设计规程规定，道路纵坡最小坡长应符合表 3.10 规定。且应大于相邻两个竖曲线切线长度之和。

纵坡坡段最小长度　　　　　　　　　表 3.10

设计速度（km/h）	100	80	60	50	40	30	20
坡段最小长度（m）	250	200	150	140	110	85	60

3.4.4 主线横断面

互通式立交范围内主线横断面应和主线标准段一致，无特殊情况技术标准可按主线横断面技术标准采用，枢纽型立交范围主线横断面应和主线一致，保持车道数和硬路肩连续。

3.4.5 主线视距保证

1）平面视距

主线分流鼻之前应保证判断出口所需的识别视距。

公路立交主线的识别视距应大于表 3.11 的规定。条件受限时，识别视距应大于1.25倍的主线停车视距。

公路立交范围识别视距　　　　　　　表 3.11

设计速度（km/h）	120	100	80	60
识别视距（m）	350～460	290～380	230～300	170～240

注：当驾驶者按受的信息较多时，宜采用较大（接近高限）值。

城市道路在进出立交的主线路段，其行车视距宜大于或等于1.25倍的停车视距。

2）纵面视距

纵面视距保证的措施和方法与一般道路相同，一般主要考虑跨线桥下视距的要求。跨线桥下位于凹形竖形曲线处，驾驶员视线受上部桥跨结构物的阻挡。这时应根据视距长度和桥上净高来选择适当的竖曲线半径和长度。

3.4.6 非机动车道设计

1）非机动车与主线平行布置时，其平面线形应与主线一致。

2）独立布置的非机动车道平面线形由直线和圆曲线组成，其缘石圆曲线最小半径为5m。兼有辅道功能的非机动车道，其圆曲线最小半径应采用机动车技术指标最小值。

3）非机动车道纵坡度宜小于2.5%；当大于或等于2.5%时，其坡长控制应符合表3.12的规定。

4）非机动车道变坡点处应设竖曲线，竖曲线最小半径宜为500m。

非机动车限制坡长（m）　　　　表3.12

坡度 \ 车种	自行车	三轮车、板车
3.5%	150	—
3.0%	200	100
2.5%	300	150

3.5 立交桥跨设计

立交桥跨构造物是立体交叉的主要组成部分，是立交的主体工程之一。跨越方式有桥梁、地道及隧道，常用的是桥梁和地道。本节主要介绍立交桥跨结构物的基本形式、构造特征。

3.5.1 跨线桥的技术要求

（1）立交桥跨的跨径和高度取决于被跨越道路的宽度、净空和桥下的通视条件，要求相交道路的主线在跨线桥处保持平面和纵面线形上的连续性。

（2）桥跨布置应与道路线形配合。桥跨结构物应服从路线的要求，根据路线布设采用弯、坡、斜、曲线桥及异形桥。

（3）立交桥跨的桥墩的布置和基础选择，应与被跨道路横断面形式和城市地下管线网相适应。

（4）立交桥跨满足行车安全的要求。桥上应按路线要求设置必要的安全设施，如分隔带、防撞栏杆、护栏及安全防护网等设施。桥下应保证车辆及行人交通的安全，特别要注意防止汽车冲撞跨线桥下部和墩台。设置必要的安全设施如防护栏、安全标志、标线、安全带、安全道等。

（5）桥跨布设与结构型式应满足技术经济要求。

(6) 立交桥跨的雨水不允许自然淌流，照明、废气和噪声应不影响居民生活和工作。

(7) 立交桥跨应注意与环境协调和注意美观。力求结构轻盈、造型美观、环境协调，少拆迁，少占地，并减少对环境的破坏和干扰。

3.5.2 跨线桥总体规划设计

1. 桥梁平面设计

立交桥跨的平面线形，原则上应符合路线设计的规定。平面布置应与其相衔接的道路的技术标准相适宜，以满足立交区道路行车的需要。

立交桥跨平面布置原则上应服从路线布置，布置时注意避免斜桥、弯桥。当路线设计要求需设置斜、弯桥时，一般斜度不大于 $45°$，曲线桥应按曲线半径大小设置超高、加宽，并设置缓和过渡段，最大超高坡度一般不大于 6%。

2. 桥梁立面设计

桥跨立面布置包括纵面线形设计、桥长确定、桥孔分跨及基础位置的确定等内容。

1) 纵面线形

对于公路上的立交桥，桥上纵坡不宜大于 4%，桥头引道纵坡不宜大于 5%；位于城镇非机动车较多的路段，桥上及桥头引道纵坡均不得大于 3%。对于城市道路上的立交，机动车专用道纵坡不宜大于 4%；机动车与非机动车道混行时，不宜大于 2.5%~3%；若非机动车流量很大时，宜采用 2.5% 的纵坡。

2) 桥梁总跨径

据国内立交桥调查资料，立交桥主桥总跨径随立交形式不同而异，长的达 600~700m，短的仅 40m 左右。

3) 孔径选择

桥跨的孔径包括孔数、净跨和桥下净高。在满足所跨道路净空要求下，一般选中等跨径为宜。为求得立交桥结构外形美观，应使桥梁结构各部尺寸的比例适度。通常认为：跨径与净高比为 2:1~5:1，梁高与跨径比为 1/30~1/20 上下，梁高与桥下净高比为 1:4~1:6 较为合适。如桥下净跨过长，桥也显得扁平、低矮，给人以压抑感。

4) 桥梁分孔

立交桥主桥的分孔，主要按被跨道路的横断面形式确定。一般下穿线为双向无分隔带时（即一块板时），可考虑单孔跨越；有中央分隔带时（即为两块板布置时），以双孔为宜；当被跨道路为二块板或为路堑式时，通常多采用三孔；当被跨道路有中央分隔带和两个路侧带时（即为四块板时），以四孔跨越为宜。

3. 桥梁横断面设计

1) 一般要求

(1) 桥跨横断面布置应与其衔接的道路技术标准相适应，应与衔接道路有相同的车道数和通行能力。

(2) 桥面横断面的组成、净空、尺寸应与所衔接道路的要求一致，以保证行车的快速和安全。

(3) 桥面应设置必要的安全设施，如栏杆、路缘石、防护栏、安全带、防护网等。这些设施的强度和尺寸，必须保障桥上车辆及行人交通的安全。

2) 横断面组成及主要尺寸，桥面横断面主要组成有：车行道、非机动车道、人行道、自行车道、安全道、中间带、路侧带、安全设施和附属设施等。主要尺寸如下：车行道，我国公路桥面行车道标准分五种，2×净—7.5，2×净—7.0，净—9.0，净—7和净—4.5；人行道，最小0.75m或1m。

3.5.3 跨线桥结构设计

1. 上部结构设计

1) 钢筋混凝土板桥

其承重结构为钢筋混凝土板或预应力混凝土板，主要特点是：构造简单，施工简便，建筑高度较小，构件制作方便，预制构件小，重量不大，利于安装。但自重较大，跨越能力小，经济跨径一般限制在13~15m以下，预应力混凝土连续板桥也不宜超过35m。钢筋混凝土板桥的主要类型有：

（1）简支板

有整体式结构和装配式结构。整体板跨径一般为4~8m，板厚与跨径之比为1/25~1/10；预制装配板跨径可达16~20m，其形式如图3.14所示。

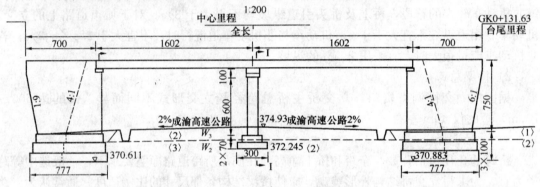

图3.14 双跨预应力空心板结构（图中尺寸单位：cm，标高单位：m）

（2）悬臂板

一般为双悬臂式结构，双悬臂式中间跨径为8~10m，两端伸出的悬臂长度约为中间长的0.3倍，板中厚度约为跨径的1/18~1/14，支承点处的厚度为跨中厚度的1.3~1.4倍。由于端头与路基衔接处搭板容易损坏，目前较少采用。被跨道路为路堑式边坡路时可采用。

（3）连续板桥

连续板桥为板不间断连续跨过几孔的超静定结构体系，如图3.15所示。一般为三、四孔，也可四孔以上。当桥较长时可几孔一联。一般跨径在14m以内，当采用预应力混凝土时可达33.5m。连续板一般做不成等跨，边跨与中跨之比约为0.7~0.8。五孔一联时，跨径比为1∶0.9∶0.65。当采用就地浇筑整体式板时，板中厚为$l/35~l/20$（l为中跨跨长），支点处板厚为跨中的1.2~1.5倍。

2) 钢筋混凝土梁桥

（1）简支梁

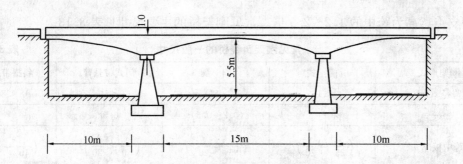

图 3.15 连续板桥结构（立面简图）

使用最广泛的桥跨形式。这类桥梁受力明确，构造简单，施工方便，结构及尺寸易于系列化、标准化和工业化。跨径在 16～20m（钢筋混凝土桥）和 20～50m（预应力混凝土桥）。当为 T 形梁时，梁高与跨径之比为 1/25～1/15。

（2）悬臂梁桥

其力学性能好，比简支梁材料省，一般悬臂长为中跨的 0.3～0.4 倍，和悬臂板相近。因与道路衔接处理较难，一般很少采用。

（3）连续梁桥

由于是超静定结构，减小了跨中正弯矩，不仅建筑高度小，而且工程量省。连续孔数一般不宜过多，桥跨较多时宜分段连续。等截面连续梁梁高与跨径之比约为 1/26～1/16。变截面连续梁梁高跨径之比约为 1/35～1/25，边中孔跨径之比可为 0.3∶1～0.8∶1。连续梁桥受基础沉陷影响大，适用的跨径范围较宽。连续箱梁桥在高速公路跨线桥中也很常见，目前应用呈上升的趋势的有普通钢筋混凝土和后张预应力混凝土两种。

3）刚构桥

刚构体系是介于梁与拱之间的一种结构体系。它是由主要受弯的上部梁（或板）结构与承压为主的下部柱（或墩）整体结合在一起的有推力结构。可分为直腿刚构、斜腿刚构、连续刚构等类型，如图 3.16 所示。这类结构，桥下净空比拱桥大，跨中高度比梁桥小，适于各种跨径桥梁，是立交桥跨常采用的形式。

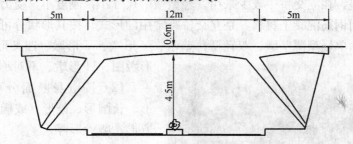

图 3.16 斜腿刚构立交桥梁示例

斜腿刚构桥，在结构上，跨度较大，建筑高度小，整体性好，圬工省；在外形上，造型优美，线条简捷明快，给人以有力的感觉，因而是立交中常用的桥跨形式。单孔刚构桥当采用板式截面时，其跨中厚度可取跨径的 1/35～1/20，支点厚度为跨中的 1～2 倍，两悬臂长为中跨的 1/5～1/2 倍。三孔连续刚构，边孔一般为中孔的 0.7 倍左右，斜腿刚构桥的边孔通常为中孔的 0.5 倍左右。多孔刚构桥的梁高为跨径的 1/40～1/30，采用变截面时，支点梁高为跨中的 1.2～2.5 倍。常见刚架桥的主要尺寸见表 3.13。

常见刚架跨线桥的一般尺寸　　　　表 3.13

刚架形式	门式	斜腿	门式带悬臂	斜腿带悬臂
跨径 t(m)	<16	<20	<50	<80
—	—	$(0.2\sim0.5)t$	$0.5t$	
跨中板厚 h	$\left(\dfrac{1}{35}\sim\dfrac{1}{20}\right)t$	$\left(\dfrac{1}{35}\sim\dfrac{1}{20}\right)t$	$\left(\dfrac{1}{40}\sim\dfrac{1}{20}\right)t$	$\left(\dfrac{1}{40}\sim\dfrac{1}{20}\right)t$
支点板厚 h'	$(1\sim2)h$	$(1\sim2)h$	$(1.2\sim2.5)h$	$(1.2\sim2.5)h$
板底曲线	直、抛物	直、抛物	直、抛物	直、抛物
斜腿斜角(°)	—	>40	—	50 左右
支柱一般高 d(m)	3～8	3～8	3～8	3～8
支柱纵向厚度 t	$\left(\dfrac{1}{12}\sim\dfrac{1}{6}\right)d$	$\left(\dfrac{1}{12}\sim\dfrac{1}{6}\right)d$	$\left(\dfrac{1}{15}\sim\dfrac{1}{8}\right)d$	$\left(\dfrac{1}{15}\sim\dfrac{1}{8}\right)d$
斜交角度(°)	80～120	80～100	80～100	80～100

斜腿刚构桥为近年来国内外发展起来的一种新型结构桥梁。其外形整体划一，简捷明快，给人以力的感觉，受力合理，用料经济，大、中、小跨径皆可采用，一般做成单孔跨线桥。在山区高速公路路堑段的跨线桥多有应用，与拱式跨线桥互相映衬，避免了单调。

2. 下部结构设计

1) 立交桥桥墩的类型

立交桥下部构造包括桥台和桥墩两个部分，由于桥台的构造和要求与一般桥梁大致相同。与一般桥梁相比，立交桥下由于要求通行车辆，对桥跨下的透空度、通视条件、行车安全和净空以及景观效果等都有不同的要求，因而桥墩的布置、形状、尺寸都有其特殊性。立交桥的桥墩，类型较多，根据不同的条件划分有如下几种类型：

(1) 按其力学条件分可有重力式墩和轻型墩两种。重力式墩圬工尺寸较大，透空度小，景观效果差，在立交桥中较少采用。轻型墩的尺寸小，刚度小，受力后允许一定弹性变形，主要采用钢筋混凝土材料，是立交桥跨常用的形式。按其形状分可有：单柱墩、双柱或排柱式墩、单轻型薄壁墩、双轻型薄壁墩、Y 形墩、V 形墩、四叉形墩、X 形墩、Π形墩图、H 形墩、不对称的异形墩。

(2) 按墩身断面分可有：矩形、圆形、长圆形、鼓形（或椭圆形）、折线形、方形、哑铃形等。

2) 常用墩型特点及适用条件

(1) 薄壁墩

这类墩体积小，结构简单，施工简便，比重力式桥墩可节省圬工量 70% 左右。但与其他轻型墩相比，工程量较大，透空度较差，造型不够美观，如图 3.17 所示。

图 3.17　薄壁墩

由于墩身圬工表面积大，往往遗留模板纹路和表面缺陷，影响外形美观。施工时可做成光滑的表面以增加视觉效果。一般仅用于桥面较窄的匝道桥。桥墩材料可由钢筋混凝土或圬工材料构成。钢筋混凝土桥墩墩身直立其厚度与高度的比值较小，一般约为1/10～1/15，厚度为30～50cm。圬工薄壁墩体积较大，立交桥跨中较少使用。

(2) 柱式墩

①单柱式墩。单柱式墩按其构造不同可分为有墩顶盖梁和无墩顶盖梁两类，如图3.18所示。前者利用盖梁增加了上部构造的支承宽的情况，后者无盖梁，只有一个支承点，直接支承上部构造，构造简单，适用于桥较窄的情况。柱的截面可有圆形、矩形、多角形等形式。矩形或多角形可以在柱身显出线条，外形较好。单柱墩外观轻盈，透空度好，视线开阔，造价经济，但由于支承点少，适用于桥面较窄的情况。单柱直径一般为1.20m，适宜的桥宽约为7.0～8.5m，单柱式墩为单车道匝道常用桥跨墩型，其布置如图3.18所示。

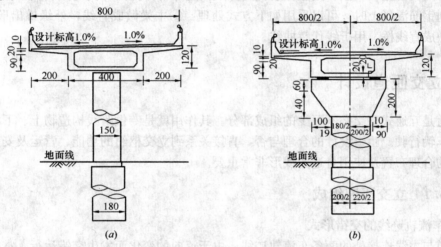

图 3.18　圆形截面单柱墩（重庆五里店立交）（尺寸单位：cm）
(a) 无墩顶盖梁；(b) 有墩顶盖梁

②多柱式墩。常用的是双柱式墩。双柱式墩外形美观，圬工体积小，自重轻，比单柱式墩适应的桥面宽。一般柱直径为1.0m左右，适宜桥面宽8.0～11.0m。对于宽桥，可采用三柱式或多柱式墩，如图3.19所示。

(3) V形墩也是使用得较多的形式之一，其结构形式很多。V形墩造型优美，可减少上部构造的跨径，并节省基础。墩顶与上部构造之间一般用橡胶支座支承，如采用固结，即构成斜腿刚构式。

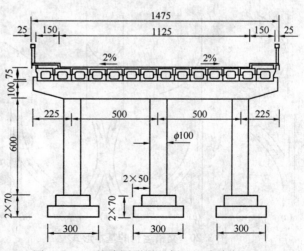

图 3.19　三柱式圆形墩示例（尺寸单位：cm）

(4) Y形墩也是目前国内使用较多的一种形式。Y形墩实际为单柱式与V形墩相结合的一种形式，特点与这两种相近。

3. 曲线桥

曲线桥是立交桥跨常用的桥梁，当主线或匝道处于曲线上时，为了适应道路线形，一般均采用曲线桥，如环形立交的环道，定向式立交的匝道，苜蓿叶形、喇叭形的小环道等。曲线桥的布设要点简述如下：

(1) 曲线桥弯扭、合、变形比直线桥大，内外受力不均，再加上行车离心力的影响，致使设计、施工都比正桥困难。因而一般多用板式或箱形截面，梁式不太合适。当加箱形截面时，其腹板也做成曲线。

(2) 曲线桥跨的平曲线半径不亦太小，其极限值应根据设计车速并设置6%最大超高计算确定，一般采用大于当超高为2%时的半径，尽可能采用不设超高半径。

(3) 曲线桥施工一般多用整体现浇的方式，这样可保证内外侧的曲线线形。当采用装配式预制钢筋混凝土时，可以采用如下方式处理：①主梁做成直线，外缘挑出形成曲线。②每跨做成直线桥，用折线代替曲线。

3.6 立交匝道设计

匝道是互通式立交必不可少的组成部分。其作用就是专供跨线构造物上、下相交道路的转弯车辆行驶。匝道设计的合理与否，直接关系到立交枢纽的功能、营运及安全等，因此匝道的合理布置及使用合适的线形非常重要。

3.6.1 立交匝道组成

1. 车流轨迹线的交错形式

匝道与主线连接处的两条车流轨迹线，由于流向的变化而发生交错运行，掌握这种交错运行的基本规律，可以更好地选择匝道的类型，合理布置匝道的线形。

1) 交错运行的基本形式

根据连接处车流轨迹线相互交错的关系，交错运行的基本形式有以下四种，如图3.20所示。

(1) 分流：同一行驶方向的车流向两个不同方向分离行驶的过程，如主线出口处的行驶过程即为分流。

(2) 合流：两个行驶方向的车流以较小的角度向同一方向汇合行驶的过程，如主线入口处的行驶过程即为合流。

(3) 交织：两个行驶方向的车流汇合交换位置后又分离行驶的过程，如环形交叉进出环道的行驶过

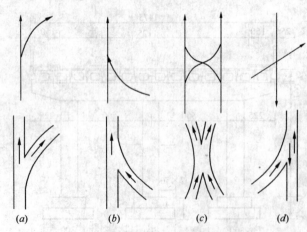

图3.20 交错运行的基本形式
(a) 分流；(b) 合流；(c) 交织；(d) 交叉

程即为交织。

(4) 交叉：两个行驶方向的车流以较大的角度（通常≥90°）相交行驶的过程，如部分互通式立体交叉中次要道路上出入口处的行驶过程即为交叉。

2) 分、合流的组合形式

主线与匝道或匝道与匝道连接处车流轨迹分流与合流的组合，可以是自身的组合，也可以是相互的组合。这样分、合流的组合形式应有连续分流、连续合流、合分流及分合流四种类型。根据分流与合流在主线（或匝道）的左侧或右侧位置不同，又有不同形式的组合，如图3.21所示。

从行车安全方便的角度分析，各类的第Ⅰ、Ⅱ种形式使用较多，它们均属主线行车道右侧分流（简

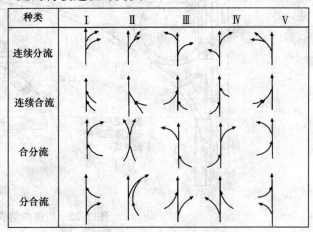

图3.21 分、合流的组合形式

称右出）和右侧合流（简称右进）的行驶过程；而各类的后三种形式使用较少，它们都存在左侧分流（左出）或左侧合流（左进）的行驶过程。这是因为，我国行车规则为右侧行驶，当单方向车行道的两条或两条以上车道时，靠中线的车道为快车道或超车道，而靠右外侧的车道为慢车道或主干道，如果分、合流为左出和左进运行，那么车辆必须高速驶离和汇入主线，这对行车安全是非常不利的，同时对于右侧行驶的慢速车要加速分离和汇入也是非常困难的。但若采用右出右进的分、合流运行，对行车安全和方便进出是非常有利的。另外连续分流和连续合流的第Ⅱ种形式比第Ⅰ种形式理念有利于行车，因为第Ⅱ种形式主线上只有一处车流或合流，对主线车流干扰最小。分合流类都存在交织运行，第Ⅰ种形式为主线与匝道车流交织，第Ⅱ种形式为匝道与匝道车流交织。分合流类是常用形式，其中第Ⅱ种形式为主线分流匝道合流运行，也可采用匝道分流主线合流的分合流形式。

2. 匝道的组成

对于一条匝道来说，无论是供右转弯车辆行驶的匝道还是供左转弯车辆行驶的匝道，一般可将汽车的行驶过程划分三部分，即分流减速行驶过程、匀速或变速过程和加速合流行驶过程。相应地可将一条转弯匝道的组成也分为三部分，即驶出道口部分、中间匝道路段部分和驶入道口部分，如图3.22所示。其中，驶出道口和驶入道口又统称为匝道的端部。

1) 驶出道口：驶出道口由减速车道、出口和楔形端组成。需要指出的是当不设减速车道时，出口是指由主线驶出进入匝道的道口，当设减速车道时，出口特指主线与匝道的分岔。减速车道和楔形端的组成与设计详见匝道端部设计。

2) 中间匝道道路段：中间匝道道路段为匝道的主体，其组成单一。匝道有时是用土方填筑的路堤道路，有时又可能是路堑或高架桥道路，应视具体情况而定。

3) 驶入道口：驶入道口是由入口端、入口和加速车道三部分组成的。同样，当不设加速车道时，入口是指由匝道驶入主线的道口，而当设加速车道时，入口特指匝道与主线的汇合口。

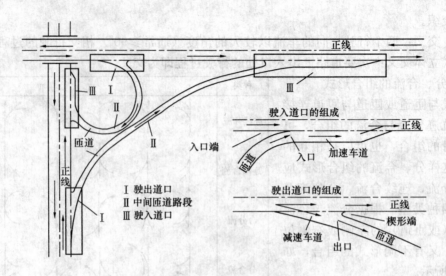

图 3.22 匝道的组成

3.6.2 匝道的分类与布置

立体交叉中主线与被交线处于不同高程上,需用道路将其互通联系,便于各方向车流通达。这些起联系作用的道路通常称为匝道。

正如前述分析,多种不同行车轨迹线组合形式不同的出入口,用匝道将其互相连通,设置必要的跨线桥,与主线、交叉线共同组合各式各样的互通式立交,因此,匝道布置是否得当,线形是否舒顺、紧凑、简洁、合理,对于满足交通、保证安全、少占土地、节省投资都极为关键。下面就常用的几种匝道布置形式加以介绍。

1. 匝道基本布置形式

就整个立交而言,由于地形、地物的限制,交通功能要求不同,线形布置繁杂多变。然而,其基本要求并不复杂,即每条进入交叉的主线或交叉线除已具有直行交通功能之外,还应增加向左、向右转弯的交通功能,也就是增加右转匝道和左转匝道。

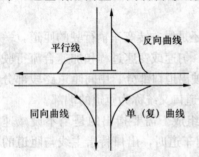

图 3.23 右转匝道

1)右转匝道

右转匝道的基本形式如图 3.23 所示。车辆从交叉线右侧分流,通过匝道,从主线右侧进入主线。此种匝道特点是:右进右出,出入直接,方向明确,线形顺适,曲线半径较大,车速较高,车辆行程最短,采用较为广泛。

2)左转匝道

供车辆实现左转弯行驶的匝道,车辆须转 90°～270°穿越对向车道及相交道路。左转匝道与直行车道之间以及与相邻的左转匝道之间干扰大,布置复杂,因而左转匝道的布置形式直接影响立交的功能及造型。左转匝道应根据相交道路的性质、交通量大小及其分布、地形条件,灵活合理布设,如图 3.24 所示。

3)左右共行的匝道

供车辆同时实现左转和右转行驶的匝道。如菱形立交、环形立交、双喇叭形立交等，左右转车辆共有一条匝道，如图 3.25 所示。

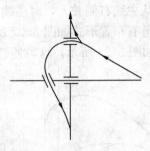

图 3.24　左转匝道　　　　图 3.25　左右共行的匝道

2. 左转匝道的分类

匝道的分类，主要针对左转匝道而言，根据其几何布置可分为以下类型：

1) 直接型（定向型）

匝道从主线左侧驶出，左转弯行驶后，直接从另一主线左侧驶入，如图 3.26 所示。也称左出左进式。直接型匝道主要特点如下：

（1）左出左进，转向约 90°，行驶路线短捷，立交营运费用低，能承担较大的左转交通量。

（2）左转车辆自主线左侧驶出，没有反向运行，平面线形较好。

（3）行车方向明确，行车顺适，出入口明显、易识别，一般不会在立交处发生错路运行。

（4）行车路线交叉多，使跨线构造物增加，立交工程费用增大。

（5）一般要求主线的双向行车道之间必须有足够的距离才能满足匝道上跨或下穿主线立面布置的要求。

（6）当主线单向有两个以上的车道时，主线快车道上的车辆自主线左侧驶出时，减速段的要求严格；主线慢车道上的重型车辆横移变换到左侧车道高速驶出困难，到相交道路后车辆从高速车道左侧汇入困难且不安全。

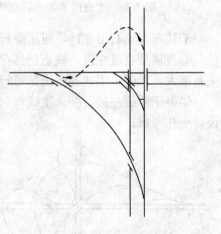

图 3.26　直接型匝道

（7）匝道需连续两次跨越主线，纵面线形较差，并使桥跨结构物较多。

这类匝道适用于左转交通量特别大的情况，一般情况下较少选用。

直接型匝道布置可有 3 种形式，如图 3.26 所示。

2) 半直接型（半定向型）

根据进出口匝道与主线连接关系的不同，这一类型的匝道有如下 3 种形式：

（1）A 型，如图 3.27 所示。这种匝道的主要特点是：

①左出右进，匝道有绕行。

②直接型匝道左出缺点仍然存在。

③连接匝道出口的主线双向行车道之间必须有相当大的间距，以便匝道竖向布置，因此主线设计时应与匝道设计一并考虑。

④转弯车流从主线右侧驶入，对主线车流干扰较小。

半直接型匝道有布置形式如图 3.27 所示的两跨两大层、一跨三层和一跨两层等。

（2）B 型，如图 3.28 所示，这种匝道的主要特点是：

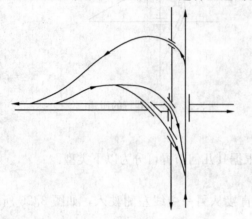

图 3.27　半直接 A 型左转匝道　　　图 3.28　半直接 B 型左转匝道

①转弯车辆右出左进，匝道绕行略长。

②直接型匝道左进的缺点仍然存在，若当驶入的道路是双车道次要道路时，左进右出关系不大，此时采用这种匝道是可行的。

③由于匝道左进，驶入主线双向车道之间必须有足够的距离，因此主线设计应与匝道设计一并考虑。

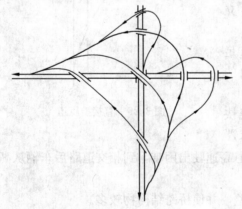

④转弯车流从主线右侧驶出，对主线车流干扰较小。

（3）C 型，如图 3.29 所示，这种匝道具有如下特点：

①右出右进，匝道绕行距离较长，匝道需连续两次跨越主线，故桥跨较多。

②右出右进，避免了左出左进在运行上的困难和缺陷，车辆出入对主线干扰小，行车安全。

③驶出或驶入主线双向车道不必分开。

④匝道的纵面线形较好。

图 3.29　半直接 C 型匝道

⑤这种匝道一般较适用于两条四车道以上的高等级公路相交且匝道连接象限左转交通量较大的情况。

直接型和半直接型匝道是直接左转的方式行车，两者主要区别在于绕行路线长以及进出方式不同而已。

3）间接式匝道

(1) 小环道

小环道，如图 3.30 所示四种形式，这种匝道的主要特点是：

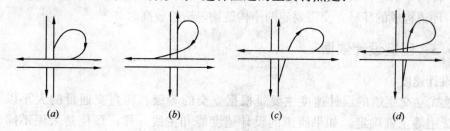

图 3.30 小环道

①车辆过交叉点后，从主线右侧驶出，变左转为右转，转向 270°，形成一个环道。

②匝道从右侧驶出、右侧驶入，不需设置任何构造物就达到独立左转的目的，经济安全。

③小环道绕行路线长，一般平曲线半径较小，适应车速较低，通行能力较小。出口设置在主线跨线桥（或地道）后面，行车不易识别，因而要求跨线桥下（或地道）具有良好的视距条件。

④小环道半径较大时，占地较多，采用小环道匝道构成的苜蓿叶形立交中两小环道间存在交织段，直接影响主线行车和立交匝道的通行能力，可采取增设集散车道的措施加以改善。

(2) 迂回式匝道

迂回式匝道是一种先右转行驶一定距离后，再回头转 180°的左转匝道，由于绕行路线长，称迂回式匝道，如图 3.31 所示。迂回式匝道布置为长条形，当用地受限时可考虑采用。由于迂回绕行，常布置为公用匝道，可减少匝道数，节省用地。

4）环道

环道是一种左转车辆在公用车道上交织行驶的匝道。这种匝道变左转为右转、绕中心岛行驶，实现立交全互通，如图 3.32 所示。

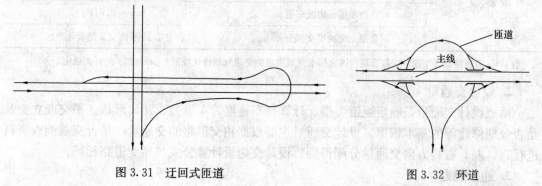

图 3.31 迂回式匝道　　图 3.32 环道

这种匝道的主要特点是：

(1) 左转车辆与直行车辆、左转车辆与左转车辆共用一条匝道，产生交织运行。

(2) 环道半径较大，左转车行车方向明确，行车条件较好。

(3) 由环道构成的环形立交结构紧凑，占地较少。

(4) 环道上有交织路段，对通行能力及行车速度影响较大。
(5) 转弯车辆绕行较长。
(6) 环道构成的环形立交需要建两座构造物，造价较高。

3.6.3 匝道设计依据

1. 设计速度

互通式立交匝道的设计速度主要是根据立交的等级、转弯交通量的大小以及用地和投资费用等条件确定。如果匝道的设计速度能和主线一样，即使是采用不同设计速度的相交道路中较低者，车辆运行也是顺畅的。然而，由于地形、用地和投资费用等的限制，匝道的计算行车速度通常都较主线低，但降低不得过大，以免车辆在离开或进入主线时急剧减速或加速，导致行车危险和不顺畅。匝道计算行车速度期望值以接近主线平均行驶速度为宜，当受用地或其他条件限制时，可适当降低，一般为主线设计速度的50%~70%。

公路立交和城市道路立交匝道设计速度的规定分别见表3.14、表3.15。

公路立交匝道设计速度（单位：km/h） 表3.14

匝道类型		直连式	半直连式	环形匝道
匝道设计速度	枢纽互通式立交	80、70、60、50	80、70、60、50、40	40
	一般互通式立交	60、50、40	60、50、40	40、35、30

注：1. 右转弯匝道宜采用上限或中间值。
2. 直连式或半直连式左转弯匝道宜采用上限或中间值。

城市道路立交匝道设计速度（单位：km/h） 表3.15

交叉口类型	部位	交叉口设计车速
立体交叉	主线	所属路线相应等级道路的设计速度 V_d
	定向匝道、半定向匝道及辅道	$(0.6 \sim 0.7)V_d$
	一般匝道、集散车道	$(0.5 \sim 0.6)V_d$
	菱形立交的平交部分	取表2.11平面交叉的设计车速

注：V_d为道路设计车速，应符合现行国家标准《城市道路交通规划设计规范》GB 50220的有关规定。

2. 设计交通量

匝道设计交通量是确定匝道类型、计算行车速度、车道数、几何形状、平交或立交及是否分期修建等的基本依据。设计交通量主要根据相交道路的交通量，结合交通调查资料进行直、左、右行方向交通量分配得到。设计交通量计算公式与相交道路相同。

3. 通行能力

1) 匝道的通行能力：匝道的通行能力取决于匝道本身和出、入口处的通行能力，以三者之中较小者作为采用值。通常出口和入口处的通行能力与匝道本身通行能力相比甚小，故匝道的通行能力主要受出、入口处通行能力的控制，并受主线通行能力、车道数、设计交通量等影响。具体计算参看3.9节。

2) 交织路段的通行能力：交织是互通式立交中常用的交通组织方式之一。如环形立交、部分或全苜蓿叶形立交本身就存在交织运行。交织路段的通行能力主要与交织路段长度、行车速度及交织路段的交通量有关，其值可由计算行车速度和交织段长度求得。

3.6.4 匝道平面线形设计

1. 平面线形设计的一般要求

匝道平面线形设计应与匝道的设计车速及类型相适应，同时考虑地形、地物、占地等条件，从而保证匝道上行驶的车辆连续、稳定、安全。要求如下：

(1) 匝道平面线形要与汽车行驶速度相适应。

(2) 匝道平面线形要考虑匝道相应的交通量大小。

(3) 匝道的起点、终点以及匝道的分、合流点，交通复杂，易发生事故，设计时应保证良好的视距条件。

(4) 匝道起点、终点、收费站等处，横断面组成、尺寸、横坡及线形等应满足行车要求并做到线形顺适圆滑，做好过渡段的设计。

(5) 匝道线形组合更加灵活多样。

2. 匝道平面线形指标

匝道的平面线形应根据匝道设计速度、交叉类型、交通量、地形、用地条件、造价等因素确定。并保证车辆能连续安全地运行，力求达到工程及运营经济。

1) 匝道的圆曲线半径的大小直接影响到立交的形式、用地、规模、造价以及行车的安全性和舒适性。最小半径的大小取决于匝道圆曲线最小半径，通常应选用大于一般值的半径，当受地形条件或其他特殊情况限制时，方可采用极限值。

公路立交匝道圆曲线最小半径规定见表 3.16。

公路立交匝道圆曲线最小半径 表 3.16

匝道设计速度（km/h）		80	60	50	40	35	30
圆曲线最小半径（m）	一般值	280	150	100	60	40	30
	极限值	230	120	80	45	35	25

城市立交圆曲线最小半径的规定如表 3.17 所示，选用时宜采用大于或等于表列超高 $i_h=2\%$ 的最小半径，有条件的地方可采用不设超高的最小半径。

2) 匝道及其端部设置回旋线时，公路立交匝道回旋线参数及长度宜不小于表 3.18 的规定，回旋线长度不应小于超高过渡所需的长度。城市道路立交匝道回旋线参数 A 和缓和曲线最小长度应符合表 3.19 规定，反向曲线间的两个回旋线，其参数宜相等，不相等时其比值应小于 1.5，回旋线的长度还应满足超高过渡的需要。同时城市道路立交平曲线及圆曲线长度应大于或等于表 3.20 的规定。

3) 在分流鼻端处，公路立交匝道平曲线的最小曲线半径规定见表 3.21。城市道路立交匝道分流点的曲率半径与回旋线参数应符合表 3.22 的规定。

4) 公路立交匝道中径相连接的复曲线，其大小半径之比不应大于 1.5，否则应设回旋线。

城市立交匝道圆曲线最小半径　　　　　　　　表 3.17

匝道设计速度（km/h）		80	70	60	50	40	35	30	25	20
积雪冰冻地区		—	—	240	150	90	70	50	35	25
一般地区	不设超高	420	300	200	130	80	60	45	30	20
	$i_{max}=0.02$	315	230	160	105	65	50	35	25	20
	$i_{max}=0.04$	280	205	145	95	60	45	35	25	15
	$i_{max}=0.06$	255	185	130	90	55	40	30	25	15

注：不设缓和曲线的匝道圆曲线极限最小半径与不设超高情况相同。积雪冰冻地区超高不大于4%。

公路匝道回旋线参数及长度　　　　　　　　表 3.18

匝道设计速度（km/h）	80	70	60	50	40	35	30
回旋线参数 A（m）	140	100	70	50	35	30	20
回旋线长度（m）	70	60	50	40	35	30	25

城市道路立交匝道回旋线参数及长度　　　　　　　　表 3.19

匝道设计速度（km/h）	80	70	60	50	40	35	30	25	20
回旋线参数 A（m）	135	110	90	70	50	40	35	25	20
缓和曲线最小长度（m）	75	70	60	50	45	40	35	25	20

城市道路立交匝道平曲线、圆曲线最小长度　　　　　　　　表 3.20

匝道设计速度（km/h）	80	70	60	50	40	35	30	25	20
平曲线最小长度（m）	150	140	120	100	90	80	70	50	40
圆曲线最小长度（m）	70	60	50	45	35	30	25	20	20

公路立交分流鼻端处匝道平曲线的最小曲线半径　　　　　　　　表 3.21

主线设计速度（km/h）		120	100	≤80
最小曲线半径（m）	一般值	350	300	250
	极限值	300	250	200

城市道路立交分流点的曲率半径与回旋线参数　　　　　　　　表 3.22

主线设计速度（km/h）	分流点的行驶速度（km/h）	分流点的最小半径（m）	回旋线参数 A（m）	
			一般值	低限值
120	80	250	110	100
	60	150	70	65
100	55	120	60	55
80	50	100	50	45
60	≤40	70	35	30

3. 匝道平面曲线的形式

1）右转匝道曲线布置形式

（1）如图 3.33（a）所示，布置一个半径较大的单圆曲线，其两端应按规定配置缓和曲线（下同）。

(2) 如图 3.33(b) 所示，布置不同半径按规定组合的复曲线，以适应地形、地物限制，或减少拆迁、少占良田。该匝道曲线半径 $R_1<R_2$，大圆应靠近主线，对于汽车进入主线前可能提前加速行驶有利。

(3) 如图 3.33(c) 所示，同样布置了复曲线，但 $R_1>R_2$，小圆靠近主线，对于车辆进入主线前可能提前加速行驶不利。如能布置较长的变速车道，或城市道路主线车速不高时方可采用。

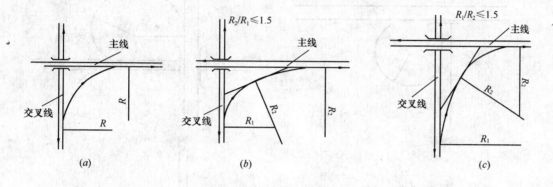

图 3.33 右转匝道曲线形式（一）

(4) 如图 3.34 所示，把外环匝道布置成连续三个反向曲线，其中中间一个曲线的曲率半径最好与内环曲率半径协调布置为同心圆，使两线在一定范围内互相平行，便于设置桥梁或路基，该类型匝道布置非常紧凑，占地较少，对于城市立交来说，以最大限度节约用地，减少拆迁工程量。由于三个曲线的半径一般较小，当匝道车速较高时不适用。

(5) 如图 3.35 所示，由于某种需要，可以把匝道布置成两个曲线夹一段直线。这种布置较图 3.34 显然会增大占地和拆迁范围，在用地紧张或拆迁过多时不宜采用。

2) 左转小环道曲线布置形式

(1) 如图 3.36(a) 所示为单圆曲线两端配置较长的缓和曲线作为内环匝道，是城市道路立交中常采用的一种线形。此种形式曲率变化单一，行车顺适，线形对称优美，设计施工都较简便，一般情况下常被采用。

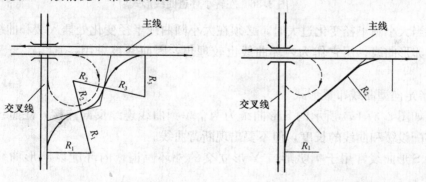

图 3.34 右转匝道曲线形式（二）　　图 3.35 右转匝道曲线形式（三）

(2) 如图 3.36(b) 所示，用双心复曲线两端配置较长的缓和曲线作为内环匝道，能更好地适应地形、地物变化，减少拆迁，节约工程投资。但是，为适应汽车进出主线前可能提前加速或未能及时减速行驶,大圆半径曲线以紧靠主线设置为宜。

(3) 如图 3.36 (c)、(d) 所示的三心复曲线,两端配置必须的缓和曲线作为内环匝道是比较理想的线形。前者多用于喇叭形立交,后者多用于苜蓿叶形立交。三心复曲线大小圆半径变化的比值不能过大,必须符合通常的规定,即 $R_1/R_2 \leqslant 1.5 \sim 2.0$。

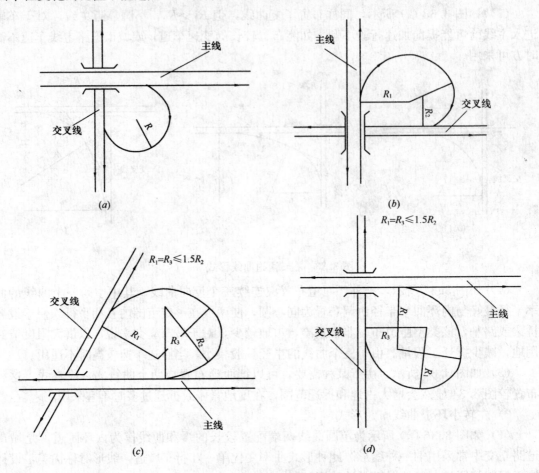

图 3.36 左转小环道曲线形式

(4) 当大小圆半径变化过大时,必须在大小圆曲线半径变化处插入缓和曲线,形成通常所见的卵形曲线。用它作为内环曲线也较理想,因而常被采用。其线形与三心复曲线相似。

3) 半定向型曲线布置形式

(1) 如图 3.37 (a) 所示的 S 形曲线为两个单圆曲线连续反向连接,注意反向曲线间留出足够配设缓和曲线的长度,但不要出现断背曲线。

此种 S 形曲线常用于喇叭形或 Y 形立交的外环匝道。内环配以圆形曲线或各类复曲线。

(2) 如图 3.37 (b) 所示的 S 形曲线为一个双心复曲线或卵形曲线与一个单圆曲线反向连接组成,同样要注意反向曲线间留出配设缓和曲线长度,但不得出现断背曲线。

此种 S 形曲线常用于喇叭形或 Y 形立交的外环匝道,内环配以复曲线或卵形曲线。

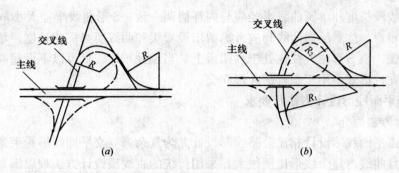

图 3.37 左转半定向匝道曲线形式

4) 环道曲线形式

(1) 如图 3.38(a) 所示的环道，内环为封闭的单圆曲线，外环采用较大半径的单圆曲线，两端配设缓和曲线。内、外环相切点横向间间距依环道宽度（设几条车道）而定，一般需设三条车道。

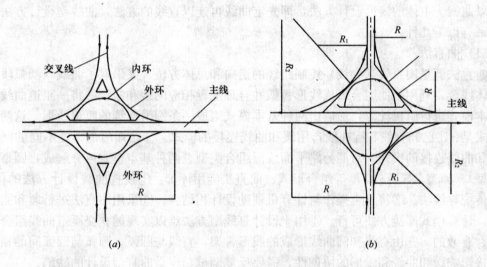

图 3.38 环道曲线形式

(2) 如图 3.38(b) 所示为一长圆或椭圆形内环，外环按需要可以采用如图所示的单圆曲线，或双心复曲线，或两个单圆曲线夹一直线段。直线段应设置在交织段处。内外环相切点横向间距依环道宽度（设几条车道）而定，一般需设三条车道。

5) 扁苜蓿叶曲线形式

如图 3.39 所示为扁苜蓿叶形立交的部分匝道，其中内环为一单圆曲线与一回头曲线，中间夹一直线段。直线段长度随纵坡大小及需要克服的上下线高程差而定；曲线半径大小依匝道车速要求及整体布置而定，一般为 20m 左右，有的更小。

外环自主线分出，经过 S 形反向曲线和直线段，再经过一单圆曲线与交叉线接

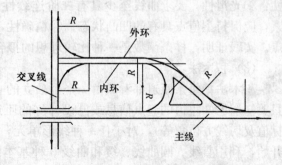

图 3.39 扁苜蓿叶曲线形式

上。其中直线段长度和单圆曲线半径应与内环协调一致。S形曲线半径大小取决于公切线长度及整体布置，注意反向曲线间应考虑留出设置缓和曲线所必需的长度。城市道路场地条件十分困难，该S形曲线往往处于高架桥上，当设计车速较低可以不设超高时，可不设缓和曲线。此种形式多用于扁苜蓿叶形立交。

4. 匝道平面线形设计方法及要求

1) 设计方法简介

立交匝道平面线形设计相比公路线形设计尤为复杂。立交平面线形约束条件多，组合形式复杂，且曲线占整个线形比例很大，采用传统的直线型设计方法难以满足要求，因为直线型设计方法以直线为骨架，在路线转弯处连以曲线，以直线为主体，能满足的约束条件有限，难以适应立交匝道布线时多约束条件的需要。而立交匝道因车辆转向的要求，曲线为主体线形，有时甚至整个匝道全是由曲线构成的，加之曲线组合类型复杂，因而用传统的直线型设计方法（如交点法或导线法）来描绘复杂多变的组合型曲线匝道的位置，显得非常困难。综上分析，直线型设计方法在匝道平面线形设计中的诸多不足，迫使人们去探索以曲线为主体的线形设计方法，即先定曲线再连以直线的方法，曲线型设计方法，概括起来有以下几种：

（1）曲直法

曲直法就是用直线（导线）控制路线的走向和总体方位，又采取了曲线（圆弧段）控制具体线位，利用直曲组合形成线形骨架并合理配置相应的缓和曲线。将一匝道曲线按两种基本模式进行解析计算，然后由两种基本模式组成一条圆滑连续的匝道线形。这两种基本模式是：①已知直线和圆曲线，用缓和曲线连接的模式。②已知两个半径不同的圆曲线用缓和曲线连接的模式。对照公路平面线形组合类型。两种基本模式可分解成直圆型（或圆直型）、卵型、S型、C型等组合形式。曲直法应用评价：①发挥曲线设计方法的优点，兼容传统导线法。②将人工操作与计算机辅助设计相结合。③采用曲直法进行缓和曲线的配置，计算模式简捷方便可行。④用于设计直线型方法难以实现的立交匝道曲线组合比较理想、有效的。⑤由直线和圆曲线形成的线形骨架，直线与圆弧、圆弧与圆弧间的相对位置直接影响缓和曲线和线形的协调性，需要反复调试，也是曲直型设计的缺陷。

（2）拟合法

"曲线拟合"，就是如何将给定的一组数据（型值点）连成一条光滑曲线，拟合问题又分为"插值"和"逼近"两类。如果并不要求拟合曲线通过各个型值点，而只是以某种程度或方式接近各个型值点，则称为曲线逼近。工程实践中确定的拟合函数，应具有以下特性：①光滑性，要求曲线至少具有二阶连续性；②凸凹性，根据型值点确定出的曲线要素，应保持型值点具有的凹凸状态；③精确性，构造出的曲线要较近地通过或逼近给定的点。实践证明，样条函数是一种比较理想的拟合工具。

（3）积木法

积木法把每条匝道都看成由一个个独立的直线段、圆曲线段或缓和曲线段拼接而成，只要知道已知匝道的起点信息或已设计好的匝道的终点信息（如曲率半径、X和Y的坐标值及切线方位角等），对于任一种线形单元，只要给定必要的线形参数，从匝道的起点开始，利用直线、圆曲线、缓和曲线3种基本线元要素之一逐段向前拼接，像搭积木一样，积零为整，设计出一条理想的匝道线形。

(4) 综合法

积木法以线元为基础进行组合，然而各线形要素大小（半径、回旋曲线参数以及直线长度等）如何选定以及如何保证选定的线形要素及其组合能满足地形、地物约束条件、终点边界条件等都十分困难，这是积木法的缺陷。而拟合法虽然能很好地满足匝道平面线形约束条件，并能保证曲线光滑性。但是，样条函数毕竟不是由公路平面线形的基本要素（直线、圆曲线和缓和曲线）组成的，同时要保证曲线上每一点的曲率半径均满足规范要求难度很大，另外路线里程不便确定，这些都是拟合法的缺陷。综合法是将上述两种方法进行综合，优势互补。综合法的原理是：先采用样条拟合绘制满足约束条件的匝道初步线形（徒手线），建立拟合函数，然后绘制拟合线的长度-曲率图，再对曲率图进行拟合，形成由直线、圆线和缓和曲线组成的匝道平面线形要素，最后利用积木法的原理进行曲线计算。这一方法既克服了拟合法的不确定性，又避免了积木法中选用曲线要素的盲目性，同时能很好地满足约束条件，是一种较好的曲线型设计方法。

2) 设计一般要求

匝道平面线形设计应与匝道的设计车速及类型相适应，同时考虑地形、地物、占地等条件，从而保证匝道上行驶的车辆连续、稳定、安全。具体要求如下：

(1) 匝道平面线形设计要考虑匝道承担的交通量大小。通常在繁重交通量的匝道上，应尽量设计成较好的线形。

(2) 匝道的起点、终点以及匝道的分、合流点，交通复杂，易发生事故，设计时应注意保证视距，并创造良好的视线诱导条件。

(3) 匝道起点、终点、收费站等处，横断面组成、尺寸、横坡及线形等都应满足行车要求并做到线形顺适圆滑，做好过渡段的设计。

(4) 从出、入口至匝道中平面线形紧迫路段的范围内，圆曲线的半径应与变化着的速度相适应。

(5) 右转弯匝道和左转弯直连式或半直连式匝道应采用较高的平面指标。

(6) 直连式互通式立体交叉中，纵面起伏时凸形竖曲线前后的平面线应一致，或具备良好的线形诱导。严禁在小半径凸形竖曲线以后紧接反向平曲线。

(7) 应避免不必要的反弯。

3.6.5 匝道纵断面线形设计

1. 纵断面设计一般要求

互通式立体交叉具有路线相互跨越的特点，匝道纵面线形往往受到上、下线高程的限制，因而如何满足上、下线竖向连接的要求，是匝道纵面设计的根本任务。匝道纵面设计应满足下列要求：

(1) 匝道纵面线形应尽可能连续、顺适、均衡，并避免生硬而急剧变化的线形，纵坡应平缓，避免不必反坡。

(2) 尽可能用较大的竖曲线半径，特别是在匝道端部。

(3) 驶入主线附近的匝道纵面线形，必须有一段同主线的纵面线形一致的平行路段，充分保证主线通视条件，便于汇入车辆的驾驶员识别。

(4) 应尽量避免同向竖曲线间插入短直线（断背纵坡线）。如有这种情况，可以采用大竖曲线包络两个竖曲线，予以改善。

（5）匝道应尽量采用较缓的纵坡以保证行驶的舒适与安全，尤其是加速上坡匝道和减速下坡匝道，更应采取较缓的纵坡，严禁采用纵坡值等于或接近最大纵坡值的纵坡。

（6）匝道的纵面线形设计应与平面线形设计相结合，构成良好的平纵组合线形。

（7）收费站附近的纵坡应尽量小，竖曲线半径应尽量大，同时做成圆滑曲线，纵坡及竖曲线最小半径应满足规范规定。

（8）出口匝道宜为上坡匝道，以利于车辆减速。

（9）机非混行匝道纵坡应满足非机动车行驶纵坡要求。

（10）对凸形竖曲线和在立交桥下的凹形竖曲线应校核行车视距。验算时物高宜为0.1m；目高在凸形竖曲线上宜为1.2m，在凹形竖曲线宜采用2.2m。

2. 匝道的纵面线形指标

1）公路立交匝道的最大纵坡规定如表3.23所示。城市立交匝道最大纵坡不应大于表3.24规定值。

2）公路立交匝道竖曲线的最小半径及最小长度，如表3.25所示。城市道路立交匝道竖曲线最小半径及长度应符合表3.26的规定。

公路匝道最大纵坡　　　　　　　　表3.23

最大纵坡（%）		匝道设计速度（km/h）	80、70	60、50	40、35、30
	出口匝道	上坡	3	4	5
		下坡	3	4	4
	入口匝道	上坡	3	3	4
		下坡	3	4	5

注：因地形困难或用地紧张时可增大1%。非冰冻积雪地区在特殊困难情况下可增加2%。

城市立交匝道最大纵坡　　　　　　　　表3.24

匝道计算行车速度（km/h）	80	70	60	50	≤40
一般地区	5	5.5	6	7	8
积雪冰冻地区	4	4	4	4	4

公路匝道竖曲线的最小半径及长度　　　　　　　　表3.25

匝道设计速度（km/h）			80	70	60	50	40	35	30
竖曲线最小半径（m）	凸形	一般值	4500	3500	2000	1600	900	700	500
		极限值	3000	2000	1400	800	450	350	250
	凹形	一般值	3000	2000	1500	1400	900	700	400
		极限值	2000	1500	1000	700	450	350	300
竖曲线最小长度（m）		一般值	100	90	70	60	40	35	30
		极限值	75	60	50	40	35	30	25

3. 出、入口处匝道纵坡衔接

匝道的起、终点即匝道与主线或交叉线纵坡连接点。此点的设计高程属于匝道纵坡设计的起始或终止高程，必须与主线或交叉线设计高程协调一致。

城市道路立交匝道竖曲线最小半径及长度　　　　　表 3.26

匝道设计速度（km/h）			80	70	60	50	40	35	30	25	20
竖曲线最小半径（m）	凸形	一般值	4500	3000	1800	1200	600	450	400	250	150
		极限值	3000	2000	1200	800	400	300	250	150	100
	凹形	一般值	2700	2025	1500	1050	675	525	375	255	165
		极限值	1800	1350	1000	700	450	350	250	170	110
竖曲线最小半径（m）		一般值	105	90	75	60	55	45	40	30	30
		极限值	70	60	50	40	35	30	25	20	20

一般情况下，出口处匝道纵坡第一个变坡点设在匝道与主线分岔之后，相当于一个竖曲线切线长的距离之外。也就是说，在匝道与主线平面分岔之前匝道纵坡度应与主线纵坡度完全一致，这样才不致两线因纵坡度不同而出现高程差，造成横断面上路面横坡度不协调。入口处纵坡衔接也是如此。

匝道起点或终点的设计高程，是匝道纵断面设计起始高程。该高程应根据该点横断面上主线设计高程减去主线横向坡度（路拱或超高横坡度）引起的高差而求得。在设计出入口处匝道纵坡时，一般在距分岔处鼻端一定距离取一点，从主线分别推算这一点和鼻端点处匝道中线标高，两点高差除以点间距，作为出入口处匝道纵坡值。

特殊情况下，匝道可能从主线的竖曲线范围内分岔，这就要求更详细地计算出匝道起点在主线横断面上的实际位置和高程，作为匝道纵坡断面设计的起始高程。在分岔点前匝道与主线尚未完全分开的路段，应按主线竖曲线要求协调好高程变化，满足纵横坡度顺适要求。

4. 匝道纵断面与平面线形及桥跨布置协调配合

匝道在立交整体线形布置中，其纵断面也受许多因素控制，诸如主线、交叉线与匝道连接（包括交织交叉）；交叉线相互跨越（如定向式立交）；匝道跨越非机动车道及人行道；有时匝道与匝道相互跨越。这些连接、交织、跨越点，各自设置不同结构物或路基都有一定要求，其设计高程都控制着匝道纵坡设计。设计中要相互协调配合，合理安排平面位置，合理抬高或压低纵断面高程适应结构物设置，但不能过于恶化纵断面线形。必要时可适当修改平面线形，使平、纵、横三面和各种结构总体配合协调，求得合理的整体布置。这些问题在立交形式设计、方案选择时就要考虑并大体确定，后阶段的纵断面设计中，只是更细致具体加以落实而已。

3.6.6 匝道横断面设计

1. 公路匝道横断面组成及类型

1）匝道横断面组成

匝道横断面组成，根据交通需要有单向单车道、单向或对向双车道、对向分离双车道三种形式。

（1）单向单车道横断面

其组成内容如图 3.40 所示。它有一个单向行车道，两侧分别设有左路肩和右路肩；左、右路肩中都包括路缘带、硬路肩和土路肩，硬路肩中包含路缘带。右侧硬路肩一般都考虑能临时停车。匝道常采用这类断面形式。

(2) 单向或对向双车道横断面

其组成内容大体与单向单车道横断面相同，只是行车道为同向双车道。由于它具有双车道，便于偶尔停车而不致堵塞交通，两侧硬路肩都较窄，如图3.41所示。

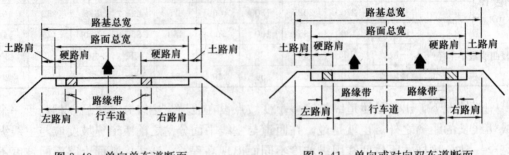

图3.40　单向单车道断面　　　　图3.41　单向或对向双车道断面

困难条件下，或为减少工程投资，某些对向双车道也可不设中间分隔带而采用单向双车道横断面。为安全起见，应设简易分隔设施或双黄线。

(3) 对向分离双车道横断面

其组成内容不同的是，两侧各设无左路肩的单向单车道，中间设分隔带以保证对向行驶车辆安全，如图3.42所示。这是对向行车道的一般断面形式。特殊条件下，如场地条件十分紧迫，车速较低，也可取消中间分隔带而布置简易设施或画双黄线，但其安全度会随之降低。场地条件宽松时，对向行车匝道还可互相分离一定距离，各自设计成单车道横断面。

(4) 匝道与主线连接处横断面

匝道与主线或交叉线衔接处，一般即为匝道起点或终点。该点横断面一般按匝道标准设计，但又可能属于变速车道范围之内。一般情况下，平行式变速车道出入口处，匝道左侧紧靠主线左侧路缘带；直接式变速车道出入口处，匝道并不靠近主线，离开主线的间距应按匝道平面布置计算决定。

平行式变速车道出入口处匝道的起点横断面如图3.43所示。

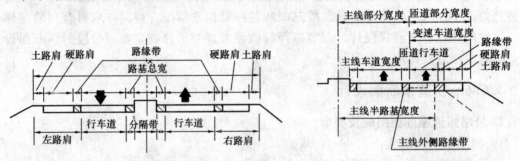

图3.42　对向分离双车道断面　　　　图3.43　匝道主线连接处断面

从图3.43可知，此处匝道横断面仅有行车道和右路肩，与变速车道横断面一致，便于衔接，左侧紧靠主线或三角区，无须设置左路肩，一直到匝道分岔尖端之后，才能成为匝道的完整横断面。

2) 匝道横断面类型

(1) 基本类型：我国公路路线设计规范规定匝道横断面有四种基本类型，如图3.44所示。

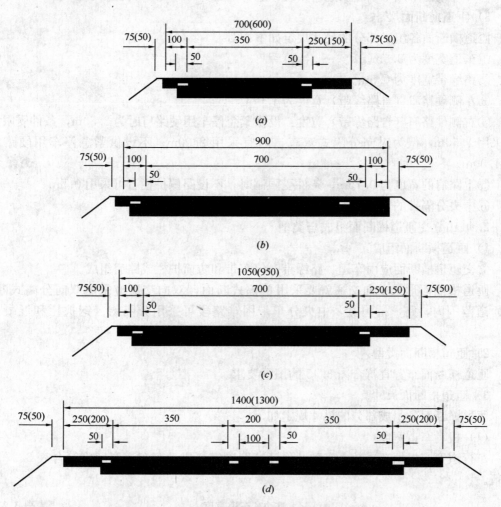

图 3.44　匝道横断面基本类型（尺寸单位：cm）
注：不包括曲线上的加宽值
(a) Ⅰ型——单车道；(b) Ⅱ型——双车道；(c) Ⅲ型——双车道（设供紧急停车用硬路肩）；
(d) Ⅳ型——对向分隔式双车道

(2) 适用条件：

①交通量小于300pcu/h、匝道长度小于500m时，或交通量等于或大于300pcu/h但小于1200pcu/h，匝道长度小于300m时，应采用Ⅰ型。

②交通量小于300pcu/h、匝道长度等于或大于500m时，或交通量等于或大于300pcu/h但小于1200pcu/h、匝道长度等于或大于300m时，应考虑超车的需要而采用Ⅱ型。但此时采用单车道出入口。

③交通量等于或大于1200pcu/h但小于1500pcu/h时，应采用Ⅱ型。

④交通量等于或大于1500pcu/h时，应采用Ⅲ型。

⑤两条对向单车道匝道相依，且平、纵线形一致时，应采用Ⅳ型。当设计速度小于或等于40km/h，且位于非高速公路一方时，可采用Ⅱ型。

⑥环形匝道采用单车道匝道，其设计通行能力为800~1000pcu/h。

3) 匝道横断面尺寸

匝道横断面各组成部分的尺寸规定如下：

①车道宽度为3.5m。

②路缘带宽度为0.5m。

③左侧硬路肩（含路缘带）宽度为1.0m。

④右侧硬路肩（含路缘带）宽度：设供紧急停车用硬路肩时为2.50m，条件受限制时可采用1.50m，但为对向分隔式双车道时宜采用2.00m；不设供紧急停车用硬路肩时为1.00m。

⑤土路肩的宽度为0.75m；条件受限制时，不设路侧护栏者可采用0.5m。

⑥中央分隔带的宽度应不小于1.00m。

2. 城市立交匝道横断面组成与类型

1) 匝道横断面组成

立交匝道横断面应由车道、路缘带、停车带和防撞护栏或路肩组成。

匝道横断面形式单向交通就要采用单幅式断面，双向交通应采用双向分离式断面。在匝道范围内，路、桥同宽，中央分车带困难路段可采用分隔物（钢护栏和混凝土护栏）。

2) 匝道横断面类型

匝道横断面布置宜符合图3.45的图示要求。

3) 匝道横断面尺寸

匝道横断面各组成部分的尺寸规定如下：

（1）机动车道宽度

车行道宽应根据车道数、车型及设计速度确定，机动车车道宽度应符合表3.27所列数值。

机动车车道宽度　　　　　　　　　　表3.27

车型及行驶状态	设计速度（km/h）	车道宽度（m）
大型汽车或大小汽车混行	≥60	3.75
	<60	3.5(3.25)
小型汽车专用道	≥60	3.5
	<60	3.25(3.0)

注：括号内数值为设计速度不超过40km/h时，或在困难情况下可采用的最小宽度值。

（2）停车带宽度

单车道匝道必须设停车带，停车带含一侧路缘带宽度应为2.75m；当为小型汽车专用匝道时可为2.0m。

（3）分隔带、路缘带、侧向净宽、安全带、分车带最小宽度

分隔带、路缘带、侧向净宽、安全带、分车带最小宽度应符合表3.28的要求。

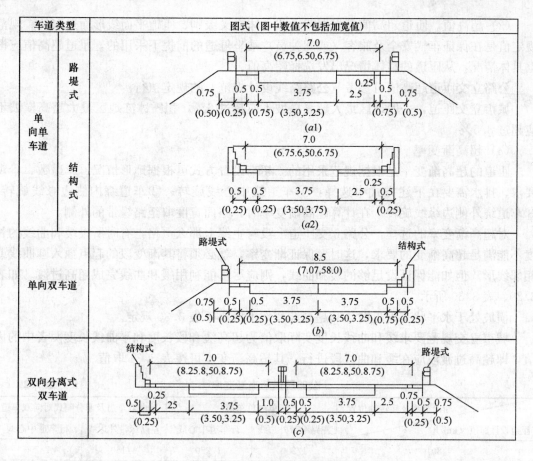

图 3.45　匝道横断面布置 (m)

分车带最小宽度　　　　　　　　表 3.28

分车带类别	中间带			两侧带		
设计速度 V (km/h)	80~70	60~50	≤40	80~70	60~50	≤40
分隔带最小宽度 W_{dm} (m)	1.5	1.5	1.5	1.5	1.5	1.5
路缘带最小宽度 W_{mc} (m)	0.5	0.5	0.25	0.5	0.5	0.25
安全带最小宽度 W_{sc} (m)	0.5	0.25	0.25	0.25	0.25	0.25
最小侧向净宽 W_1 (m)	1	0.75	0.5	0.75	0.75	0.5
分车带最小宽度 W_{sm} (m)	2.5	2.5	2			

注：分车带由分隔带及两侧路缘带组成。

3. 路拱横坡、超高过渡设计

(1) 路拱。单车道匝道一般都采用单向横坡，双车道匝道采用双向横坡。在横断面上，路缘带的横坡与行车道相同，硬路肩的横坡一般情况下都和行车道相同，当采用双车道匝道时，建议参照《公路路线设计规范》的规定执行。正常路段和超高段外侧土路肩坡度采用向外 3%~4%。当超高值大于土路肩值时，内侧土路肩采用同行车道一致的横坡。

公路立交匝道路拱横坡采用《公路路线设计规范》的规定值。

城市立交匝道路拱横坡不应大于 2%。

(2) 超高值。匝道超高值是根据互通式立体交叉级别、匝道平面线形而选取的。规范规定值是在保证车辆安全及旅客（或驾驶员）乘坐舒适的前提下采用的，匝道超高值应根据具体情况，从匝道的整体情况出发选择超高值。

公路立交匝道超高值可参考《公路路线设计规范》的规定执行。

城市立交匝道，一般地区最大超高横坡不应超过 6%，积雪冰冻地区最大超高横坡不应超过 3.5%。

(3) 超高渐变率

匝道的超高渐变率是根据规范采用的。超高设置方式可根据地形情况、车道数、景观要求、排水需要在下述方式中选择：①车道绕中心线旋转；②车道绕内侧边缘线旋转；③车道绕外侧边缘线旋转。在计算超高渐变率时，路面宽度取至路缘带的外侧。

对超高渐变率的选择，公路立交匝道上没有主线上那么严格，有时所设缓和曲线的长度不能满足超高渐变的要求，这时要保证渐变率，就必须将其渐变段的起点插入圆曲线或相邻线形。但如能保证设足够的缓和曲线，则应尽可能利用缓和曲线完成超高过渡。如表 3.29、表 3.30 所示。

横坡处于水平状态附近时，其超高渐变率不应小于表 3.30 规定。

城市立交规范要求缓和曲线长度实际取值为超高缓和段长度和平曲线长度两者中的大值，即超高过渡段应在缓和曲线段进行。其超高渐变度可按表 3.31 取值。

公路匝道超高渐变率 表 3.29

断面类型及旋转轴位置	单向单车道		单向双车道及非分隔式对向双车道	
匝道设计速度（km/h）	左路缘带外边线	行车道中心线	左路缘带外边线	行车道中心线
80	1/200	1/250	1/150	1/200
70	1/175	1/235	1/135	1/185
60	1/150	1/225	1/125	1/175
50	1/125	1/200	1/100	1/150
≤40	1/100	1/150	1/100	1/150

公路匝道最小超高渐变率 表 3.30

断面类型		单向单车道	单向双车道、非分隔式对向双车道
旋转轴位置	行车道中心线	1/800	1/500
	路缘带外边线	1/500	1/500

城市立交匝道超高渐变率 表 3.31

匝道设计速度（km/h）	20	30	40	50	60	70	80
超高渐变率 $\varepsilon_{中}$	1/100	1/125	1/150	1/160	1/175	1/185	1/200
超高渐变率 $\varepsilon_{边}$	1/50	1/75	1/100	1/115	1/125	1/135	1/150

4. 匝道加宽设计

汽车行驶在曲线上，各轮轨迹半径不同，其中后内轮轨迹半径最小，且偏向曲线内侧，故曲线内侧应增加路面宽度，以确保曲线上行车的顺适与安全。

匝道曲线路面加宽设置，应在内侧进行，当内侧加宽有困难时，或加宽后对几何线形设计有较大影响时，可在内、外侧均等加宽值。对于设置缓和曲线和超高过渡段的平曲线，加宽过渡段长度应采用缓和曲线或超高过渡段长度相同数值，不设缓和曲线和超高过渡段的平曲线，加宽过渡段应按渐变率1∶15且长度不小于10m的要求设置。

加宽缓和段的过渡方法可采用：①比例过渡；②高次抛物线过渡；③回旋线过渡。

公路立交匝道圆曲线加宽值如表3.32所示。

城市立交匝道圆曲线加宽值应符合表3.33所列值。

公路匝道圆曲线加宽值　　　　　　　　　　　　　　表3.32

单车道匝道（Ⅰ型）		单向双车道或对向双车道匝道（Ⅱ型）	
圆曲线半径（m）	加宽值（m）	圆曲线半径（m）	加宽值（m）
25～<27	2.00	25～<26	2.25
27～<29	1.75	26～<27	2.00
29～<32	1.50	27～<29	1.75
32～<36	1.25	29～<31	1.50
36～<42	1.00	31～<33	1.25
42～<48	0.75	33～<36	1.00
48～<58	0.50	36～<39	0.75
58～<72	0.25	39～<43	0.50
≥72	0	43～<47	0.25
		≥47	0

注：1. 表中加宽值是对图3.44的标准行车道宽度而言。当遇特殊断面时，加宽值应予调整，使加宽后的总宽度与标准一致。
2. Ⅳ型匝道，应按各自车道的曲线半径所对应的加宽值分别加宽。
3. Ⅲ型匝道的加宽为Ⅱ型加宽值减去Ⅱ、Ⅲ型两者硬路肩的差值。

城市立交匝道圆曲线每条车道的加宽值（m）　　　　表3.33

车型 \ 圆曲线半径（m）	200<R≤250	150<R≤200	100<R≤150	60<R≤100	50<R≤60	40<R≤50	30<R≤40	20<R≤30	15<R≤20
小型汽车	0.28	0.30	0.32	0.35	0.39	0.40	0.45	0.60	0.70
普通汽车	0.40	0.45	0.60	0.70	0.90	1.00	1.30	1.80	2.40
铰接车	0.45	0.55	0.75	0.95	1.25	1.50	1.90	2.80	3.50

5. 匝道的视距

公路立交匝道全长范围内应具有不小于表3.34规定的视距。

城市立交匝道停车视距不应小于表3.35的规定。

公路立交匝道停车视距　　　　　　　　　　　　　　表3.34

设计速度（km/h）	80	70	60	50	40	35	30
停车视距（m）	110(135)	95(120)	75(100)	65(70)	40(45)	35	30

注：在积雪冰冻地区，应不小于括号内的数值。

城市立交匝道停车视距   表 3.35

设计速度 (km/h)	80	70	60	50	40	35	30	25	20
停车视距 (m)	110	90	70	55	40	35	30	25	20

3.7 匝道端部设计

匝道端部是指匝道两端与主线相连接的道口，它包括出入口、变速车道及辅助车道等。因其结构复杂，行车速度变化较大，平、纵线形要求较高，成为立交设计的重点和难点。端部设计的一般原则是：出入顺适、安全，线形与主线协调一致；出入口应视认方便；主线与匝道间应能相互通视。

3.7.1 车道数平衡及辅助车道设计

1. 车道平衡设计

在高速公路、一级公路和城市快速路的全长或较长路段内，必须保持一定基本车道数。同时在主线与匝道的分、合流处必须保持车道数目的平衡，二者之间是通过辅助车道来协调的。

1) 基本车道数：是指一条道路或其某一区段内，根据交通量和通行能力的要求所必需的一定数量的车道数。基本车道数在相当长的路段内不应变动，不因通过互通式立交而改变基本车道数，目的是防止因修建立交而可能形成瓶颈或导致不必要的浪费。

2) 车道平衡原则：主线的车流量必然会因分、合流的存在而发生变化，分流减少，合流增大。为适应这种车流量的变化，保证车流畅通和工程经济，在分、合流处的车道数应保持平衡。

车道平衡的原则为：

(1) 两条车流合流以后主线上的车道数应不小于合流前的交汇道路上所有车道数总和减 1；

(2) 主线上车道数应不小于分流以后分叉道路的所有车道数总和减 1；

(3) 主线上的车道数每次减少不应多于一条。

分、合流处应按车道数平衡公式 (3.2) 进行计算，以检验车道数是否平衡，如图 3.46 所示。

$$N_C \geqslant N_F + N_E - 1 \tag{3.2}$$

式中 N_C——分流前或合流后的主线车道数；

N_F——分流后或合流前的主线车道数；

N_E——匝道车道数。

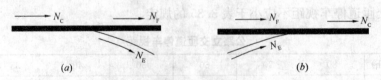

图 3.46 分、合流处车道的平衡
(a) 分流；(b) 汇流

3) 辅助车道：在分、合流处，既要保持车道数平衡，又要保持基本车道数，如果二者发生矛盾时，可通过在分流点前与合流点后的主线上增设辅助车道的办法来解决，如图3.47所示。

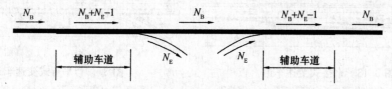

图 3.47 双车道出入口的辅助车道

N_B—基本车道数

2. 辅助车道设计

在基本车道数连续的条件下，一般单车道匝道也能满足车道数平衡的要求；而设置双车道匝道时车道数不平衡，应增设辅助车道。

1) 公路辅助车道设计

(1) 辅助车道的长度规定如表3.36所示。

(2) 当互通立交入口与下一个互通立交出口均设有或其中之一设有辅助车道时，若入口终点至出口起点的距离小于1000m，则应增长辅助车道而将两者贯通。

(3) 辅助车道的宽度与主线车道相同，且与主线车道间不设路缘带。辅助车道右侧的硬路肩，其宽度一般与正常路段的主线硬路肩相同。

2) 城市立交辅助车道设计

公路辅助车道的长度   表 3.36

	主线设计速度（km/h）	120	100	80
辅助车道长度（m）	入口	400	350	300
	出口	300	250	200
渐变段长度（m）	入口	180	160	140
	出口	90	80	70

辅助车道长度（包括渐变段）在分流端为1000m，最小为600m；在合流端为600m。辅助车道渐变段应大于等于1/50。当前一个立交加速车道的末端至下一个立交减速车道起点之间的距离小于500m时，应设辅助车道并连接。

辅助车道的宽度与直行车道相同。

3.7.2 变速车道设计

在匝道与主线的连接路段，为适应车辆变速行驶的需要，而不致影响主线交通所设置的附加车道称为变速车道。在主线进口附近右侧增设的、为车辆加速进入主线而设的附加车道，称为加速车道。在主线出口附近右侧增设的、为车辆减速进入匝道而设的附加车道，称为减速车道。加速车道和减速车道总称为变速车道。

1. 变速车道的形式

变速车道一般分为直接式变速车道和平行式变速车道两种，如图3.48、图3.49所示。

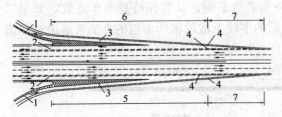 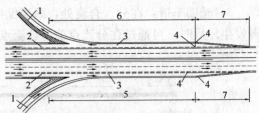

图 3.48 直接式变速车道

1—匝道；2—集散车道；3—变速车道；4—路缘带；5—加速段；6—减速段；7—渐变段

图 3.49 平行式变速车道

1—匝道；2—集散车道；3—变速车道；4—路缘带；5—加速段；6—减速段；7—渐变段

1) 直接式

直接式变速车道不设平行于主线的路段，由出入口处主线渐变加宽，逐渐变成一个附加的车道与匝道相连接，整个变速车道全段均为斜锥形状。其特点是：与平行式变速车道相比较，线形顺适圆滑，与进出匝道转弯车辆的行驶轨迹较吻合，车速能充分利用，行车有利；但变速车道起点位置不易识别，易使行车方向混淆。

变速车道为单车道时，减速车道宜采用直接式，加速车道宜采用平行式。变速车道为双车道时，加、减速车道均应采用直接式。

2) 平行式

具有一定宽度的车道与主线车道平行，在其端部做成斜锥形（渐变段）与主线相连接。其特点是：车道划分明确，行车容易辨认，但车辆出入须按 S 形行驶，即行驶在反向曲线上，对行车不利，尤其在短的变速车道上，出入车辆因来不及转动方向盘，易偏离行车道。

3) 变速车道的组成

直接式和平行式变速车道的组成及平面布置如图 3.50、图 3.51 所示。

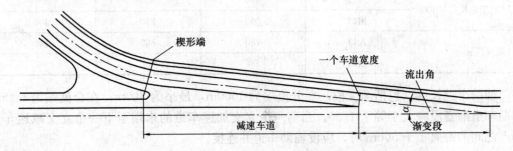

图 3.50 直接式变速车道的组成

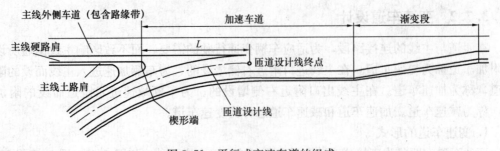

图 3.51 平行式变速车道的组成

2. 变速车道几何设计

1) 变速车道长度计算

变速车道长度为加速或减速车道长度与渐变段长度之和,如图 3.50、图 3.51 所示。

(1) 加减速车道的长度

加减速车道是指渐变段车道宽度达到一个车道宽度的位置与分流或合流端间的距离。其计算公式:

$$L = \frac{V_1^2 - V_2^2}{26\alpha} \tag{3.3}$$

式中 V_1——主线平均行驶速度(km/h),取值如表 3.37 所示;

V_2——匝道平均行驶速度(km/h);

α——汽车平均加(减)速度(m/s²),一般加速时 $\alpha=0.8\sim1.2\text{m/s}^2$,减速时 $\alpha=2\sim3\text{m/s}^2$。

车辆汇入速度 V_1 表 3.37

主线设计速度(km/h)	120	100	80	60	50	40
V_1(km/h)	70	65	63	60	50	40

(2) 渐变段长度

渐变段长度是车辆变换车道所需的长度。

(3) 公路规定

我国《公路路线设计规范》JTG D20—2006 规定变速车道长度及有关参数见表 3.38。下坡路段的减速车道和上坡路段的加速车道,其长度应按表 3.39 中的修正系数予以修正。交通量较大或载重汽车比例较高时宜增长变速车道。

公路立交变速车道长度及有关参数   表 3.38

变速车道类别		主线设计速度(km/h)	变速车道长度(m)	渐变率(1/m)	渐变段长度(m)	主线硬路肩或其加宽后的宽度 C_1(m)	分、汇流鼻端半径**r(m)	分流鼻处匝道左侧硬路肩加宽 C_2(m)
出口	单车道	120	145	1/25	100	3.5	0.60	0.60
		100	125	1/22.5	90	3.0	0.60	0.80
		80	110	1/20	80	3.0	0.60	0.80
		60	95	1/17.5	70	3.0	0.60	0.70
	双车道	120	225	1/22.5	90	3.5	0.70	0.70
		100	190	1/20	80	3.0	0.70	0.70
		80	170	1/17.5	70	3.0	0.70	0.90
		60	140	1/15	60	3.0	0.60	0.60
入口	单车道*	120	230	—(1/45)	90(180)	3.5	0.6(0.55)	
		100	200	—(1/40)	80(160)	3.0	0.6(0.75)	
		80	180	—(1/40)	70(160)	2.5	0.6(0.75)	
		60	155	—(1/35)	60(140)	2.5	0.6(0.70)	

续表

变速车道类别		主线设计速度(km/h)	变速车道长度(m)	渐变率(1/m)	渐变段长度(m)	主线硬路肩或其加宽后的宽度 C_1 (m)	分、汇流鼻端半径** r (m)	分流鼻处匝道左侧硬路肩加宽 C_2 (m)
入口	双车道	120	400	—(1/45)	180	3.5	0.63	
		100	350	—(1/40)	160	3.0	0.63	
		80	310	—(1/37.5)	150	2.5	0.67	
		60	270	—(1/35)	140	2.5	0.50	

* 表中单车道入口为平行式的，若为直接式时，采用括号内的数值。入口为单车道的双车道匝道，其加速车道的长度应增加10m或20m。

** 表中分、汇流鼻端半径 r 值在设计中可取至小数点后一位，甚至均采用0.6m。此时渐变段长度仍为表列之值。

公路立交坡道上变速车道长度的修正系数　　　　表 3.39

主线平均坡度(%)	$i \leqslant 2$	$2 < i \leqslant 3$	$3 < i \leqslant 4$	$i > 4$
下坡减速车道修正系数	1.00	1.10	1.20	1.30
上坡加速车道修正系数	1.00	1.20	1.30	1.40

(4) 城市道路规定

我国《城市道路交叉口设计规程》CJJ 152—2010 规定变速车道长度及出入口渐变率见表 3.40，下坡路段的减速车道和上坡路段的加速车道，其长度应按表 3.41 所列修正系数予以修正。

城市立交变速车道长度及出入口渐变率　　　　表 3.40

主线设计速度(km/h)		120	100	80	60	50	40
除宽度缓和部分外的减速车道规定长度(m)	1车道	100	90	80	70	50	30
	2车道	150	130	110	90	—	—
除宽度缓和部分外的加速车道规定长度(m)	1车道	200	180	160	120	90	50
	2车道	300	260	220	160	—	—
宽度缓和路段长(m)	1车道	70	60	50	45	40	40
出口角度	1车道	1/25		1/20		1/15	
	2车道						
入口角度	1车道	1/40		1/30		1/20	
	2车道						

城市立交变速车道长度修正系数　　　　表 3.41

纵坡度(%)	$0 < i \leqslant 2$	$2 < i \leqslant 3$	$3 < i \leqslant 4$	$4 < i \leqslant 6$
下坡减速车道修正系数	1.00	1.10	1.20	1.30
上坡加速车道修正系数	1.00	1.20	1.30	1.40

2) 主线为曲线时变速车道的线形

(1) 平行式变速车道

平行式变速车道与主线相依部分应采用与主线相同的曲率。

公路规定：平行式变速车道同匝道的连接段的线形，当为同向曲线时，线形分岔点 CP 以外宜采用卵形回旋线或复合回旋线，如图 3.52(a) 所示；当为反向曲线时，则 CP 以外宜采用 S 形回旋线，如图 3.52(c) 所示；当主线的圆曲线半径大于 2000m 时，可采用完整的回旋线。

城市道路规定：当为同向时，可采用卵形回旋线或复合形回旋线连接；当主线圆曲线半径 $R_1 > 1500m$ 时，可视 $R_1 \approx \infty$ 而直接作回旋线的起点。当为反向时，可采用 S 形回旋线连接，当主线圆曲线半径 $R_1 > 2000m$，可视 $R_1 \approx \infty$ 而直接作回旋线的起点。

(2) 直接式变速车道

公路规定：直接式变速车道直至分、汇流鼻的全长范围内应用与主线相同的线形，当主线为设置大于 3% 超高时可在外侧加入反向 S 形回旋线使之顺接，如图 3.52(e) 所示。

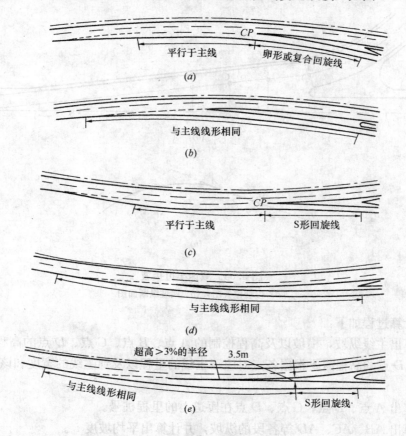

图 3.52 曲线上变速车道的线形

城市道路规定：对直接式变速车道线形，可采用与主线为直线时相同的宽度渐变率，顺主线线性变宽接出或接入，也可采用内切圆法接入或接出主线。当主线位于回旋线范围内时，变速车道亦可采用同一参数的回旋线，但宽度渐变率应符合表 3.40 和表 3.41 的规定。直接式变速车道与匝道曲线相接，可按平行式变速车道的连接方式处理。

3) 直接式变速车道流入、流出角的确定

变速车道采用直接式时,公路立交流出角一般取 1/25～1/15,流入角一般取为 1/45～1/35。城市立交流出角一般取 1/25～1/15,流入角一般取为 1/40～1/20。

3. 变速车道的纵坡设计

一般情况下,匝道出口处的第一个竖曲线的起点不宜进入楔形端点,即匝道的第一个变坡点应设在匝道与主线分岔之后相当于一个竖曲线切线长的距离之外,在匝道与主线平面分岔之前匝道纵坡度应与主线纵坡完全一致,这样才能避免因两线坡度不同而出现的高程差,造成横断面上路面横坡不协调的情况。入口处竖曲线设计要求类似。

1) 加、减速车道纵坡接坡设计。加、减速车道的接坡设计与横坡设计紧密相关。图 3.53 中减速车道的接坡点为 A 点(一般为鼻端),A 点至 N 点的设计高程是由主线的设计高程和主线在该段的横坡决定。匝道接减速车道的纵坡只能接至 A 点(或往后)。匝道所接纵坡可由减速车道上离 A 点较近的几个点(B 点、C 点、D 点等),计算出平均坡度。一般 AB、AC、AD 等的长度不宜大于 50m,且不宜小于 10m。

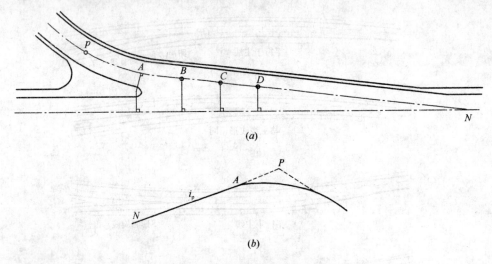

图 3.53 减速车道接坡
(a) 接坡位置图;(b) 接坡纵断面图

具体计算过程如下:

①计算出主线纵坡,横坡以及高程控制的 A 点、B 点、C 点、D 点的高程。A 点、B 点、C 点、D 点的高程需要根据各点对应于主线的里程以及到主线的宽度和该断面的横坡来计算。

②计算出 A 点、B 点、C 点、D 点在匝道上的里程桩号。

③计算出 AB、AC、AD 等各段的纵坡,并计算出平均坡度 i_p。

④以 i_p 为匝道的第一段纵坡来设计匝道纵坡。

⑤估计下一段匝道纵坡以及第一个变坡点处的竖曲线切线长度 T。

⑥从 A 点向匝道前进方向至少一个长度为 T 的位置确定匝道的第一个变坡点 P 的位置。

⑦完成另一端的接坡设计。

⑧完成整个匝道接坡设计。

加速车道的接坡设计与上述方法相同。

2) 匝道与被交路的接坡设计。当匝道与被交路以加速车道的形式相接时，方法同上。当匝道与被交路以平交直线相接时，匝道在接坡点处的纵坡应满足被交路的路拱横坡的要求，如图3.54所示。

图中i为接坡的坡度值，当匝道与被交路正交时，为被交路的横坡，斜交时由被交路横坡、纵坡和匝道斜交角来综合计算。在设计时，同样要注意匝道的变坡点P的位置，不要使竖曲线的切点A进入被交路范围内，否则会对平交口的设计不利，对行车也有不利影响。

3) 匝道分岔处的纵坡设计。当匝道的设计线位不连接时，在匝道分岔处设计线位产生横向偏移，此时匝道的设计起点的高程（图3.55中A点、B点）应根据分岔处（图中N点）的横坡和设计高程来计算，纵坡则需要在过分岔点（D点或C点）后一直保持同分岔前一样的纵坡至少一个竖曲线切线的长度。

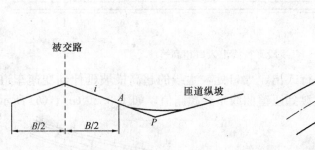

图3.54 匝道与被交路的接坡图

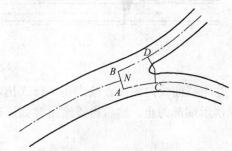

图3.55 匝道分岔处的位置图

4. 变速车道横断面设计

1) 变速车道横断面布置

变速车道横断面由左路缘带（与主线车道共用）、行车道、右路肩（包括右侧路缘带）组成。各部分宽度如图3.56所示。变速车道宽3.5m。

2) 变速车道超高过渡

(1) 匝道的出入口附近、变速车道上，为使主线的超高逐渐过渡到匝道的超高，需要设置超高过渡段。

(2) 变速车道附近超高过渡应遵循下列原则：

①超高过渡，必须与主线线形和变速车道形式相协调。

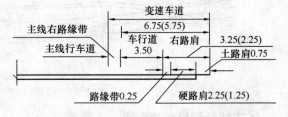

图3.56 变速车道的宽度（m）

②超高过渡应顺适，不产生突变扭曲。一般以主线边缘不动，均匀变化。

③变速车道的超高渐变率就不小于1/150。

(3) 变速车道超高的设置方式如下：

①主线为直线段，直接式出、入口处，变速车道位于直线段，主线正常路拱横坡延伸到变速车道上，从楔形端部到匝道曲线起点这一段，逐渐过渡到匝道曲线相同的超高横坡，如图3.57所示。

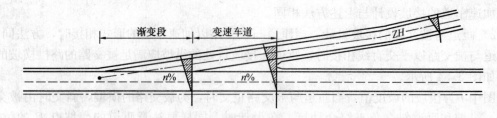

图 3.57　直线段直接式出、入口处超高过渡

②主线为直线段，平行式出、入口处，变速车道位于直线段上，主线正常路拱横坡延伸到变速车道上，直至楔形端部才开始按匝道曲线半径设置超高，显然楔形端部过后有一段超高渐变段，如图 3.58 所示。

图 3.58　直线段平行式出入口超高过渡

③主线曲线内侧接直接式和平行式出、入口处，主线的超高横坡延伸到变速车道上，直到楔形端部为止。然后再逐渐过渡到匝道曲线半径超高值，如图 3.59(a)、(b) 所示。

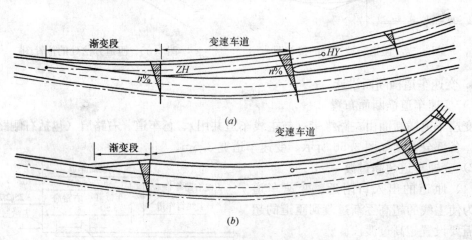

图 3.59　曲线内侧出入口超高过渡

④主线外侧设变速车道、主线超高小于 3％时，主线曲线外侧的直接式出、入口处，楔形端匝道的横坡应尽可能缓一些。在达到变速车道之前，采用与主线相同的超高值。从达到变速车道宽度那一点到楔形端之间，使变速车道横坡向匝道弯道内侧倾斜 2％。楔形端以后的超高，采用适当的渐变率过渡到匝道所需要的曲线超高值，如图 3.60 所示。

主线曲线外侧的平行式出、入口处，在楔形端匝道的横坡应尽量缓一些，其超高过渡方式与外侧直接式相同，如图 3.61 所示。

⑤主线曲线外侧设置变速车道，而主线超高大于 3％时，匝道的超高横坡在楔形端处采用匝道曲线内侧倾斜 1％的横坡，然后采用适当的渐变率过渡到匝道弯道半径正常的超高，其过渡方式同④所述，但在楔形端部的横坡代数差，不应大于表 3.42 中的上限。

图 3.60 曲线外侧直接出、入口超高过渡

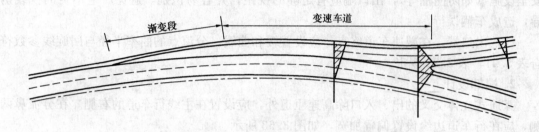

图 3.61 曲线外侧平行式出、入口超高过渡

转弯匝道端部路面横坡的最大代数差　　　　表 3.42

出、入口曲线设计速度（km/h）	在转移拱顶线处的最大代数差（%）
<30	5.0~8.0
30~50	5.0~6.0
≥50	4.0~5.0

3.7.3 匝道出、入口端部设计

1. 出、入口设计

匝道出、入口端部指匝道与主线分、合的端部，又叫鼻端，鼻端处车辆要分流或合流，行车复杂，且易发生碰撞（出口鼻端），因此是匝道端部设计的重要内容。设计时应注意满足以下要求：

1) 入口端部设计

(1) 入口楔形端的流入角度应尽量小一些，与主线有一定长度的能够相互通视的平行部分。为此，应该使主线的纵坡与匝道纵坡在距楔形端较远之前取得一致。

(2) 入口端部应设在主线的下坡路段，以利用重型车辆加速，并在匝道汇入主线之前保持主线100m和匝道60m的三角区域内通视无阻（图3.62）。

(3) 整个三角区都应当铺砌。为了诱导驾驶员严格按车道行驶，除标出匝道两边的车道线外，三角区的构造与颜色应与行车道路面有所不同。

(4) 入口端部行车方向明确，一般驾驶员不会弄错行驶方向，因而流入楔形端一般不需设置缩进

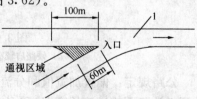

图 3.62 入口处通视区域

间距。

2）出口端部设计

(1) 出口端部应易于识别，一般设在跨线桥构造物之前。当设置在跨线桥后时，匝道出口至跨线桥的距离不应小于150m。

(2) 出口最好位于上坡路段。

(3) 主线路肩较窄时，在分流楔形端部，为给弄错方向、误入匝道的直行车辆提供返回空间，必须设置缩进间距，并考虑减速车道的形状及形式。

(4) 出口鼻端是易发生车辆碰撞护栏的地点，因此端部应缩进、后退，并设置防碰的安全设施（如防撞桶等），出口端应有足够的视距，并容易识别，避免产生不良的视线诱导，造成车辆误行。

(5) 出口端，在减速车道终点，应设置缓和曲线。分流点的曲率半径与回旋线参数符合表3.21、表3.22规定。

2. 端部设计

互通式立体交叉的出、入口除高速匝道外，应设置在主线行车道的右侧。在分流鼻两侧，应在行车道边缘设置偏置加宽，如图3.63所示。

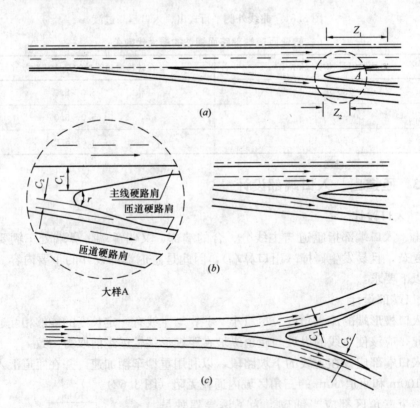

图 3.63 分流鼻处的铺面偏置加宽
(a) 硬路肩较窄时；(b) 硬路肩较宽时；(c) 主线分岔时

公路规定：偏置加宽值和分流鼻端圆弧半径规定见表3.43。分流鼻处的加宽路面收敛到正常路面的过渡长度 Z_1 和 Z_2，应不小于依据表3.44渐变率计算的值。

公路立交分流鼻偏置值及鼻端半径 表 3.43

分流方式	主线偏置值 C_1 (m)	匝道偏置值 C_2 (m)	鼻端半径 r (m)
驶离主线*	2.5~3.5	0.6~1.0	0.6~1.0
主线分岔	≥1.8		0.6~1.0

注：* 设计时可取用表 3.38 之值。

公路立交分流鼻偏置值加宽渐变率 表 3.44

设计速度 (km/h)	渐变率 (1/m)	设计速度 (km/h)	渐变率 (1/m)
120	1/12	60	1/8
100	≥1/11	≤40	1/7
80	1/10		

分流鼻位于桥梁等构造物上时，自分流鼻端处之后应预留安装防撞垫等缓冲设施的位置，即分流鼻端处后方（行驶的前进方向）6~10m 的区域应铺设桥面系统，并安装护栏。

城市道路规定：偏置加宽值和楔形端部鼻端半径应符合表 3.45 的规定。高架结构段可不设偏置加宽。楔形端端部后的过渡长度 Z_1 和 Z_2 应根据表 3.46 的渐变率计算。当主线硬路肩宽度能满足停车宽度要求时，偏置值可采用硬路肩宽度。

城市立交分流点处偏置值与端部半径 表 3.45

分流方向	主线偏置值 C_1 (m)	匝道偏置值 C_2 (m)	鼻端半径 r (m)
驶离主线*	≥3.0	0.6~1.0	0.6~1.0
主线相互分岔	≥1.8		0.6~1.0

城市立交分流点处楔形端的渐变率 表 3.46

设计速度 (km/h)	120	100	80	60	≤40
渐变率	1/12	1/11	1/10	1/8	1/7

3.7.4 主线的分岔、合流和匝道的分流、合流

1. 概述

在枢纽式互通中，往往会遇到一条高速分岔成两条连接线转到另一条高速公路上，或者两条高速公路的连接线合流为一条高速公路的情况，如图 3.64 所示。对于这种高速公路分岔与合流的端部应作特殊设计，此时分、合流两条均为多车道匝道，且无主次之分。

2. 设计及要求

1) 主线的分岔与合流端部

主线的分岔与合流端部的设计应符合车道数平衡的规定，必须时增设辅助车道。

2) 主线的分岔和合流中的渐变段

(1) 自分岔前或合流后的路幅（包括为维持车道数平衡而增加的辅助车道）至增加或减少一条车道（两幅行车道出现公共路缘带的断面）的渐变段内，路幅宽度应线性变化。

(2) 分岔和合流渐变段的渐变率分别为 1:40 和 1:80。

(3) 渐变段的边线及其邻接的双幅路段的边线，其线形应连续。

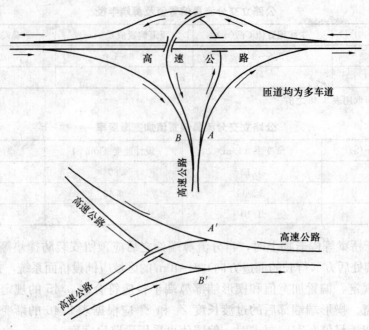

图 3.64 主线分流和合流

3) 匝道间的分流和汇流中的渐变段

(1) 匝道间分流、汇流前后车道数不同，应设分流、汇流渐变段。公路分流、汇流渐变段的最小长度规定见表 3.47。

公路匝道间分流、汇流渐变段的最小长度　　　　　表 3.47

分、汇流速度（km/h）	渐变段最小长度（m）	
	分流	汇流
40	40	60
60	60	90
80	80	120

注：渐变段长度为行车道增加或减少一个车道间路缘带宽度的线性过渡长度。

(2) 在渐变段范围内行车道两边的线形应一致并与双幅路段边线的线形相连接。汇流鼻后或分流鼻前，两行车道的公共铺面路段的纵面线形应一致。

(3) 汇流前的匝道仅为超车之需而采用双车道时，宜在汇流前先并流为单车道，如图 3.65 所示。在并流前应设置预告标志，且在并流渐变段内的路面上划有并流标志。

4) 相邻出、入口的间距

(1) 高速公路上如图 3.66 所示的各相邻出口或入口之间、匝道上相邻出口或入口之间、主线上的出口至前方相邻入口

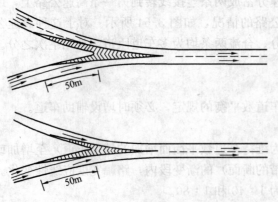

图 3.65 汇流前先并流

之间的距离应不小于表3.48所列之值。当不能保证主线出入口间的应有距离或遇转弯车流的紧迫交织干扰主线车流量，应采用与主线相分隔的集散道将出入口串联起来。

主线上的相邻出口或入口	匝道上的相邻出口或入口	主线上的出口至前方相邻入口

图 3.66 各种相邻出、入口之间和距离

（2）城市道路规定：相邻匝道出入口间的最小净距 L（图3.67）应符合表3.49的要求。还应考虑相邻驶入或驶出匝道的距离，驶入匝道紧接驶出匝道的情况，当不能保证出入口间交织长度和足够通行能力时，应设置集散车道。

3. 集散车道设计

集散车道由行车道、硬路肩组成。集散车道与主线间设分隔带。

（1）集散道一般为双车道；每条车道宽为3.5m；交通量较小时，非交织段可为单车道。右侧硬路肩的宽度一般为2.50m；当双车道的交通量不大于或略大于单车道的通行能力时，硬路肩的宽度可减至1.0m。

（2）集散道与主线的连接应按出入口对待，并符合车道数平衡的原则。单车道出入口能满足交通量的需要时，可采用单车道出入口的双车道匝道的布置形式。

（3）集散道上相继入口或出口的间距，应满足匝道出入口间距的规定；入口和后继出口的间距应满足交织的需要。

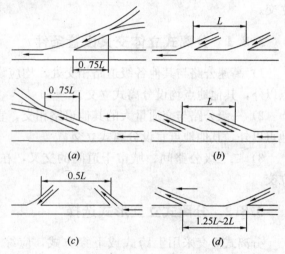

图 3.67 匝道口最小间距
(a) 干道分合与匝道分合；(b) 干道上连续驶入或驶出；
(c) 干道上先驶出后驶入；(d) 干道上先驶入后驶出

高速公路相邻出、入口最小间距　　　　　　　　　　表3.48

间距(m)		主线设计速度（km/h）		120	100	80
	L_1	一般值		350	300	250
		最小值	干线	300	250	200
			支线	240	220	200
	L_2	一般值		300	250	200
		最小值	枢纽互通式立体交叉	240	200	200
			一般互通式立体交叉	180	160	160
	L_3	一般值		200	150	150
		最小值	干线	150	150	120
			支线	120	120	100

城市立交相邻匝道最小净距 L 表 3.49

距离 L (m) \ 干道设计速度 (km/h)	120	100	80	60	50	40
极限值	165	140	110	80	70	55
一般值	330	280	220	160	140	110

注：图 3.67 中的 (b)、(d) 情况不宜采用极限值。

3.8 分离式立体交叉

分离式立交是指相交道路在空间上彼此分离、上下道路间无匝道相互连接，交通不能转换的交叉形式。根据跨越方式的不同可分为上跨式分离式立交和下穿式分离式立交。

3.8.1 分离式立体交叉设置条件

1) 高速公路与其他各级道路相交处，均应设立体交叉，其中除设置互通式立交的地点以外，其他地点均设分离式立交。

2) 一级公路与交通量大的其他道路相交，宜设立体交叉，其中除设置互通式立交的地点以外，其他地点宜设分离式立交。

3) 二三级公路间、城市干道间的交叉，在交通条件需要或有条件时，可设分离式立交。

3.8.2 分离式立交形式选择

分离式立交采用上跨式或下穿方式，应综合考虑以下因素，经技术、经济论证后确定。

1) 两相交道路的平面线形和纵坡设计的组合，应使整个工程的造价最低、占地和拆除最少。

2) 不良工程地质条件下，主要公路（尤其是高速公路）宜下穿。

3) 交叉附近需与既有公路设置平面交叉或为路旁用户提供出、入口的公路宜下穿。

4) 交通量大的道路宜下穿。

5) 同已城镇化的道路相交时，新建道路宜上跨。

6) 在城市区域，当立交周边环境要求较高且有条件实施条件时，应优先考虑采用下穿分离式立交。

7) 结合地形、已建工程现状或发展规划，使之同周围环境相协调。

3.8.3 分离式立交设计要点

1) 主要道路的平面、纵面线形应保持直接、顺适。两相交道路不得因设立交而使平、纵面线形过于弯曲、起伏。

2) 两相交道路以正交或接近正交为宜，且交叉附近平面线形宜为直线或不设超高的大半径曲线。

3) 高速公路、一级公路同二、三、四级公路相交而采用分离式立交时：

（1）被交公路的线形、线位应充分利用。当交叉角过小或原线形技术指标过低时，应采用改线方案。

（2）被交公路的等级、路基宽度、桥梁净宽、净高及车辆荷载等级等技术指标，应按被交公路现状或已批准的规划公路等级设计。

4) 分离式跨线桥的桥面雨水应通过管道引至桥下排水沟（管），不得散排；对下穿式地道，当雨水无法自排时，应设置泵站集中排放。

5) 跨线桥的桥型应简洁、明快、轻巧，跨径布置应和谐并与周围环境相协调。

6) 分离式立交远期计划改为互通式立交时，按分期修建设计并预留工程建设条件。

3.9 立交服务水平与通行能力分析

互通式立交的通行能力涉及主线和匝道本身的通行能力以及匝道与主线连接处的通行能力，还涉及平面交叉点、交织段的通行能力（参看2.3节）等。匝道通行能力能否满足设计交通量的需求是问题的关键，而匝道的通行能力受匝道各组成部位的限制，其中包括匝道中段（运行情况相同、中间或等宽路段）、进口端点（从匝道驶入主线）、出口端点（从主线进入匝道）的通行能力。因此影响立交匝道的通行能力因素很多，确定匝道的通行能力是关键。

立交通行能力分为可能通行能力和设计通行能力，设计通行能力等于可能通行能力（N_p）乘经相应设计服务水平"交通量/通行能力"比率（α）。

车辆换算系数见2.3.2节及公路、城市道路设计规范要求。

1. 立交服务水平标准

城市立交服务水平如表3.50所示。

立交服务水平标准　　　　　表3.50

等级		交通行特征	（服务交通量/可能通行能力）比率 α						
			设计速度（km/h）						
			100	80	60	50	40	30	20
Ⅰ	Ⅰ₁	自由流，行车自由度大	0.33	0.29	0.26	0.24	—	—	—
	Ⅰ₂	自由流，行车自由度适中	0.56	0.50	0.43	0.40	0.37	—	—
Ⅱ	Ⅱ₁	接近自由流，变换车道或超车自由度受到一定限制	0.76	0.69	0.62	0.58	0.55	0.51	—
	Ⅱ₂	行车自由度受限，车速有所下降	0.91	0.82	0.75	0.71	0.67	0.63	0.59
Ⅲ		饱和车流，行车没有自由度	1.00						
Ⅳ		拥塞状况，强制车流	无意义						

立A_1、立A_2类立交宜采用服务水平Ⅱ₁级，立B类立交服务水平可采用Ⅱ₂级。一般匝道服务水平宜采用Ⅱ₂，定向匝道服务水平采用Ⅱ₁级。对个别线形受限制的立A_2、立B类立交的匝道，经论证确有困难，可采用Ⅲ级。

2. 主线通行能力

1) 一条机动车道的可能通行能力

在一条机动车道上同向连续行驶的车流中，前后相邻车车头之间的距离，称作车头间隔，用距离表示车头间隔的称为车头间距（m），用时间表示时称作车头时距（s）。一条机动车道的路段可能通行能力可用车头间距或车头时距两种算法确定。

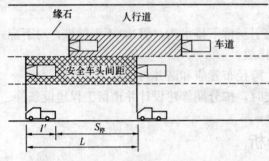

图 3.68 纵向安全车头间距示意图

(1) 按"车头间距"计算

假设机动车在一条车道上无阻碍无延滞地以匀速 v（km/h）连续不断地一辆接一辆行驶，前后相邻两车间保持安全行驶所必须的最小纵向间距为 L（即安全车头间距，m），则理论上可能达到的通行能力为：

$$N_p = \frac{1000v}{L} \text{（pcu/h）} \tag{3.4}$$

由上式可见，一条车道的可能通行能力取决于行驶速度和车头间距的比值。

由图 3.68 可知，"安全车头间距" $L = l' + S_停$。

$$S_停 = \frac{v}{3.6}t + \frac{v^2}{254(\varphi \pm i)} + l_0$$

$$L = l' + \frac{v}{3.6}t + \frac{v^2}{254(\varphi \pm i)} + l_0$$

$$N_p = \frac{1000v}{L} = \frac{1000v}{l' + \frac{v}{3.6}t + \frac{v^2}{254(\varphi \pm i)} + l_0} \text{（pcu/h）} \tag{3.5}$$

式中　l'——车身长度（m），小客车为 5m，载重汽车为 12m，铰接车为 18m；

　　　t——驾驶员的反应时间（s），一般可取 1.2s；

　　　φ——汽车轮胎与路面间的纵向摩擦系数，见表 3.51；

　　　i——道路纵坡，汽车上坡时取"+"，下坡时取"-"；

　　　l_0——两车停下来以后，后车车头与前车车尾间的安全距离，可取 3～5m。

轮胎与路面间的纵向摩擦系数 φ 值　　　　表 3.51

路面状况	干燥、清洁	潮湿、泥泞	结冰
纵向摩擦系数 φ 值	0.5～0.7	0.3～0.4	0.1～0.2

若考虑前车的制动距离，设前车的制动距离为 $S_{制1}$，后车的制动距离为 $S_{制2}$，则最小纵向"安全车头间距" L 为：

$$L = l' + \frac{v}{3.6}t + S_{制2} + l_0 - S_{制1}$$

若前后车的制动性能相同，则 $S_{制2} = S_{制1}$，则有：

$$L = l' + \frac{v}{3.6}t + l_0$$

$$N_{\text{p}} = \frac{1000v}{L} = \frac{1000v}{l' + \frac{v}{3.6}t + l_0} \text{ (pcu/h)} \tag{3.6}$$

(2) 按"车头时距"计算

假设一条车道上的连续车流各车之间均以最小安全间距匀速行驶时,则相邻各车通过道路某一断面时的车头时距为 $t_i(s)$,则理论上一条车道的可能通行能力为:

$$N_{\text{p}} = \frac{3600}{t_i} \text{ (pcu/h)}$$

$$t_i = \frac{L}{v} = t + \frac{S_{\text{制}} + l_0 + l'}{v}$$

$$N_{\text{p}} = \frac{3600}{t_i} = \frac{3600}{t + \frac{S_{\text{制}} + l_0 + l'}{v}} \text{ (pcu/h)} \tag{3.7}$$

公式符号同前。

2) 一条机动车道的设计通行能力

若按可能通行能力进行道路设计,则将来可能道路上将始终处于繁忙紧张的交通状态,对于道路利用和管理是很不利的。对于不同级别和等级的道路,应当有不同的服务水平要求。因此考虑用道路分类系数对可能通行能力加以修正,得到一条机动车道的路段设计通行能力 N_{m},即:

$$N_{\text{m}} = \alpha_{\text{c}} N_{\text{p}} \text{ (pcu/h)} \tag{3.8}$$

式中 α_{c}——机动车道的道路分类系数,见表 3.52。

机动车道的道路分类系数 表 3.52

道路分类	快速路	主干路	次干路	支路
α_{c}	0.75	0.80	0.85	0.90

立交主线一条车道可能通行能力及设计通行能力如表 3.53 所示。

主线一条车道通行能力 表 3.53

设计速度 (km/h)	100	80	60	50	40	30	20
基本通行能力 (pcu/h)	2200	2100	1800	1700	1650	1600	1400
设计通行能力 (pcu/h)	2000	1750	1400	1350	1300	1300	1100

3) 路段设计通行能力

当同一方向道路断面上车道数不止一条时,不同位置车道上的车辆所受到的纵横向干扰是不一样的。一般来说,靠近道路中心线的车道所受的影响最小,而靠近道路边缘的车道所受的影响最大。采用车道序号系数 α 来修正,见表 3.54。

车道序号修正系数 表 3.54

车道序号	1	2	3	4	5
α_i	1.00	0.80~0.89	0.65~0.68	0.50~0.65	0.40~0.50

路段设计通行能力为：

$$N_m = \alpha_c N_p \sum_{i=1}^{n} \alpha_i \ (\text{pcu/h}) \tag{3.9}$$

3. 立交匝道通行能力

立交匝道设计的最大服务交通量应按下式计算：

$$MSV_i = C_B \times (V/C)_i \tag{3.10}$$

式中 MSV_i——一条车道第 i 级服务水平的最大服务交通量（pcu/h）；

C_B——基本通行能力（pcu/h），匝道一条车道基本通行能力值可按表 3.55 的规定选取；

$(V/C)_i$——第 i 级服务水平的最大服务交通量与基本通行能力的比值。

匝道一条车道基本通行能力值　　表 3.55

设计车速（km/h）	70	60	50	40	35	30	20~25
基本通行能力（pcu/h）	1780	1750	1730	1700	1680	1650 (1550~1450)	1550 (1400~1250)

单向车行道的设计通行能力应按下式计算：

$$C_D = MSV_i \times f_n \times f_w \times f_p \tag{3.11}$$

式中 C_D——单向车行道设计通行能力，即在具体条件下，采用第 i 级服务水平所能通行的最大服务交通量（pcu/h）；

f_n——单向车行道的车道数修正系数，可按表 3.56 的规定选取；

f_w——匝道车道宽度对通行能力的修正系数，可按表 3.57 的规定选取；

f_p——驾驶员条件对通行能力的修正系数，上下班交通或其他经常使用该道路者可取 1，其他非经常使用该道路者取 0.75~0.90。

单向车行道的车道数修正系数（f_n）　　表 3.56

车道数	1	2	3	4	5
修正系数	1	1.87	2.60	3.20	3.66

匝道车道宽度对通行能力的修正系数（f_w）　　表 3.57

车道宽度（m）	3.50	3.25	3.00	2.75
修正系数	1.00	0.94	0.84	0.77

4. 立交设计通行能力

立交设计通行能力应为组成该立交的主线直行车道、转向匝道设计通行能力的组合值，与服务水平采用级相关。不同形式的立交宜符合下列规定：

1) 苜蓿叶立交设计通行能力

（1）直行车道无附加车道情况：

$$N = (n_1 - 2)N_{S1} + (n_2 - 2)N_{S2} + 4N_R \tag{3.12}$$

式中 N——立交总的设计通行能力（pcu/h）；

N_{S1}、N_{S2}——立交两条相交道路各自一条直行道设计通行能力（pcu/h）；

n_1、n_2——立交两条相交道路各自进入立交的车道条数；

N_R——一条匝道设计通行能力（pcu/h）。

(2) 直行车道设有附加车道情况：

$$N = n_1 N_{S1} + n_2 N_{S2} \tag{3.13}$$

2) 环形立交设计通行能力

(1) 一方向直行车道穿越（或跨越）环道时（无附加车道）：

$$N = (m-2)N_{S1} + N_r \tag{3.14}$$

式中　m——穿越（或跨越）环道的直行车车道数；

N_{S1}——穿越（或跨越）环道的直行车道一条车道设计通行能力（pcu/h）；

N_r——环道设计通行能力（pcu/h）。

机非分行的环道设计通行能力取 2000~2700pcu/h，车道为 4 条，取上限值，车道为 3 条时，取下限值。

(2) 两方向直行车道分别上跨、下穿环道时（无附加车道）：

$$N = (n_1 - 2)N_{S1} + (n_2 - 2)N_{S2} + N_r \tag{3.15}$$

(3) 一方向直行车穿越（或跨越）环道时（有附加车道）：

$$N = n_1 N_{S1} + N_r \tag{3.16}$$

(4) 两方向直行车道分别上跨、下穿环道时（有附加车道）：

$$N = n_1 N_{S1} + n_2 N_{S2} \tag{3.17}$$

3) 喇叭形立交设计通行能力

(1) 无附加车道（A、B 面进入立交的直行车无附加车道）：

$$N = (n - m_1)N_S + m_1 N_R \tag{3.18}$$

式中　n——直行车道数；

m_1——C 面进口车道数；

N_S——一条直行车道设计通行能力（pcu/h）；

N_R——一条匝道设计通行能力（pcu/h）。

(2) 有附加车道（C 面进口车道数大于 A、B 面附加车道数）：

$$N = (n - m_1 - m_2)N_S + (m_1 - m_2)N_S \tag{3.19}$$

式中　m_2——附加车道数。

(3) 有附加车道（C 面进口车道数小于或等于 A、B 面附加车道数）：

$$N = n N_S \tag{3.20}$$

公路立交主线的通行能力参见《公路路线设计规范》JTG D20—2006 的要求，立交的通行能力由匝道、匝道出入口端部和交织区的通行能力确定。当立交匝道设置收费站时，其匝道通行能力由该收费站的通行能力所决定；不设收费站时，其匝道通行能力由匝道与被交公路连接处的平面交叉的通行能力所决定。而立交的交织区通行能力，应根据主线设计速度、车道数、交织类型、交织流量比和交织段长度等确定。

复 习 思 考 题

1. 综述立体交叉的主要组成和基本特征。
2. 简述苜蓿叶形互通式立交的特点和适用条件。

3. 简述喇叭形互通式立交的特点和适用条件。

4. 简述互通式立交方案评价方法和主要评价内容。

5. 叙述匝道纵面线形设计特点。

6. 简述出入口端部设计的特点。

7. 试画出符合下列条件的所有适合的立交方案（用地均不受限制）。

1) 两条转向流量均衡的快速路相交。

2) 两条高速公路相交，一、三象限左转流量较小，二、四象限左转流量较大。

3) 高速公路与二级公路相交，进、出高速公路需收费。

8. 图 3.69 所示为一 T 形路口，相交道路均为各向三车道。如 AC 为主的左转交通方向，且用地不受限制。试规划一喇叭形立体交叉。假定匝道采用二车道，试分析说明分、合流处的车道数。

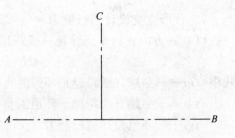

图 3.69　思考题 8

第4章
公路（道路）与铁路、乡村道路、管线交叉

教学要点

知识要点	掌握程度	相关知识
基本概念	（1）掌握公路（道路）与铁路交叉口设计； （2）了解公路（道路）与其他线路交叉设计	（1）公路、城市道路、铁路； （2）人行天桥、地道和管线
与铁路及管线交叉设计	（1）掌握公路（道路）与铁路道口设计； （2）掌握公路（道路）与乡村道路交叉设计； （3）掌握人行天桥及地道设计； （4）了解公路（道路）与管线交叉设计	（1）公路（道路）与铁路平交、立交设计要求； （2）人行天桥及地道布设要求； （3）管线的布设要求

技能要点

技能要点	掌握程度	应用方向
公路（道路）与铁路交叉设计	（1）掌握公路（道路）与铁路立交的特点和设计要求； （2）掌握公路（道路）与铁路道口设计要求	（1）公路（道路）与铁路立交桥设计； （2）道口的设计与要求
人行天桥与地道布设要求	（1）掌握人行天桥设计要求； （2）掌握人行地道设计要求	（1）人行天桥设计； （2）人行地道设计

 基本概念

公路（道路）与铁路、乡村道路、管线交叉；铁路、建筑界限、道口、立交桥、瞭望视距；乡村公路；城市人行天桥、人行地道；道路与杆线交叉、道路与管道交叉、道路与渠道交叉。

引例

铁路与道路平面交叉的道口，设置道口信号机、警示标志或安全防护设施。无人值守的铁路道口，常距道口处一定位置设置警示标志。早期铁路道口有人值守，现在除了车辆和行人流量大的铁路道口仍有人值守外，大多采用自动控制无人看守。为防止车辆及行人闯越，有的铁路道口会安装侦测器，在人车于栅栏放下后仍在铁路道口内时发出声响警告，并有紧急按钮以便车辆卡在铁路道口无法移开时按钮警告列车减速停车。此外还装有自动照相机或监视器。

4.1 道路与铁路交叉

道路与铁路交叉有平面交叉和立体交叉两类。平面交叉口通常被称为道口,道口是铁路与公路交通相互干扰和发生冲突的危险点,因而可能产生公路车辆和行人安全事故。当道口交通量很大,或铁路调车作业繁忙时,往往设置立体交叉。道口类型的确定与否,不但取决道路和铁路等级,也取决于道口所处位置和设置与否的经济效益。

1. 公路（道路）与铁路立体交叉

1）设置条件

公路规定：

（1）公路与铁路交叉时，新建项目应首选立体交叉。

（2）高速公路、一级公路与铁路交叉时，必须设置立体交叉。

（3）公路与铁路交叉，符合下列情况之一者设置立体交叉：

①Ⅰ级铁路与公路交叉时；

②铁路路段旅客列车设计行车速度大于或等于120km/h的地段与公路交叉时；

③铁路与二级公路交叉时；

④由于铁路调车作业对公路上行驶的车辆会造成较严重延误时；

⑤受地形等条件限制，采用平面交叉会危及公路行车安全时。

城市道路规定：

（1）城市快速路与铁路交叉、铁路路段旅客列车行车速度超过120km/h的铁路与各级城市道路交叉，必须设置立体交叉。

（2）行驶无轨电车或轨道交通的道路与铁路交叉，应设置立体交叉。

（3）当铁路道口的年平均日折算小客车交通量与铁路通过火车列数的乘积达到表4.1规定标准时，应设置立体交叉。

设置立体交叉的道口折算交通量（万辆次） 表4.1

道口侧向视距	铁路路段旅客列车设计行车速度(km/h)	120	100	≤80
良好		6.0	12.0	16.0
不良		3.0	6.0	8.0

（4）地形条件不利，采用平面交叉危及行车安全时，可设置立体交叉。

（5）道路与铁路交叉，机动车交通量不大但非机动车交通量和人流量较大时，可设置人行立体交叉或非机动车与行人合用的立体交叉。

2）位置选择

立交位置不宜在站场范围内，相交处的铁路和道路线形最好都是直线段。上跨桥（铁路桥或道路桥）和下穿线（道路或铁路）的线形及其引道设计，应分别符合铁路和公路、城市道路设计规范要求。相交路线均宜为正交，必须斜交时交叉角不小于70°，受地形条件或其他特殊情况限制时，应不小于60°。对城市道路，当需斜交时，交叉角应大于或等于45°。

3）平面线形要求

立体交叉范围平面线形及与桥头直线距离应分别符合道路与铁路路线设计的要求，并以直线为宜；高速公路、一级公路应满足停车视距要求，二、三、四级公路应满足会车视距；道路引道范围内不得另有平面交叉口。引道以外设平面交叉口时，应设有不小于50m长的平面交叉口缓坡段，其坡度不宜大于2%。

4）纵面线形要求

道路上跨时，其桥上和引道纵坡应符合道路有关规定。道路下穿时，纵坡不宜大于4%；当非机动车多时不宜大于3%；当机、非分离行驶时，二者可在不同标高上。道路下穿时，纵坡最低的位置不宜设在地道洞体内，宜设在洞外引道上。当采用泵站排水时，最低点位置宜与泵站位置设在洞体外的同一侧。

5）横断面要求

无论道路上跨或下穿，行车道宽度都不应缩减；人行道宽度可视人流量而定，但每侧不应小于1.5m（当汽车专用道路与铁路立体交叉时，可不设人行道）。立交桥引道或地道引道衔接部分应设置过渡段。

6）桥下净空要求

道路上跨时，跨线桥的孔径应根据地形、地质情况和桥下净空要求等确定。桥下净空高度应符合铁路1435mm标准轨距建筑界限有关规定。蒸汽及内燃牵引机车铁路净高为6.00m，电力牵引机车铁路净高6.55m。

当道路下穿时，铁路跨线桥桥下净空的宽度应包括该道路横断面的所有组成部分。净高应符合道路建筑限界的规定。高速公路、一级公路、二级公路净高为5.00m；三、四级公路行车道部分的净高为4.50m。城市道路通行各种汽车的道路净高4.50m，通行无轨电车的道路净高5.0m，通行有轨电车的道路净高5.50m。

7）排水要求

立体交叉范围内的排水设计，应满足铁路和公路的排水要求。城市道路立交桥下的地面排水，宜采用自流排除。当不能自流排除，可修改泵站排水。

8）安全防护要求

公路上跨铁路路段旅客列车设计行车速度140km/h路段时，跨线桥应设防撞护栏和防落网；铁路上跨高速公路、一级公路时，其跨线桥应设防落网。

2. 公路（道路）与铁路平面交叉

1）交叉口位置

公路（道路）与铁路的平面交叉口，一般称为道口。道口应选在通视条件良好的地点，不宜设置在站场、岔道咽喉处、桥头、隧道洞口、铁路曲线路段、繁忙的调车线范围内及道路与铁路通视条件不符合行车安全要求的路段上。

公路与铁路平面相交，以正交为宜。必须斜交时，其交叉角度应不小于70°；受地形条件或其他特殊情况限制时，应不小于60°。城市道路与铁路平面相交，宜为正交。斜交时，交叉角宜大于60°，特殊困难时，应大于45°。交叉角度过小，影响汽车驾驶员和行人对道口两侧火车的瞭望，不利于安全行车；过路的自行车车轮容易卡到铁轨中导致倾覆。同时斜交还增大道口的宽度，不利于道口管理。

2) 平面线形要求

公路（道路）与铁路相交处路线宜为直线。因为曲线段视线较差，易导致交通事故，疏导交通困难，不利于道口的交通管理。

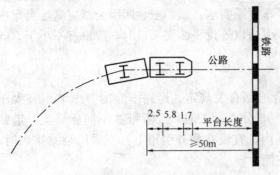

图 4.1 道口直线段最小长度

道口两侧的直线段长度，从最外侧钢轨算起，公路不应小于 50m，如图 4.1 所示。城市道路直线段从最外侧钢轨外缘算起应大于或等于 30m。道路平面交叉口的缘石转弯曲线切点距最外侧钢轨外缘不应小于 30m。

无栏木设施的铁路道口，停止线位置距最外侧钢轨外缘不应小于 5m。

3) 纵面线形要求

道口两侧公路水平路段长度（不包括竖曲线），从铁路最外侧钢轨外侧算起，不应小于 16m。紧按水平路段的公路纵坡，不应大于 3%；当受地形条件及其他特殊情况限制时，不得大于 5%。对于重车驶向道口一侧公路下坡段，紧邻道口水平路段的纵坡不应大于 3%。

城市道路要求，道口两侧设置平台，道口平台不应小于 16m，并应满足设计速度要求，平台纵坡应小于或等于 0.5%。紧邻道口平台两端道路纵坡不应大于表 4.2 规定。

紧邻道口平台两端的道路纵坡度（%）　　　　表 4.2

道路类型	机动车与非机动车混合车道	机动车道
一般值	2.5	3.0
限制值	3.5	5.0

道口处有两股或两股以上铁路线时，不宜有轨面高程差。困难条件下两线轨面高程差不应大于 10cm；线间距大于 5m 的并肩道口中，相邻两线轨面高程形成的道路纵坡不应大于 2%。

4) 瞭望视距

在无人看守道口及未设置自动信号的道口处，为保证安全，应使汽车驾驶员在距道口停车视距 50m 处，能看到两侧瞭望视距的火车，其视距三角形如图 4.2 所示。

公路道口应设置在汽车瞭望视距不小于表 4.3 规定值的地点。瞭望视距为汽车驾驶者在距道口不小于 50m 处，能看到两侧铁路上火车的范围。如汽车驾驶员瞭望视距小于表 4.3 的规定值，则道口必须设看守。

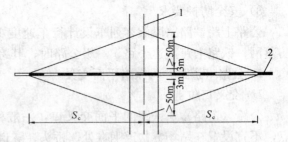

图 4.2 道口视距三角形
1—道路中心线；2—铁路

城市道路规定视距三角形内，严禁有任何妨碍机动车驾驶员视线的障碍物，机动车驾驶员要求的最小瞭望视距（S_c）应符合表 4.4 的规定。

公路汽车瞭望视距　　　　　　　　　　　表4.3

路段旅客列车设计行车速度（km/h）	140	120	100	80
汽车瞭望视距（m）	470	400	340	270

城市道路道口最小瞭望视距　　　　　　　表4.4

铁路类型	铁路设计最高行车速度（km/h）	机动车驾驶员最小瞭望视距 S_c（m）
国有铁路	140	470
	120	400
	100	340
	80	270
工业企业铁路	70	240
	55	190
	40	140

注：表中机动车驾驶员最小瞭望视距系按道路停车视距50m计算的，道路停车视距大于50m时，应另行计算。

5）道口宽度和路面铺装

公路规定：

道口应设置坚固、平整、稳定且易于翻修的铺砌层，其长度应延伸至钢轨以外2.0m。道口两侧公路在距铁路钢轨外侧20m范围内，宜铺筑中级以上路面。铺筑宽度和公路引道宽度均不应小于相交公路的路基宽度。

城市道路规定：

道口铺面沿道路方向的铺砌长度应延伸至最外侧钢轨外0.5～2.0m。道口铺面宽度不应小于相交道路车行道和人行道宽度之和。困难条件下，人行道部分铺面宽度可按高峰小时人流量确定。

道路铺面应选用钢筋混凝土预制板或料石等坚固耐用、平整、稳定且易于翻修的材料。道口范围的道路路面设计标准应与交叉口道路路段标准相同。

6）交通设施

道口两侧的道路上应按道路交通管理有关规定设置交通标志、标线、防护设施和信号设备等。

7）排水要求

道口应有完整通畅的排水设施，并应使铁路、道路排水设施相配合，综合形成良好的排水系统。

4.2 道路与乡村道路交叉

乡村道路泛指位于村镇之间供机动车、非机动车及行人通行的非等级道路。乡村道路分为机动车通行道路和非机动车与行人通行道路等两类。

1. 设置条件

（1）高速公路、一级公路与乡村道路交叉时必须设置立体交叉，即天桥或通道；

（2）二级公路与乡村道路平面交叉应作渠化设计。地形条件有利或道路交通量大时，可设立体交叉；

(3) 二级及其以上公路位于城镇或人口稠密的村落或学校附近，宜设置供行人通行的人行道或人行天桥。

2. 设计要点

公路与乡村道路相交，符合下列情况者应对乡村道路进行改线。改线段平、纵技术指标不应低于四级公路的最小值。

(1) 交叉的锐角小于60°时。
(2) 按规划或交叉总体设计对交叉予以合并或调整交叉位置。
(3) 交叉处的地形、地质、视距或原乡村道路平面线形不适宜设置交叉。
(4) 改造原平面交叉其工程量增加较大时。

3. 通道设计要求

(1) 通道的间隔以400m左右为宜。农业机械化程度高的地区间隔宜适当加大。通道的交叉角以垂直为宜。必须斜交时，其交叉的锐角应不小于70°；受地形条件或其他特殊情况限制时，应不小于60°。

(2) 通道处的乡村道路平面线形宜为直线。其两侧的直线长度应不小于20m。

(3) 通道处的乡村道路纵面线形应为直坡，宜不大于3%，构造物不得设于凹形竖曲线底部。

(4) 通道应采用自流排水方式做好排水设计。

通道的净空：

净高：通行拖拉机、畜力车时	≥2.70m
通行农用汽车时	≥3.20m
净宽：按交通量和通行农业机械类型选用	≥4.00m
通道过长或敷设排水渠时	视情况增宽

4. 天桥设计要求

(1) 公路路堑段或地形条件有利时可设置天桥，以正交为宜，桥面宽应不小于4.5m。
(2) 天桥车道荷载等级应采用公路－Ⅱ级。
(3) 跨越高速公路、一级公路的天桥，应设防落网。
(4) 天桥桥面雨水不得直接排至公路路面。
(5) 天桥的技术指标可参照四级公路相关标准执行。

5. 人行通道设计要求

(1) 人行通道的净空：

净高	≥2.20m
净宽	≥4.00m

(2) 下穿高速公路、一级公路的人行通道应利用中间带采光井。
(3) 人行通道除设梯道外，应视情况设置坡道，其坡度不应陡于1∶7。
(4) 人行通道必须做好排水设计，不得因积水影响通行。

6. 人行天桥设计要求

(1) 人行天桥的净宽　≥3.00m
(2) 人群荷载　　　　3kN/m²

行人密集地区　　　　3.5 kN/m²

（3）人行天桥除设梯道外，有条件时应设置坡道，其坡度不应陡于1∶4。

7. 平面交叉设计要求

（1）平面交叉以正交为宜，当斜交时，其交角应不小于70°；受地形条件限制时，应不小于60°。

（2）交叉处公路两侧的乡村道路直线长度应不小于20m。

（3）交叉处公路两侧的乡村道路设置不小于10m的水平段。紧接水平段的纵坡不应大于3%，困难地段不应大于6%。

（4）交叉处应使驾驶员在距交叉20m处，能看到两侧二、三级公路相应停车视距并不小于50m范围内的汽车，视线范围内不得有障碍物。

（5）通行履带耕作机械时，交叉处公路路面、路肩应进行加固，公路两侧乡村道路应各设置10m的加固段。

4.3　城市人行立交

在行人流量密集的平交口和较宽的干道路段设置人行天桥或地道供行人横过，可以有效解决平交口和部分干道交通拥挤，方便行人和保证交通安全的措施。

1. 人行立交设置原则

天桥与地道设计应结合城市道路网规划，适应交通的需要，并应考虑由此引起附近范围内人行交通所发生的变化，且对此种变化后的步行交通进行全面规划设计。

（1）进入交叉口总人流量达到18000P/h，或交叉口的一个进口横过马路的人流量超过5000 P/h，且同时在交叉口一个进口或路段上双向当量小汽车交通量超过1200pcu/h。

（2）进入环形交叉口总人流量达18000P/h时，且同时进入环形交叉口的当量小汽车交通量达2000pcu/h。

（3）当行人横过市区封闭式道路或快速干道或机动车道宽度大于25m时，每隔300～400m应设一座。

（4）铁路与城市道路相交道口因列车通过一次阻塞人流超过1000人次或道口关闭时间超过15min时。

（5）路段上双向当量小汽车交通量达1200pcu/h，或过街行人超过5000 P/h。

（6）有特殊需要可设专用过街设施。

（7）复杂交叉路口机动车行车方向复杂对行人有明显危险处。

2. 人行立交方式选择

人行立交有天桥和地道两种方式。

（1）天桥的优缺点有：①天桥受现有地下管线限制少，对未来规划的地下管线发展限制少；②施工快、工期短，对现场交通影响少；③天桥要求净高大（一般城市道路通过有轨电车时净高≥5.50m；通过无轨电车时净高≥5.00m，通过机动车时应≥4.50m，跨铁路桥桥下净高符合《标准轨距铁路建筑限界》要求），行人爬升高差大，比较费力；④立面造型要求美观，并与环境相协调；⑤寒冷和雨天利用天桥过街不便。

（2）地道的优缺点有：①地道修建受地下管线干扰大；②施工较为复杂、造价高、时间长；影响现有交通；③需要考虑照明和排水设施；④行人行走比天桥方便，雨天和寒冷季节利用率高；⑤治安和卫生管理上有点麻烦。

3. 设计通行能力

天桥与地道设计通行能力符合表 4.5 规定。

天桥、地道设计通行能力　　　　　　　　　　　　　　　表 4.5

类别	天桥、地道 [P/(h·m)]	车站、码头前的天桥、地道 [P/(h·m)]
设计通行能力	2400	1850

注：P/(h·m)为人/(小时·米)，以下同。

天桥与地道设计通行能力的折减系数应符合下列规定：

（1）全市性的车站、码头、商场、剧院、影院、体育馆场、公园、展览馆及市中心区行人集中的天桥（地道）计算设计通行能力的折减系数为 0.75。

（2）大商场、商店、公共文化中心及市区中心等行人较多的天桥（地道）计算设计通行能力的折减系数为 0.80。

（3）区域性文化中心地带行人多的天桥（地道）计算设计通行能力折减系数为 0.85。

4. 人行天桥设计

1）基本要求

（1）平面布置要尽可能适应人流流向，使行人利用方便，不造成交通拥挤；

（2）天桥的建筑艺术应与周围建筑景观协调，主体结构的造型要简洁明快通透，除特殊需要处不宜过多装修；

（3）结构要简单，宜采用预制装配结构，便于快速施工。

（4）天桥与地道可与商场、文体场馆、地铁车站等大型人流集散点直接连通以发挥疏导人流的功能。

2）平面布置形式

（1）一字直线形（图 4.3）：常用于跨越铁路路线或市区商业繁华地段。上下梯道平行于人行道方向并靠近人行道外侧，便于行人上下使用。

（2）口字形（图 4.4）：适用十字路口，行人需绕直角才能到达对角方向，上下梯道

图 4.3　一字直线形天桥

图 4.4　口字形天桥

设于路口四角人行道。图示上海西藏路—海宁路人行立交桥。

（3）环形（图4.5）：适用于多岔交叉口，由于曲线形，造型流畅优美。图示上海原西藏路—南京路人行立交桥。

（4）十字形（图4.6）：用于十字路口，对角交通方便。图示广州文德路—文明路人行立交桥。

（5）X形：适用于十字形。

（6）Y字形（图4.7）：适用于T形路口，便于三个方向行人过街。图示为原上海武宁路东新路天桥平面布置。

其他形式天桥如图4.8所示，为广州大道人行立交桥。

图4.5　环形天桥

图4.6　十字形天桥

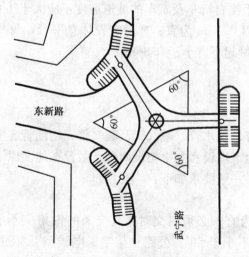

图4.7　Y字形天桥

图4.8　其他形式天桥

3）常用设计尺寸

桥面净宽：应根据设计年限高峰小时人流量及设计通行能力计算，一般不小于3m。天桥每端梯道或坡道的净宽之和应大于桥面地道的净宽1.20倍以上。

桥上栏杆高度不应小于1.05m。

梯道：宽度应大于桥面净宽；梯道坡度不得大于 1：2，梯道宜设休息平台，每梯段踏步不宜超过 18 级；梯道踏步最小步宽以 0.30m 为宜，最大步高以 0.15m 为宜。

坡道：为方便自行车、儿童、轮椅车的推行。坡度宽 40cm，坡度<1：4。

4) 桥梁结构

上部结构常用悬臂简支梁、简支梁、空间刚架、钢或钢筋混凝土梁。钢结构多用于城市人行桥，钢筋混凝土结构常用于公路人行桥。

下部结构常用 Y 形墩、方形钢立柱、刚架斜腿、钢筋混凝土墩等。

5. 人行地道设计

1) 基本要求

(1) 平面布置应适应人流和自行车流流向要求；
(2) 地道内要有良好的照明与通风设施；
(3) 出入口要设置雨篷和反坡，防止雨水进入地道内；
(4) 地道设计标准按《城市人行天桥与人行地道技术规范》CJJ 69—1995 设计。

2) 平面布置形式

(1) 口字形：环绕十字路口四周相应于人行横道线处布置；
(2) 一字形：用于跨越较宽街道及铁路，垂直于道路布置；
(3) 商场形式：在路口地下空间，与地下商场结合。

3) 常用设计尺寸

地道宽度按设计通行能力计算，最小 3.75m。地道每端梯道或坡道的净宽之和应大于桥面地道的净宽 1.20 倍以上。

地道净高一般不小于 2.5m，兼作自行车通道时应为 3m。

地道进出口：梯道坡度不应大于 1：2，手推自行车及童车的坡道坡度不应大于 1：4，梯道踏步最小步宽以 0.30m 为宜，最大步高以 0.15m 为宜；梯道宜设休息平台，每梯段踏步不宜超过 18 级；扶手高度自踏步前缘线量起不宜小于 0.80m。

4.4 道路与管线交叉

与道路相交的管线主要有给水管、污水管、雨水管、燃气管、暖气管、输油管、电力线、电信线等。根据管线的布设方式，可有地下埋设和空中架设两种。敷设在地面以下的称为地下管线，架设在地面的称为地上杆线。一般要求如下：

1. 道路与架空送电线路交叉

公路与架空送电线路相交，以垂直交叉为宜。必须斜交时，其交叉的锐角应不小于 70°；受地形条件或其他特殊情况限制时，应不小于 60°。公路从架空送电线路下穿过时，应从导线最大弧垂与杆塔间通过，并使送电线路导线与公路交叉处的距路面的垂直距离不小于表 4.6 规定值。

架空送电线路导线距路面的最小垂直距离　　　　　　　　　　表 4.6

架空送电线路标称电压（kV）	35～110	154～220	330	500
距路面最小垂直距离（m）	7.0	8.0	9.0	14.0

2. 道路与地下管线交叉

（1）公路与原油、天然气输送管道相交，以垂直交叉为宜。必须斜交时，其交叉的锐角宜不小于 60°；受地形条件或其他特殊情况限制时应不小于 45°。

（2）原油、天然气输送管道与高速公路、一级公路相交，应采用穿越方式，埋置地下专用通道。原油、天然气输送管道穿越二级、三级、四级公路时，应埋置保护套管。

（3）严禁天然气输送管道利用公路桥梁跨越河流。原油、天然气输送管道穿（跨）越河流时，管道距大桥的距离，不应小于 100m；距中桥不应小于 50m。严禁原油、天然气输送管道通过公路隧道。

（4）各种管线跨越公路的设施，不得侵入公路建筑限界，不得妨碍公路交通安全、损害公路设施，也不得对公路及其设施形成潜在威胁。

3. 道路与渠道交叉

无论地上渡槽或渠道，与道路都宜垂直交叉，必须斜交时大于 45°。

上跨道路的渡槽底面距路面高度大于 5.0m，渡槽墩台应与车行道部分保持足够的安全间距。

下穿的渠道按公路涵洞要求进行设计。

复习思考题

1. 公路与铁路交叉处，设置立交的条件？
2. 公路与铁路平面交叉处，道路的平纵线形有何要求？
3. 简述人行天桥与地道各自优缺点。
4. 城市人行天桥设计时，为何要求与周围建筑环境相协调？

第5章
附属设施设计

教学要点

知识要点	掌握程度	相关知识
基本概念	(1) 掌握交通安全设施作用及特点； (2) 掌握道路照明方式及设计要求； (3) 了解收费方式及收费岛设计要求	(1) 护栏、标志标线、轮廓标； (2) 平均亮度（照度）、眩光限制； (3) 排水设施、收费岛、景观设计
附属设施设计	(1) 掌握交通安全设施设计； (2) 掌握道路照明设计； (3) 了解道路及立交排水设施设计； (4) 了解收费岛及收费广场设计	(1) 护栏、标志、标线、隔离栅、防眩板和轮廓标等； (2) 常规照明和高杆照明设计； (3) 收费岛、收费广场、车道数计算

技能要点

技能要点	掌握程度	应用方向
交通安全设施设计	(1) 掌握各种交通安全设施的使用和范围； (2) 掌握交通安全设施的设计要求	(1) 护栏碰撞研究； (2) 标志、标线运用
照明设施设计	掌握交叉口照明设施设计	照明设施设计研究
收费岛及广场设计	(1) 掌握收费岛及广场的线形与布置设计； (2) 了解收费岛及广场设计	(1) 收费车道数确定研究； (2) 收费岛及广场尺寸确定与研究

基本概念

附属设施设计：混凝土护栏、波形护栏、缆索护栏、标志标线、隔离栅、防眩板和轮廓标；常规照明、高杆照明、亮度（照度）、眩光限制；排水设施；收费岛、车道数确定、排队论、收费广场；景观设计、坡面修饰、绿化栽植。

引例

波形梁护栏是一种以波纹状钢护栏板相互拼接并由主柱支撑的连续结构。当车辆对其碰撞时，它利用土基、立柱、横梁的变形来吸收碰撞能量，并迫使失控车辆改变方向，回复到正常的行驶方向，防止车辆冲出路外，以保护车辆和乘客，减少事故造成的损失，对车辆和司乘人员起到很好的保护作用。具有较好的视线诱导功能，能与道路线形相协调，外形美观，可在小

半径弯道上使用，损坏处容易更换。因此波形梁护栏在公路交通建设上得到广泛的使用。

5.1 交通安全设施设计

交通安全设施设计内容包括护栏、交通标志、交通标线、隔离栅、桥梁护网、防眩设施、轮廓标和活动护栏等。交通安全设施应结合路网条件、交通条件和环境条件进行总体设计，其设施设计的好坏往往影响到车辆通行和行人出行的安全、舒适。

5.1.1 护栏设计

护栏是一种纵向吸能结构，通过自体变形或车辆爬高来吸收碰撞能量，从而改变车辆行驶方向、阻止车辆越出路外或进入对向车道、最大限度地减少对乘员的伤害。按其在公路中的纵向设置位置，可分为路基护栏、桥梁护栏；按其在公路中的横向设置位置，可分为路侧护栏和中央分隔带护栏；根据碰撞后的变形程度，可分为刚性护栏、半刚性护栏和柔性护栏。

路基护栏：设置于路基上的护栏。

桥梁护栏：设置于桥梁上的护栏。

路侧护栏：设置于公路路侧建筑界限以外的护栏，以防止失控车辆越过路外或碰撞路侧构造物和其他设施。

中央分隔带护栏：设置于公路中央分隔带内的护栏，以防止失控车辆穿越中央分隔带闯入对向车道，并保护中央分隔带内的构造物。

刚性护栏：一种基本不变形的护栏结构。混凝土护栏是其代表形式，由一定形状的混凝土块相互连接而组成墙式结构，通过失控车辆碰撞后爬高并转向来吸收碰撞能量。

半刚性护栏：一种连续的梁柱式护栏结构，具有一定的强度和刚度。波形护栏是其主要代表形式，由相互拼接的波纹状钢板和立柱构成连续梁柱结构，利用土基、立柱、波纹状钢板的变形来吸收碰撞能量，并迫使失控车辆改变方向。

柔性护栏：一种具有较大缓冲能力的韧性护栏结构。缆索护栏是其代表形式，由数根施加初拉力的缆索固定于端柱上而组成钢缆结构，主要依靠缆索的拉应力来抵抗车辆的碰撞荷载、吸收碰撞能量。

1. 护栏的作用

（1）防止失去控制的车辆驶出路外，使车辆能恢复正常行驶方向，以保护车上旅客、路边设施，以及防止同对向车相撞。

（2）对人行道与车行道实行分离，以保护人行道行人安全，并阻止行人任意横穿道路。

（3）预防桥上行人或自行车跌落桥下。

（4）对驾驶员起视线诱导作用。

2. 护栏防撞性能

公路护栏按防撞等级可分为：路侧 B、A、SB、SA、SS 五级；中央分隔带 Am、SBm、SAm 三级。各等级护栏的碰撞条件和性能应满足表 5.1 的规定。需要采用的护栏碰撞能量低于 70kJ 或高于 520kJ 时，应进行特殊设计。

护栏防撞性能　　　　　　　　　　　　　　表 5.1

防撞等级	碰撞条件			碰撞加速度* (m/s²)	碰撞能量 (kJ)
	碰撞速度(km/h)	车辆质量(t)	碰撞角度(°)		
B	100	1.5	20	≤200	
	40	10	20		70
A、Am	100	1.5	20	≤200	
	60	10	20		160
SB、SBm	100	1.5	20	≤200	
	80	10	20		280
SA、SAm	100	1.5	20	≤200	
	80	14	20		400
SS	100	1.5	20	≤200	
	80	18	20		520

* 指碰撞过程中，车辆重心处所受冲击加速度 10ms 间隔平均值的最大值，为车体纵向、横向和铅直加速度的合成值。

3. 路基护栏

路侧护栏应位于公路土路肩内，中央分隔带护栏宜以公路中心线为轴对称设置。护栏的任何部分不得侵入公路建筑限界以内。适用条件见表 5.2。

路基护栏防撞等级的适用条件　　　　　　　　表 5.2

公路等级	设计速度 (km/h)	车辆驶出路外或进入对向车道有可能造成的交通事故等级		
		一般事故或重大事故	单车特大事故或二次重大事故	二次特大事故
高速公路	120	A、Am	SB、SBm	SS
	100、80			SA、SAm
一级公路	60		A、Am	SB、SBm
二级公路	80、60	B	A	SB
三级公路	40、30		B	A
四级公路	20			

路基护栏可分为混凝土护栏、波形护栏、缆索护栏。常见路侧波形护栏按防撞等级可分为 B、A、SB、SA、SS 五级，其一般构造详见《公路交通安全设施设计细则》JTGT D81—2006 附录 C。常用的中央分隔带波形梁护栏接防撞等级可分为 Am、SBm、SAm 三种，其一般构造详见同上规范。

路侧波形梁护栏的构造如下：

（1）B 级路侧波形梁护栏由二波波形梁板（310mm×85mm×3mm）、立柱（ϕ114mm×4.5mm）和托架（300mm×70mm×4.5mm）等组成，如图 5.1 所示。

（2）A 级路侧波形梁护栏由二波波形梁板（310mm×85mm×4mm）、立柱（ϕ140mm×4.5mm）和防阻块（196mm×178mm×200mm×4.5mm）等组成，如图 5.2 所示。

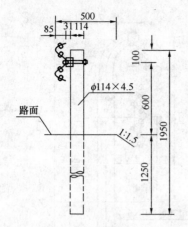

图 5.1 路侧 B 级波形梁护栏构造
（尺寸单位：mm）

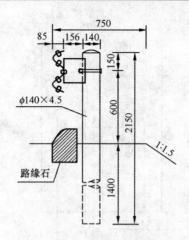

图 5.2 路侧 A 级波形梁护栏构造
（尺寸单位：mm）

(3) SB 级路侧波形梁护栏由三波波形梁板（506mm×85mm×4mm）、立柱（ϕ130mm×130mm×6mm）和防阻块（300mm×200mm×290mm×4.5mm）等组成，如图 5.3 所示。

(4) SA 级路侧波形梁护栏由三波波形梁板（506mm×85mm×4mm）、横梁（ϕ89mm×5.5mm）、立柱（ϕ130mm×130mm×6mm 和 ϕ102mm×4.5mm）和防阻块（300mm×200mm×290mm×4.5mm）等组成，如图 5.4 所示。

(5) SS 级路侧波形梁护栏由三波波形梁板（506mm×85mm×4mm）、横梁（ϕ89mm×5.5mm）、立柱（ϕ130mm×130mm×6mm 和 ϕ102mm×4.5mm）和防阻块（300mm×200mm×290mm×4.5mm）等组成，如图 5.5 所示。

中央分隔带波形梁护栏的构造如下：

(1) Am 级中央分隔带分设型波形梁护栏由二波波形梁板（310mm×85mm×4mm）、立柱（ϕ140mm×4.5mm）和防阻块（196mm×178mm×200mm×4.5mm）等组成，如图 5.6 所示。

(2) Am 级中央分隔带组合型波形梁护栏由二波波形梁板［2（310mm×85mm×4mm）］、立柱（ϕ140mm×4.5mm）和横隔梁（480mm×200mm×50mm×4.5mm）等组成，如图 5.7 所示。

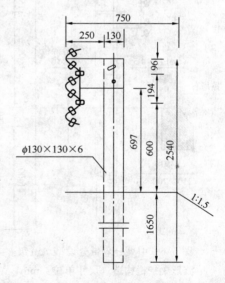

图 5.3 路侧 SB 级波形梁护栏构造
（尺寸单位：mm）

(3) SBm 级中央分隔带波形梁护栏由三波波形梁板（506mm×85mm×4mm）、立柱（ϕ130mm×130mm×6mm）和防阻块（300mm×200mm×290mm×4.5mm）等组成，如图 5.8 所示。

(4) SAm 级中央分隔带波形梁护栏由三波波形梁板（506mm×85mm×4mm）、横梁（ϕ89mm×5.5mm）、立柱（ϕ130mm×130mm×6mm 和 ϕ102mm×4.5mm）和防阻块（300mm×200mm×290mm×4.5mm）等组成，如图 5.9 所示。

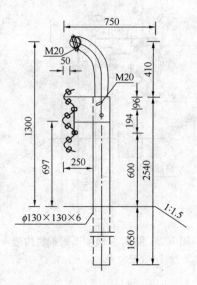
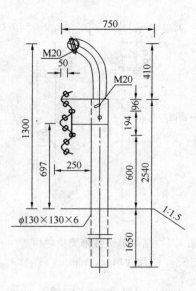

图 5.4 路侧 SA 级波形梁护栏构造（尺寸单位：mm）

图 5.5 路侧 SS 级波形梁护栏构造（尺寸单位：mm）

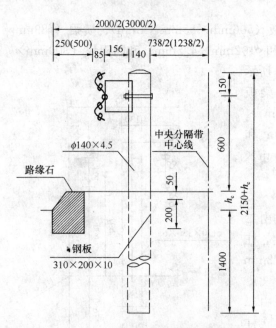
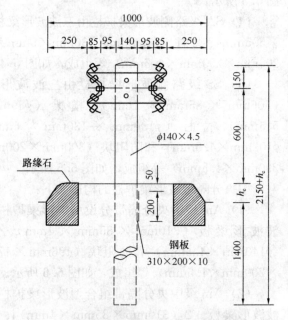

图 5.6 中央分隔带分设型 Am 级波形梁护栏构造（尺寸单位：mm）

注：h_c 为路缘石高度

图 5.7 中央分隔带组合型 Am 级波形梁护栏构造（尺寸单位：mm）

注：h_c 为路缘石高度

4. 桥梁护栏

桥梁护栏分为钢筋混凝土墙式、梁柱式刚性护栏、金属梁柱式半刚性护栏和组合护栏。

根据车辆驶入桥外或进入对向车行道有可能造成的交通事故等级，按表 5.3 的规定选取桥梁护栏的防撞等级。

5.1 交通安全设计

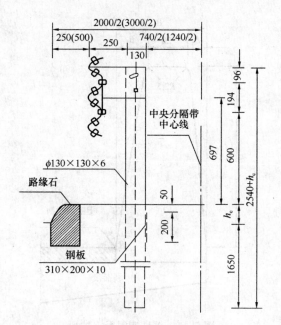

图 5.8 中央分隔带 SBm 级波形梁护栏构造（尺寸单位：mm）
注：h_c 为路缘石高度

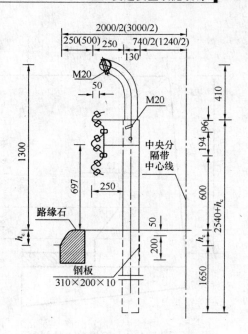

图 5.9 中央分隔带 SAm 级波形梁护栏构造（尺寸单位：mm）
注：h_c 为路缘石高度

桥梁护栏防撞等级适用条件　　　　　表 5.3

公路等级	设计速度（km/h）	车辆驶出桥外有可能造成的交通事故等级	
		重大事故或特大事故	二次重大事故或特大事故
高速公路	120	SB、SBm	SS
	100、80		SA、SAm
一级公路	60	A、Am	SB、SBm
二级公路	80、60	A	SB
三级公路	40、30	B	A
四级公路	20		

注：二级以上等级公路小桥、通道、明涵的护栏防撞等级宜与相邻的路基护栏相同。

常用路侧桥梁护栏按防撞等级可分 B、A、SB、SA、SS 五级，常用中央分隔带波形梁护栏接防撞等级可分为 Am、SBm、SAm 三种。钢筋混凝土墙式护栏按构造可分为 F 型、单坡型、加强型三种。构造要求见图 5.10～图 5.12 及表 5.4～表 5.6。

F 型混凝土护栏构造要求（单位：cm）　　　　　表 5.4

防撞等级	H	H_1	B	B_1	B_2
A、Am	81	55.5	46.4	8.1	5.8
SB、SBm	90	64.5	48.3	9	6.8
SA、SAm	100	74.5	50.3	10	7.8

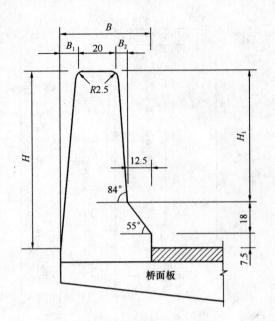

图 5.10　F型混凝土护栏
（尺寸单位：cm）

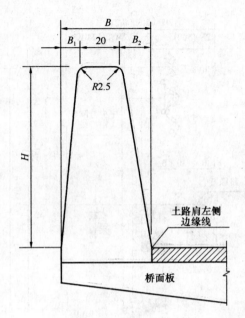

图 5.11　单坡型混凝土护栏
（尺寸单位：cm）

单坡型混凝土护栏构造要求（单位：cm）　表 5.5

防撞等级	H	B	B_1	B_2
A	81	42.1	8.1	14.0
SB	90	44.5	9	15.5
SA	100	47.2	10	17.2

加强型混凝土护栏构造要求（单位：cm）　表 5.6

防撞等级	H	H_1	B	B_1	B_2
SA	100	54.5	43.2	5	5.7
SB	100	64.5	44.8	5.5	6.8

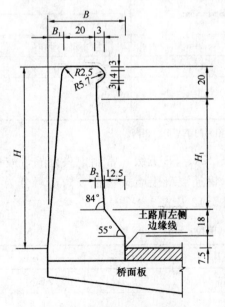

图 5.12　加强型混凝土护栏
（尺寸单位：cm）

5. 分隔带端头及出入口三角端护栏

分隔带端头护栏又叫分设型护栏，其线形应与分隔带一致。在一定长度（如 16m）范围内，波形梁护栏从两条平行线逐渐按一定比例呈抛物线形缩窄，端头半径 R 为 25cm，布置形式如图 5.13 所示。立交出、入口三角形地带的线形和地形布设，其设置的最短长度为靠主线侧的 8m 范围内和靠匝道一侧的 8m 范围内应用加强型护栏，其结构如图 5.14 所示。

6. 活动护栏

活动护栏是设于中央分隔带、有效阻止非紧

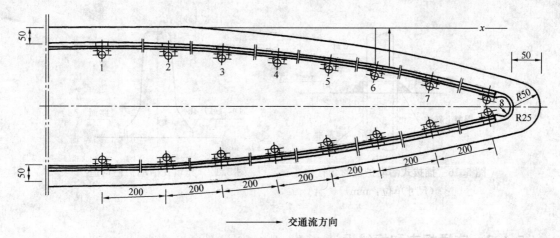

图5.13 中央分隔带护栏（尺寸单位：cm）

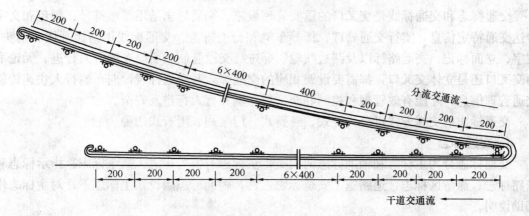

图5.14 三角鼻端护栏（尺寸单位：cm）

急车辆在中央分隔带开口处的通行。当有紧急车辆从立交进来进行援助时，打开活动护栏保证紧急车辆通行。

活动护栏有插拔式和充填式两种。

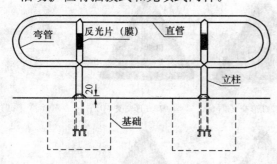

图5.15 插拔式活动护栏构造（尺寸单位：mm）

（1）插拔式活动护栏的结构如图5.15所示。插拔式活动护栏由护栏片、反射体、预埋基础等组成，其中护栏片由直管、弯管、立柱等钢管构件焊接而成。插拔式活动护栏的每片长度应在2~2.5m。基础可采用预埋套或抽换式立柱基础，基础混凝土的强度等级不得低于C20。插拔式活动护栏的基础套管顶面高程应高出路面20mm左右，在套管周边可设置混凝土斜坡，如图5.16所示。

（2）充填式活动护栏由多块护栏预制块连接而成。护栏预制块可采用塑料或玻璃钢制作，断面形式可采用F型或单坡型混凝土护栏，预制块中空，可以充填水或细砂，如图5.17所示。充填式活动护栏预制块的每块长度不应小于2m，在两端应设置便于护栏块连接的企口。

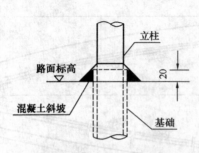 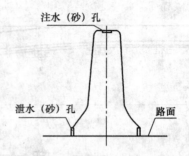

图 5.16　插拔式活动护栏的套管构造　　图 5.17　充填式活动护栏构造
（尺寸单位：mm）

5.1.2　交通标志和标线设计

交通标志和交通标线是交叉口的重要管理设施。交通标志是用图形符号、颜色和文字传达交通特定信息，实行交通管理、指导车辆和行人行进。交通标线用路面画线和箭头、文字、立面标记、突起路标以及路边线轮廓标进行交通管制和引导车辆行人行进。无论平面交叉口还是立体交叉口，都需要设置相应的交通标志和交通标线，向车辆行人快速传递交通管理信息，才能有效管理和控制好交叉口车辆和行人行进及安全。

交通标志的支撑方式可分为柱式、悬臂式、门架式、附着式四种。

1. 交通标志

交通标志分为主标志和辅助标志两大类，主标志有警告标志、禁令标志、指示标志和指路标志、旅游区标志、道路施工安全标志六种，辅助标志附设在主标志下，对主标志作辅助说明。

1) 交叉路口的警告标志

（1）交叉路口标志：用以警告车辆驾驶人谨慎慢行，注意横向来车相交。设在视线不良的平面交叉路口驶入路段的适当位置。如图 5.18 所示。

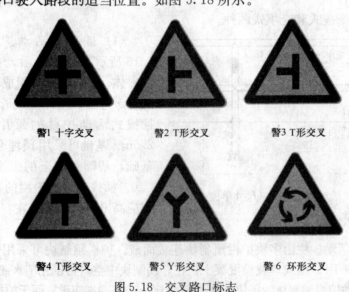

图 5.18　交叉路口标志

(2) 注意信号灯标志：用以促使车辆驾驶人注意前方路面设有信号灯。设在驾驶员不易发现前方为信号灯控制路口，或由高速公路驶入一般道路的第一个信号灯控制路口以前适当位置。如图 5.19 所示。

(3) 铁路道口标志：用以警告车辆驾驶人注意慢行或及时停车。警 33 为有人看守铁路道口标志，设在车辆驾驶人不易发现的道口以前适当位置；警 34 为无人看守铁路道口标志，设在无人看守铁路道口以前适当位置。如图 5.20 所示。

警 21 注意信号灯

图 5.19 注意信号灯标志

警 33 有人看守铁路道口　警 34 无人看守铁路道口

图 5.20 铁路道口标志

警告标志大小与道路计算行车速度的关系按表 5.7 选取，警告标志到危险地点的距离按表 5.8 选取。

2) 交叉路口的禁令标志

(1) 禁止驶入标志：表示禁止车辆驶入，设在禁止驶入的路口或单行路的出口（图 5.21）。

(2) 禁止某种车辆驶入标志：表示禁止图案上显示的那种车型驶入，设在交叉口入口处（图 5.21）。

(3) 禁止向某一方向转弯的标志：表示前方路口禁止向某一方向转弯行驶，设在路口以前适当地点（图 5.21）。

图 5.21 禁令标志

警告标志尺寸与计算行车速度的关系　　　　　　表 5.7

计算行车速度（km/h）	100～120	71～99	40～70	<40
三角形边长 A（cm）	130	110	90	70
黑边宽度 B（cm）	9	8	6.5	5
黑边圆角半径 R（cm）	6	5	4	3
衬底边宽度 C（cm）	1.0	0.8	0.6	0.4

警告标志到危险点距离　　　　　　表 5.8

计算行车速度（km/h）	100～120	71～99	40～70	<40
距离（m）	200～250	100～200	50～100	20～50

（4）禁止掉头标志：设在禁止掉头的路口以前适当位置（图 5.21）。

（5）停车让行标志：表示车辆到此路口必须先停在路口停止线以外，驾驶员停车瞭望确认安全可行才允许进入。此标志在以下情况设置：与交通量较大的干道平交的支路路口（无信号灯控制）、无人看守的铁路道口（图 5.21）。

（6）减速让行标志：表示车辆到此路口必须减速让行，随时注意相交道路上直行车和左转弯车辆，此标志设在无信号控制的与交通量不大的干路交叉的支路路口一侧（图 5.21）。

禁令标志尺寸与计算行车速度的关系按表 5.9 选取。

禁令标志尺寸与计算行车速度的关系　　　　　　表 5.9

	计算行车速度（km/h）	100～120	71～99	40～70	<40
圆形标志	标志外径 D（cm）	120	100	80	60
	红边宽度 a（cm）	12	10	8	6
	红杠宽度 b（cm）	9	7.5	6	4.5
	衬边宽度 c（cm）	1.0	0.8	0.6	0.4
三角形标志	三角形边长 a（cm）	—	—	90	70
	红杠宽度 b（cm）	—	—	9	7
	衬边宽度 c（cm）	—	—	0.6	0.4
八角形标志	标志外径 D（cm）	—	—	80	60
	白边宽度 b（cm）	—	—	3.0	2.0
	衬边宽度 c（cm）	—	—	0.6	0.4

3）交叉路口的指示标志

（1）直行标志：表示只准一切车辆直行，设在必须直行的路口以前的适当位置（图 5.22）。

（2）向某一方向或某二方向转弯标志：表示车辆到此路口只许向某一方向或某二方向

转弯行驶，设在该路口以前适当位置（图5.22）。

图5.22 指示标志

（3）立交行驶路线标志：表示车辆在立交处可以直行和按图示路线左转弯（或直行和右转弯）行驶。设在立交桥左转弯（或右转弯）入口处适当位置（图5.22）。

（4）环岛行驶标志：表示车辆到此路口，只准车辆靠右环行。设在环岛面向路口来车方向的适当位置（图5.22）。

（5）单向行驶标志：表示车辆到此路口，前方道路只许车辆单向行驶。设在单行路路口和入口处适当位置（图5.22）。

（6）步行标志：表示该街道只供步行。设在步行街的两端（图5.22）。

（7）鸣喇叭标志：表示机动车行至该标志处必须鸣喇叭。设在公路的急弯、陡坡等视线不良路段的起点（图5.22）。

（8）人行横道标志：表示该处为人行横道，设在人行横道线两端适当位置（图5.22）。

指示标志的尺寸与计算行车速度的关系按表5.10选取。

指示标志的尺寸与计算行车速度的关系 表5.10

计算行车速度（km/h）	100～120	71～99	40～70	<40
圆形（直径）d（cm）	120	100	80	60
正方形（边长）A（cm）	120	100	80	60
长方形（边长）$A\times B$（cm）	190×140	×	×	—
单地线标志（长方形）$A\times B$（cm）	120×60	×	×	60×
会车先行标志（正方形）A（cm）	—	—	80	60
衬边宽度 C（cm）	1.0	0.8	0.6	0.4

4）指路标志

（1）地点方向标志：用于指示行车路线的方向、地点及公路的路线编号（图 5.23）。

（2）地点距离标志：预告高速公路前方所要经过的重要城镇的地名和距离（图 5.24）。

图 5.23 地点方向　　　　　图 5.24 地点距离

（3）出口预告标志：分别设在距出口 2km、1km、500m 的位置，标志左下角数字表示出口编号。

（4）出口标志：设在驶出匝道的三角地带端部。

（5）下一出口预告标志：指示高速公路的下一出口距离。设在各互通立交入口后的主线上适当位置。

（6）收费处预告及收费处标志。

（7）入口预告标志：表示通向高速公路一个方向的入口。设在通向可达指定地点的立交匝道起点。

（8）入口标志：设在高速公路加速车道起点位置。

（9）交叉路口预告标志：设在距交叉口前 300～500m 处（图 5.25）。

路 9 交叉路口预告　　　路 10 十字交叉路口　　　路 11 丁字交叉路口

图 5.25 指标标志

（10）十字交叉路口标志：设在距交叉路口 30～50m 处（图 5.25）。

（11）丁字交叉路口标志：设在距交叉路口 30～50m 处（图 5.25）。

（12）环形交叉路口标志：设在距环形交叉路口 30m 处，或设在对着路口的环岛上（图 5.25）。

（13）互通式立交标志：设在互通式立交以前适当位置（图 5.26）。

路 12 环形交叉路口　　　路 13 互通式立交　　　路 13 互通式立交

图 5.26 立交指示标志

汉字高度应符合表 5.11 的规定。

汉字高度与计算行车速度的关系　　　　　　　　　　表 5.11

计算行车速度（km/h）	100～120	71～99	40～70	<40
汉字高度（cm）	120	100	80	60

2. 交通标线

现行《道路交通标志和标线》GB 5768—1999 对车行道边缘线、车行道分界线、路面中心线线宽的规定有一定范围。可根据设计速度从表 5.12 中选取。

路面标线宽度　　　　　　　　　　表 5.12

设计速度（km/h）		车行道边缘线（cm）	车行道分界线（cm）	路面中心线（cm）
120、100		20	15	—
80、60	高速、一级公路	20	15	—
	二级公路	15	10	15
40、30		15	10	15
20	双车道	—	—	10
	单车道	—	—	—

1) 平面交叉口的标线（图 5.27）

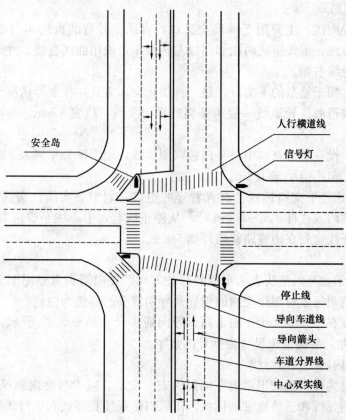

图 5.27　平面交叉口标线示例

(1) 人行横道：表示交叉路口准许行人横穿的标线，颜色为白色，最小宽度 3m，按行人数量以 1m 为一级加宽。

(2) 停止线：表示车辆等候放行信号的停车位置。划设于有交通信号控制的交叉路口、铁路平交道口及左弯待转区的前端。停止线为白色实线，双向行驶的路口，停止线应与车行道中心线连接。单向行驶的路口，其长度应横跨整个路面。停止线的宽度可根据道路等级、交通量、行驶速度的不同选用 20cm、30cm、40cm。停止线应设置在最有利于驾驶员瞭望的位置。一般可设在主干道缘石的延长线上。设有人行横道时，停止线应距人行横道 150~300cm。

(3) 减速让行线：表示车辆在此路口必须减速让干道车辆先行。设有"减速让行"标志的路口，应设减速让行标线。减速让行线为两条平行的虚线和一个倒三角形，颜色为白色。

(4) 车行道中心线：为进入交叉路口路段车行道的中线，但不一定在道路的几何中线上（依进口道增设转弯车道的需要而定）。中心线可划成单实线、双实线或单虚线，白色或黄色，单实线表示车辆不准跨线超车或压线行驶；双实线表示严格禁止跨线或压线行驶；单虚线则表示在安全允许下可越线行驶。

(5) 车道分界线：用于分隔同向行驶的交通线，白色虚线。

(6) 导向车道线：导向车道线表示车辆接近交叉口时，根据通过路口所行驶的前进方向、选择车道后不得再变更车道所划分的分界线，线宽 10~15cm，其长度最小为 30m，用白色或黄色单实线。

(7) 左转弯导向线：主要用于畸形交叉口，表示左转弯的机动车与非机动车的分界线。采用白色单虚线，虚线应从两相邻路口左转弯车道处用曲线连接。左转弯机动车走线左侧，非机动车走线右侧。

(8) 导流线：用于复杂的平交口，是一种渠化交通方式，按实际情况设计。它表示车辆需按规定的路线行驶。导流线一般为倾斜的平行实线，线宽 45cm，间隙 100cm，倾斜角 45°。

(9) 中心圈：设在平交路口中央，白色圆圈实线，用于区分车辆大、小转弯，直径按交叉口大小而定，但不得小于 1.2m。

(10) 铁路与道路平交口标线：有人看守的道口，划中心实线、实线边缘和停止线，停止线设在距离栏门或栏杆 1.5~3.0m 处，从停止线起，中心线至少应划 60m 长。无人看守的道口，停止线应划在距铁路轨道外侧 5m 处。

2) 导向箭头

如图 5.28 所示，导向箭头表示车辆的行驶方向，导向箭头主要用于交叉道口的导向车道内、出口匝道附近及对渠化交通的引导。导向箭头的颜色为白色。

计算行车速度在 60~80km/h 的道路，导向箭头尺寸如图 5.28 所示。计算行车速度 ≥100km/h 的道路，导向箭头尺寸为括号内数字。

3) 立交范围内的出入口标线

出入口标线是为驶入或驶出匝道车辆提供安全交汇、减少与突出部缘石碰撞的标线。包括出入口的横向标线和三角地带的标线。出入口标线按直接式和平行式两种情况设置。

图 5.29 为高速公路平行式出入口标线示例。

5.1 交通安全设施设计

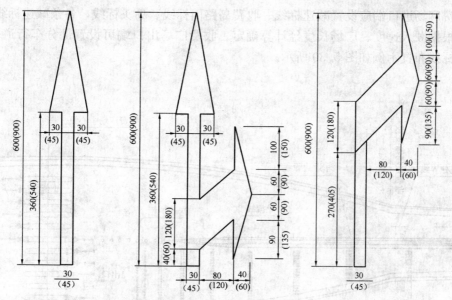

图 5.28 计算行车速度 60~80km/h 时的导向箭头（尺寸单位：cm）
计算行车速度≥100km/h 时的导向箭头尺寸（括弧内数）

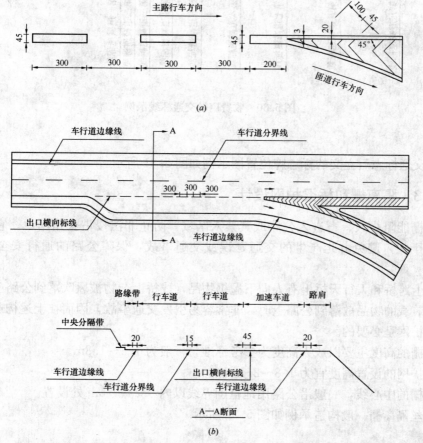

图 5.29 高速公路平行式出入口标线设置示例（尺寸单位：cm）
(a) 出口标线大样；(b) 平行式出口标线

收费广场进口端应设置减速标线、收费岛路面标线、岛头标线，各条减速标线的设置间距应根据驶入速度、广场长度经计算确定。收费广场出口端可设置部分车行道分界线。收费站标线布置示例如图5.30所示。

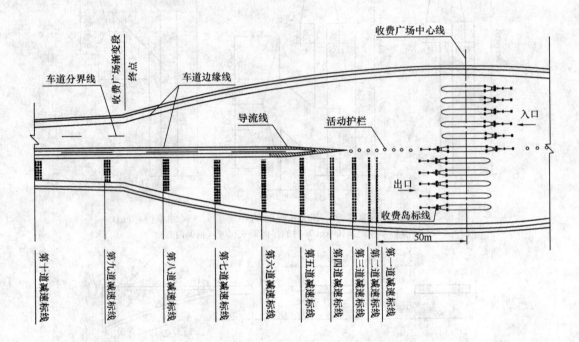

图5.30 收费广场交通标线示例

设置交通标志后立交的标志牌位置图示例如图5.31所示。

5.1.3 隔离栅和桥梁护网设计

隔离栅能阻止人、畜进入公路或其禁入区域，防止非法侵占公路用地。它可有效地排除横向干扰，避免由此产生的交通延误或交通事故，保障公路的通行安全和效益的发挥。

公路上跨桥和人行天桥上有人向下抛扔物品，或桥上杂物被风吹落到公路上，或桥上行驶车辆装载的物品散落到公路上时，非常容易引发交通事故，因而在上述构造物的两侧设置桥梁护网是必要的。

隔离栅的高度主要以成人高度为参考标准，一般为1.5~1.8m。

桥梁护网的设置高度宜为1.8~2.1m。

隔离栅的中心线，一般沿公路用地范围界线以内0.2~0.5m处设置。

刺钢丝隔离栅一般构造示例如图5.32所示。

5.1 交通安全设施设计

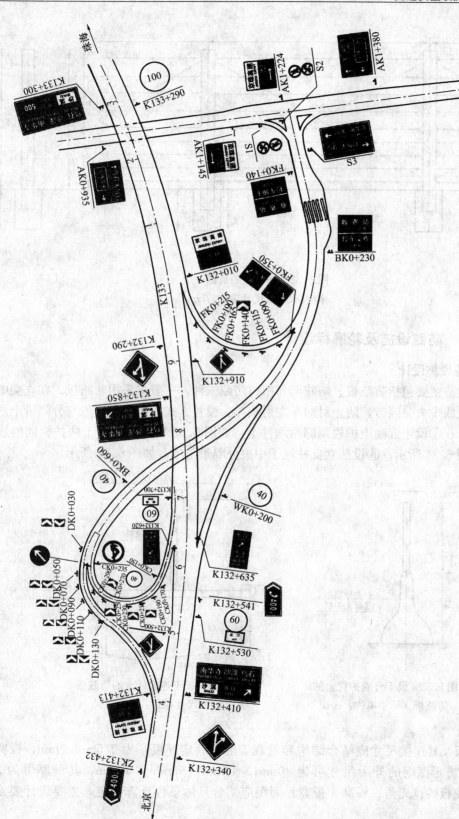

图 5.31 交通标志设置位置示意图

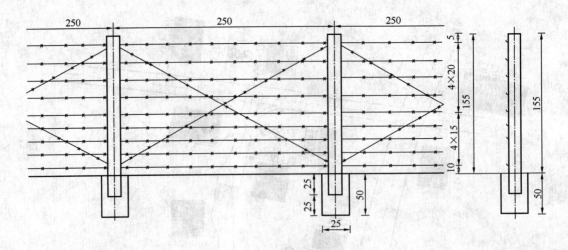

图 5.32 刺钢丝隔离栅一般
构造示例（尺寸单位：cm）

5.1.4 防眩设施及轮廓标设计

1. 防眩设施设计

防眩设施主要包括防眩板、防眩网和植树防眩三种，一般多采用防眩板。在立交中主要设置于主线中央分隔带，防止对向车左射眩光。设置方式有3种，一般与分隔带上的防护栏相配合：①设于混凝土护栏顶部预埋件上，如图5.33所示；②设于两护栏间的连接件上，如图5.34所示；③设独立支柱埋于中央分隔带土中，如图5.35所示。

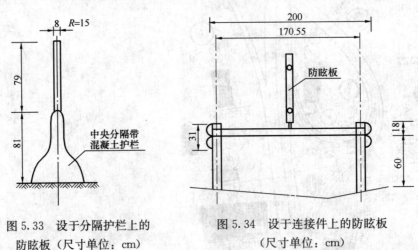

图 5.33 设于分隔护栏上的
防眩板（尺寸单位：cm）

图 5.34 设于连接件上的防眩板
（尺寸单位：cm）

防眩板及其连接尺寸应结合结构和景观等因素确定。板厚为2.5~4.0mm，板宽为8~25cm，方形型钢的外形尺寸可为40mm×40mm~65mm×65mm，其壁厚可为2~3mm。防眩板的遮光角、板高、板宽、间距应结合具体条件计算确定，主要设计要素见表5.13。

2. 轮廓标设计

轮廓标反射体的颜色分为白色和黄色。按行车方向，配置白色反射体的轮廓标应安装于公路右侧，配置黄色反射体的轮廓标应安装于公路左侧。轮廓标不得侵入公路建筑界限以内。

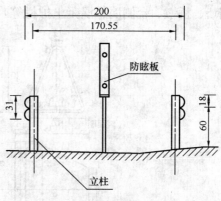

图 5.35 设于独立支柱上的防眩板
（尺寸单位：cm）

防眩板设计要素　　　　　　　　　　表 5.13

结构设计要素	一般路段	平（竖）曲线路段
遮光角	8°	8°～15°
防眩高度	160～170cm	120～180cm
板宽	8～10cm	8～25cm
板的间距	50cm	50cm

轮廓标设于路边或桥边，以显示行车道边界，指示道路前进方向，一般在主线两侧对称设置，一般设置间隔为 50m。主曲线或匝道边上的设置间隔可按表 5.14 选用。在路基宽度及车道数量有变化的路段及竖曲线路段，应适当加大或减少轮廓标的间隔。

轮廓标曲线段的设置间隔　　　　　　　　　　表 5.14

曲线半径（m）	≤89	90～179	180～274	275～374	375～999	1000～1990	≥2000
设置间隔（m）	8	12	16	24	32	40	48

安装轮廓标时，反射体应面向交通流，其表面法线应与公路中心线成 0°～25°的角度。各种类型的轮廓标设置高度宜保持一致，轮廓标反射体中心线距路面的高度应为 60～70cm。

轮廓标按设置条件可分为柱式轮廓标和附着式轮廓标两类。

（1）设于土中的钢筋混凝土轮廓标，由柱体、反射器和基础等组成。其构造如图 5.36 所示。

（2）附于各类建筑物上的轮廓标，由反射器、支架和连接杆组成。这类轮廓标的结构随附着物不同有多种形式。图 5.37 为附于波形护栏中槽内的形式。图 5.38 为附于波形护栏立柱上的形式，主要用于经常有雾、阴雨、下雪、暴晒等地区，以保证较好的能见度。这种形式也可附于波形护栏梁上，如图 5.39 所示。附于侧墙上的轮廓标（包括隧道壁、

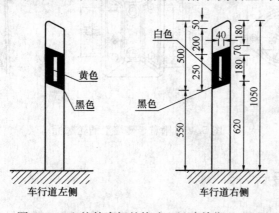

图 5.36 立柱轮廓标的构造（尺寸单位：mm）

挡墙、桥墩、台侧墙、混凝土护栏等）如图 5.40 所示。

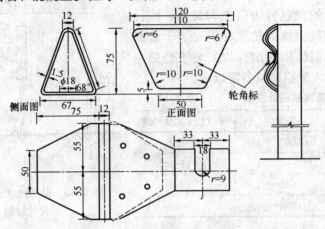

图 5.37　轮廓标附于波形护栏中间的槽内（尺寸单位：mm）

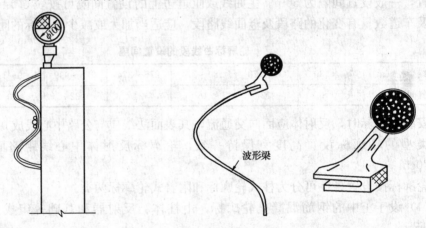

图 5.38　轮廓标安装于波形梁护栏立柱上　　图 5.39　固定于波形梁上缘的轮廓标

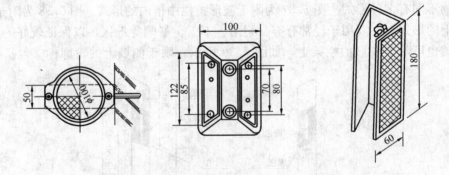

图 5.40　附着于侧墙上的轮廓标

5.2　照明设施设计

道路、交叉口及广场照明是确保交通效率以及美化城市环境景观的重要措施。照明设施沿路线及交叉口布设，是道路环境的有效组成部分，直接影响道路及交叉口夜间行车和行人的便利与安全。同时照明还能在雾天给予行车方向的指标，并在渠化交通、衬托交叉口建筑造型、增添城市街景方面起到很大作用。因此照明设施是保障交通安全、畅通、提高行车效率、优化环境的重要设施。

5.2.1 道路照明作用与要求

（1）夜间照明可为道路及交叉口提供必须的平均亮度，使行人及车辆在夜间交通中能迅速识别道路的交通状况，从而保证行车安全。

（2）道路照明对行车视线诱导有一定作用。一是与道路线形变化一致的灯光诱导作用；二是照明为道路提供必要的平均亮度，从而预知前方路线线形。

（3）道路照明也为道路及交叉口附近环境提供一定的平均亮度，是道路景观设计应考虑的夜间景观表现内容之一。

（4）考虑道路照明满足交通功能和景观功能的要求，照明设施的规划应做到美观、合理、安全可靠。

5.2.2 照明标准

为保证道路照明，为驾驶人员以及行人提供良好的视觉环境，达到辨认可靠和视觉舒适的基本要求，道路照明应满足平均亮度（照度）、亮度（照度）均匀度和眩光限制三项指标。此外道路照明设施还应有良好的诱导性。

光的平均亮度（L_{av}），指发光强度为1cd（坎德拉）（国际新烛光）的光源均匀分布在$1m^2$的照射面上所产生的视觉效果。光亮度单位为"cd/m^2"。

光的平均照度（E_{av}），是指光通量（光能强度）为1lm（流明）的光源均匀分布在$1m^2$的照射面上所产生的视觉效果。光照度单位为"Lx（勒克司）"。

平均照度换算系数Lx/（cd/m^2），沥青路面为15，水泥混凝土路面为10。

亮度或照度的均匀度，是指亮度或照度的最小值与平均值之比。

城市道路照明标准应根据城市的规模、性质、道路分类按表5.15、表5.16选用。

公路道路照明标准按表5.17、表5.18选用。

城市道路交会区照明标准值   表5.15

交会区类型	路面平均照度 E_{av}（Lx），维持值	照度均匀度 U_E	眩光限制
主干路与主干路交会	30/50	0.4	在驾驶员观看灯具的方位角上，灯具在80°和90°高度角方向上的光强分别不得超过 30cd/1000lm 和 10cd/1000lm
主干路与次干路交会			
主干路与支路交会			
次干路与次干路交会	20/30		
次干路与支路交会			
支路与支路交会	15/20		

注：1. 灯具的高度角是现场安装使用姿态下度量。
2. 表中对每一类道路交会区的路面平均照度给出了两档标准值，"/"的左侧为低档照度值，右侧为高档照度值。

城市机动车交通道路照明标准值　　　　　表 5.16

级别	道路类型	路面亮度			路面照度		眩光限制阈值增量 T_1（%）最大初始值	环境比 SR 最小值
		平均亮度 L_{av} (cd/m²) 最小值	总均匀度 U_0 最小值	纵向均匀度 U_L 最小值	平均照度 E_{av} (lx) 维持值	均匀度 U_E 最小值		
Ⅰ	快速路、主干路（含迎宾路、通向政府机关和大型公共建筑的主要道路，位于市中心或商业中心的道路）	1.5/2.0	0.4	0.7	20/30	0.4	10	0.5
Ⅱ	次干路	0.75/1.0	0.4	0.5	10/15	0.35	10	0.5
Ⅲ	支路	0.5/0.75	0.4	—	8/10	0.3	15	—

注：1. 表中所列的平均照度仅适用于沥青路面，若系水泥混凝土路面，其平均照度值可相应降低约 30%。根据本标准附录 A 给出的平均亮度系数可求出相同的路面亮度，沥青路面和水泥混凝土路面分别需要的平均照度。
　　2. 计算路面的维持平均亮度或维持平均照度时应根据光源种类、灯具防护等级和擦拭周期，按照本标准附录 B 确定维护系数。
　　3. 表中各项数值仅适用于干燥路面。
　　4. 表中对每一级道路的平均亮度和平均照度给出了两档标准值，"/" 的左侧为低档值，右侧为高档值。

公路照明质量要求　　　　　表 5.17

公路照明等级	亮度要求			照度要求		眩光限制阈值增量 T_1（%）最大初始值	环境比 SR 最小值
	平均亮度 L_{av} (cd/m²) 最小维持值	总均匀度 U_0 最小值	纵向均匀度 U_L 最小值	平均照度 E_{av}/ (lx) 最小维持值	总均匀度 U_0 (E) 最小值		
一级	2.0	0.4	0.7	30	0.4	10	0.5
二级	1.5	0.4	0.6	20	0.4	10	0.5

注：1. 表中所列数值仅适用于干燥路面。
　　2. 照度要求仅适用于沥青混凝土路面，水泥混凝土路面照度要求可相应降低不超过 30%。
　　3. 公路照明的维护系数可按 0.70 确定。
　　4. 公路照明质量宜优先符合亮度要求。
　　5. 公路照明测量方法参见 GB/T 5700—2008。

公路交会区和公路沿线特殊设施及场所照明质量要求　　　　　表 5.18

照明区域		照度要求		眩光限制
		平均照度 E_{av} (lx) 最小维持值	总均匀度 U_0 (E) 最小值	
公路交会区	与一级照明等级公路相连	50	0.4	与灯具向下垂直夹角在 80°和 90°的观察方向上的光强应分别不大于 30cd/1000lm 和 10cd/1000lm
	未与一级照明等级公路相连	30	0.4	
公路沿线特殊设施及场所	收费站广场	20～50	0.4	应防止照明设施给行人、机动车驾驶员和作业者造成眩光
	服务区	10～20	0.3	
	养护区	10～20	0.3	
	停车区	15～30	0.3	

注：1. 公路交会区指交叉区、匝道及进出口区、限制宽度车道等。
　　2. 公路照明的维持系数可按 0.7 确定。

5.2.3 照明方式和设计要求

道路系统的照明应根据规定选择光源和灯具，然后按道路断面和宽度采用不同的照明布局。尽量发挥照明器的配光特性，使配光合理，效率高，以取得较高的路面亮度、满意的均匀度，并注意尽量限制产生眩光。

1. 照明方式

1) 道路照明设计应根据道路和场所的特点及照明要求，选择常规照明和高杆照明方式。

2) 常规照明灯具的布置可分为单侧布置、双侧交错布置、双侧对称布置、中心对称布置和横向悬索布置五种基本方式（图5.41）。采用常规照明方式时，应根据道路横断面形式、宽度及照明要求进行选择，并应符合下列要求：

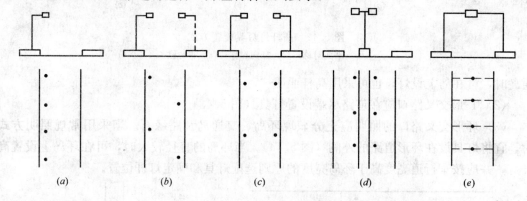

图 5.41 常用照明灯具布置的五种基本方式
(a) 单侧布置；(b) 双侧交错布置；(c) 双侧对称布置；(d) 中心对称布置；(e) 横向悬索布置

(1) 灯具的悬挑长度不宜超过安装高度的 1/4，灯具的仰角不宜超过 15°；

(2) 灯具的布置方式、安装高度和间距可按表 5.19 经计算后确定。

灯具的配光类型、布置方式与灯具的安装高度、间距的关系　　　表 5.19

配光类型	截光型		半截光型		非截光型	
布置方式	安装高度 H (m)	间距 S (m)	安装高度 H (m)	间距 S (m)	安装高度 H (m)	间距 S (m)
单侧布置	$H \geq W_{eff}$	$S \leq 3H$	$H \geq 1.2W_{eff}$	$S \leq 3.5H$	$H \geq 1.4W_{eff}$	$S \leq 4H$
双侧交错布置	$H \geq 0.7W_{eff}$	$S \leq 3H$	$H \geq 0.8W_{eff}$	$S \leq 3.5H$	$H \geq 0.9W_{eff}$	$S \leq 4H$
双侧对称布置	$H \geq 0.5W_{eff}$	$S \leq 3H$	$H \geq 0.6W_{eff}$	$S \leq 3.5H$	$H \geq 0.7W_{eff}$	$S \leq 4H$

3) 采用高杆照明方式时，灯具及其配置方式，灯杆安装位置、高度、间距以及灯具最大光强的投射方向。平面对称、径向对称和非对称三种灯具配置方式（图5.42）。

2. 交叉口照明设计

1) 平交口照明设计

(1) 十字交叉路口的灯具可根据道路的具体情况，分别采用单侧布置、交错布置或对称布置等方式。大型交叉路口可另行安装附加灯杆和灯具，并应限制眩光。当有较大的交

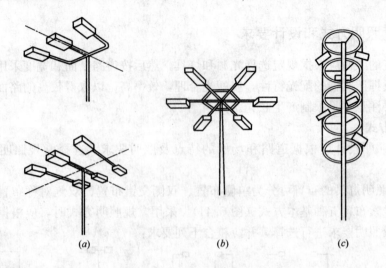

图 5.42 高杆灯灯具配置方式
(a) 平面对称；(b) 径向对称；(c) 非对称

通岛时，可在岛上设灯，也可采用高杆照明。

(2) T形交叉路口应在道路尽端设置灯具（图5.43）。

(3) 环形交叉路口的照明应充分显现环岛、交通岛和路缘石。当采用常规照明方式时，宜将灯具设在环形道路的外侧（图5.44）。当环岛的直径较大时，可在环岛上设置高杆灯，并应按车行道亮度高于环岛亮度的原则选配灯具和确定灯杆位置。

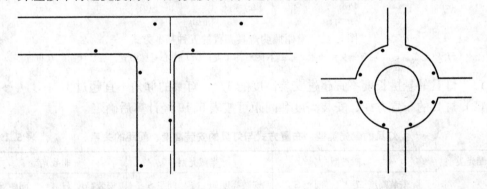

图 5.43 T形交叉路口灯具设置　　图 5.44 环形交叉路口灯具设置

2) 立体交叉照明设计

(1) 应为驾驶员提供良好的诱导性；

(2) 应提供干扰眩光的环境照明；

(3) 交叉口、出入口、并线区等交会区域的照明应符合《城市道路照明设计标准》CJJ 45—2006 第 3.4 节的规定。曲线路段、坡道等交通复杂路段的照明应适当加强；

(4) 小型立交可采用常规照明。大型立交宜优先采用高杆照明，并应符合《城市道路照明设计标准》CJJ 45—2006 第 5.1.3 条的要求。

3) 道路与铁路平面交叉的照明设计

(1) 交叉口的照明应使驾驶员能在停车视距以外发现道口、火车及交叉口附近的车辆、行人及其他障碍物。

（2）交叉口的照明方向和照明水平应有助于识别装设在垂直面上的交通标志或路面上的标线。灯光颜色不得和信号颜色混淆。

（3）交叉口轨道两侧道路各 30m 范围内，路面亮度（或照度）及其均匀度应高于所在道路的水平，灯具的光分布不得给接近交叉口的驾驶员和行人造成眩光。

5.2.4 光源、灯具及其附属装置选择

1. 光源选择

（1）快速路、主干路、次干路和支路应采用高压钠灯；

（2）居住区机动车和行人混合交通道路宜采用高压钠灯或小功率金属卤化物灯；

（3）市中心、商业中心等对颜色识别要求较高的机动车交通道路可采用金属卤化物灯；

（4）商业区步行街、居住区人行道路、机动车交通道路两侧人行道可采用小功率金属卤化物灯、细管径荧光灯或紧凑型荧光灯。

道路照明不应采用自镇流高压汞灯和白炽灯。

2. 灯具及其附属装置选择

（1）快速路、主干路必须采用截光型或半截光型灯具；

（2）次干路应采用半截光型灯具；

（3）支路宜采用半截光型灯具。

各种光源性能见表 5.20。

各种光源性能表　　　　　　　　　表 5.20

光源名称	功度(W)	实际功率(W)	光通量(lm)	发光效率(lm/W)	亮度(nt)	使用寿命
白炽灯	200	200	2920	14.6	40	1000
荧光灯	40	47	2400	51	0.65	3000
高压水银荧光灯	250	290	10500	42	12	5000
自镇高压水银灯	450	450	13000	29		3000
碘钨灯	500	500	9750	19.5		1500
低压钠灯	140	144	14000	100	605~7.5	5000
高压钠灯	400	480	27000	80		2000
镝铊灯	400	480	32000	80		2000
管形氙灯	400		34000	35		1000

5.3 排水设施设计

为了保证车辆和行人的交通安全，维持正常交通，改善城市卫生条件，防止水污染和保护环境，以及避免路面的过早破坏，在进行道路及交叉口设计时，应做道路及交叉口的排水设计，迅速将地面雪水予以排除。

5.3.1 公路（道路）排水设施设计

1. 公路（含平交口）排水

公路排水包括路界地表排水、路面内部排水、地下排水和公路构造物及下穿道路排水。

1）路面表面排水

通过在行车道和路肩上设置的横向坡度，使表面水流向路基边缘。主要包括：

（1）公路横坡，在未设超高路段上，行车道路面应沿路中心线设置向两侧倾斜的双向横坡；在设超高路段上，应设置向曲线内侧倾斜的单向横坡。横坡大，有利于迅速排水，但不利于行车安全。路拱横坡值参见《公路路线设计规范》。

（2）路堤坡面漫流，在路线纵坡平缓地段，采用让路表面排水以横向漫流形式向路堤坡面分散排放。

（3）路堤拦水带，在路堤较高，边坡未做防护，或坡面虽做防护措施但仍可能受到冲刷时，沿硬路肩设置拦水带，并通过沿路堤坡面设置的竖向排水沟排出路堤。

（4）路堤边沟，在硬路肩外侧边缘设置边沟，以汇集路面表面水。

（5）路堑边沟，在挖方段，可沿硬路肩边缘设置边沟，以汇集路面表面水和路堑边坡坡面水。

2）中央分隔带排水

通过在中央分隔带设置排水设施，将中央分隔带表面水汇集，利用纵向坡度排向进水口、桥涵道内或横向排水管将渗沟内的水排出路界。

3）坡面排水

通过设置在边坡上的截水沟、边沟和排水沟及竖向排水沟将坡面表面水汇集排出。

4）公路地下排水

当路基范围内出露地下水或地下水较高时，影响路基、路面强度或边坡稳定时，应设置暗沟（管）、渗沟、检查井等地下排水设施。

2. 道路（含平交口）排水设施设计

城市道路排水是城市排水系统的一部分，应按城市排水系统进行规划。由于雨雪水和废污水的水质不同，可分别组织不同管道系统来排除。

排水制度分为分流制和合流制。

1）城市道路雨水排除系统

城市道路雨水排除系统一般采用管渠形式。根据道路所处地区和构造特点，可分为暗式、明式和混合式三种。

（1）暗式系统

城区道路一般采用管道排水，即利用设在地下的相互连通的管道及相应设施，汇集和排除道路的地表水，包括街沟、雨水口、连管、干管、检查井、出水口等设施。

（2）明式系统

郊区道路与公路地面排水相同，可采用明沟渠道排水，即利用设在地面上的渠道及相应设施，汇集和排除道路的地表水，包括边沟、排水沟、截水沟等。

（3）混合式系统

城市中排除雨水可用暗沟,也可用明沟。

2) 街沟排水

行车道路外侧设有人行道时,可沿其边缘设置路缘石,由路缘石和平石组成 L 形边沟,以汇集路面和人行道铺面的表面水。

3) 雨水管道及其构造物布置

(1) 雨水管的布置

城市道路的雨水管应平行于道路的中心线或规划红线布置。雨水干管一般宜尽量设在快车道以外的慢车道或人行道一侧,当道路红线宽度大于 60m 时,可考虑沿街道两侧布置。

(2) 雨水口和检查井的位置

雨水口是在雨水管道或合流管道上汇集地表水的构筑物,由进口篦、井身及连接管组成。地面上、街道上的雨水首先进入雨水口,再经过连接管流入雨水管道。雨水口一般设在街区内、广场上、街道交叉口和街道边沟的一定距离处,以防雨水漫过道路或造成道路及低洼地区积水,妨碍交通。

平交口处,应根据路面雨水径流及方向布置雨水口,可按图 5.45 所示设计,使来自街道的雨水在交叉口前人行横道上方被截住流入雨水口,不允许在交叉口处漫流,以免妨碍车辆和行人交通。

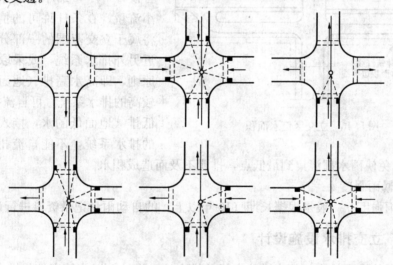

图 5.45 平交叉雨水口布置

检查井是对地下管道进行检查和疏通,管道系统上必须设置检查井,同时检查井还起连接不同方向和高度沟管的作用。

5.3.2 雨水管渠设计流量计算

雨水管渠的设计流量一般按下式计算:

$$Q = q \times \psi \times A \tag{5.1}$$

式中 Q——雨水设计流量(L/s);

q——设计暴雨强度(L/s/10000m^2);

ψ——径流系数；

A——流域汇水面积（10000m²）

上式中三个参数 ψ、A、q 的确定如下所述：

采用式（5.1）计算时注意，在流域内当有生产废水和生活污水排入雨管渠以及有上游的雨水管渠内的雨水流入设计管段时，都应将其计算在内。

1. 径流系数 ψ

某一时段内一定汇水面积的径流（流入雨水管渠的雨水）与总降雨量的比值。

2. 汇水面积 A

雨水管渠汇集降雨的面积，称为汇水面积，单位以 $10^4 m^2$ 计（1公顷 $= 10^4 m^2$）。每条管道都有它服务的汇水面积。各设计管段的汇水面积的区界是根据地形地物决定的。

当地势平坦，街坊、四周的道路都有沟管，可用各街角的分角线划分汇水面积。当地势向一边倾斜时，街坊的雨水流入低侧街坊管道内。

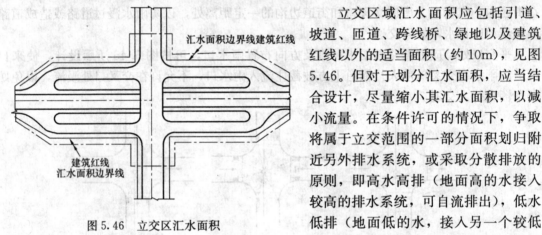

图 5.46 立交区汇水面积

立交区域汇水面积应包括引道、坡道、匝道、跨线桥、绿地以及建筑红线以外的适当面积（约10m），见图 5.46。但对于划分汇水面积，应当结合设计，尽量缩小其汇水面积，以减小流量。在条件许可的情况下，争取将属于立交范围的一部分面积划归附近另外排水系统，或采取分散排放的原则，即高水高排（地面高的水接入较高的排水系统，可自流排出），低水低排（地面低的水，接入另一个较低的排水系统，不能自流排除者，进泵站抽升），以免使雨水都汇集到最低点，排泄不及而造成积水。

3. 设计暴雨强度 q

设计暴雨强度 q 一般是根据长期（10年以上）的自动雨量记录资料进行计算的。

5.3.3 立交排水设施设计

立交范围的排水，应与相交道路主线的排水统一设计，以构筑完整的排水系统。立体交叉设计（如公路立交）应尽可能采用管渠自流排水，雨水管渠出口底部标高应高于排水沟或河道常水位。城市立交排水设计应包括雨水管、雨水口和连接管的布置，特别竖直方向连接管的布设，并与地面排水系统沟通。城市立交最低点往往比周围道路低，且纵坡较大，雨水极易汇集到立交最低点，因此也往往造成严重积水问题。

1. 雨水口及管道布置

1）雨水口布置

立交的雨水口，一般沿坡道两侧对称布置，越接近最低点，雨水口布置得越多，往往开始为单箅或双箅，到最低点增加到8箅或10箅。另一种布置形式为在立交最低点，横跨路面布置一排（或对应两排）雨水口，这种截流式雨水口虽截流量较大，但对车辆行驶不便。面积较大的立交，除坡道外在引道、匝道、绿地中的适当距离和位置，也都应布置些雨水口。处于最高位置的跨线桥，为了不使雨水径流过长，往往采用泄水孔排水，通过立管引入下层的雨水口或检查井中。

雨水口布置的数量，应与设计流量相符合，并应考虑到树叶、杂草等堵塞的不利情况，一般在计算出雨水口的总数后，还应视重要性乘以 1.2～1.5 的安全系数。

2) 管道布置及断面选择

立交排水管道的布置，应与其他市政管道综合考虑，要避开立交桥基础和其他市政设施的矛盾。如不能避开时，应考虑从结构上加固，或加设柔口，改用铸铁管材料，以解决承载力和不均匀下沉的问题。

由于交通量较大，排水管道检修困难，一般将断面适当加大，起点最小断面应不小于 $D=400\text{mm}$，以下各段设计断面，均应比计算的加大一些。

3) 立交排水

应采取分流制，即雨污分流，以免影响环境卫生。

2. 排水方式

立交排水方式有：自流排水、先蓄后排、抽升排水。

1) 自流排水方式

自流排水方式是利用地面或道路坡度自然排水的方式。它是最经济的排水方式，不需要配置专门的排水管理人员，也不消耗能源。因此在考虑立交排水方案时，应在满足总体规划的要求下，力争采用自流排水。某立交自流排水布置如图 5.47 所示。

该立交工程为分三层行驶立交桥，机动车行驶在上、下两层，非机动车行驶在中层，具

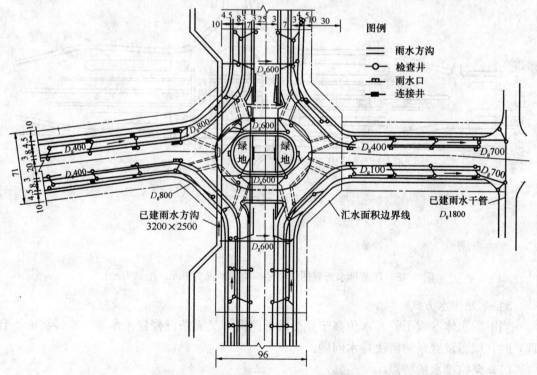

图 5.47 立交自流排水总平面图（尺寸单位：断面为 mm，距离为 m）

体尺寸如图 5.47 所示。立交范围内拟建 3200mm×2500mm 雨水方沟一条，沟内设计水位低于立交路面最低高程，可将立交中心北侧、南侧、西侧之面积就近划入，立交中心线以东约 250m 处，有已建 D_g＝1800mm 雨水干管一条，可将中心线经东 80m 以外的面积划入。

2）调蓄排水方式

在暴雨洪峰时，如水体（或干管）水位高于立交路面最低点，可将不能自流排除的流量引入蓄水池暂存，错开历时较短的洪峰，待水体（或干管）水位回落，再自流排出。这种排水方式可节省设置排泵站。

采用调蓄排水方式一般应具备如下条件：

(1) 立交附近有排水干管或河道，只要修建较短的出水管，即可在洪峰过后将蓄水池放空。

(2) 泄水面积较小时，蓄水量不大，一般地场雨产生的全部水量最好不超过 1000m³。

(3) 立交用地内有布设蓄水池的合适位置。

(4) 与其他市政管道无大的交叉矛盾。立交内雨水管道能自流接入蓄水池蓄水，蓄水池也能自流接入干道或河道泄空。

某立交用调蓄排水形式，排水布置图如图 5.48 所示。该立交最低高程 3830m，设计洪水位 39.00m，沟底高程为 35.10m。蓄水池尺寸及容量为 60m×7.5m×2m＝900m³，蓄水池最高水位 38.215m，池底高程 36.215m。

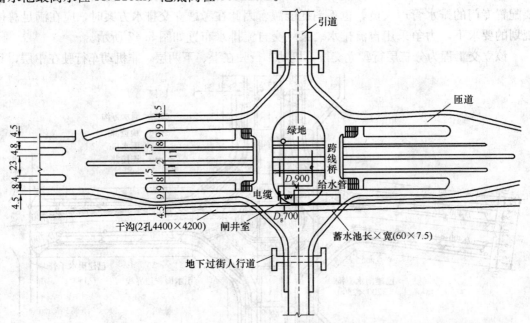

图 5.48 调蓄排水布置图（尺寸单位：断面为 mm，距离为 m）

3）泵站排水方式

当下游水体（或干管）水位高于立交最低路面，又无条件修建蓄水池（或经济上不合理）时，就需设置泵站解决排水问题。

(1) 泵站排水的特点

由于公路立交和铁路立交的修建，立交范围内的雨水泄流到立交桥下的低点，在无条件自流排水的情况下，需设置排水泵站来解决排水问题，以免造成积水。

立交桥下快车道最低点，一般低于四周正常路面约 2m 左右，如不能及时排除雨水，往往影响交通，甚至造成事故，所以其设计标准应高于一般排水泵站，并应结合当地降雨量多少，汇水面积大小及所处地区交通量而定。

当地下水位高出立交最低点时，地下水的排除应一并考虑，立交本身和立交地下水的集水池和所选用的水泵可分开。

（2）一般规定

①泵站位置应建于距立交桥最低点尽可能近的位置，使雨水以最短时间排入泵站，使雨水管线最短，泵站挖深最小。

②立交排水必须采用分流制，以防旱季污水气味由雨水口散发出来，影响立交范围的环境卫生。

③在平交路口改建立交时，应在修建泵站的同时，解决好旧排水系统的改建。

④在较清洁的地区，立交泵站可以取消格栅，但应加强对雨水口的管理。

（3）泵站排水平面布置如图 5.49 所示，立交地面高程 45.30m，河道 $P=20$ 年的设计洪水位 42.40m，快车道最低点高程 40.30m，慢车道最低点高程 41.30m，立交最高点路面高程 45.85m。立交区总汇面积 3.73 公顷，总流量为 1024L/s。总出水管直径 1250mm。水泵提升高度（高程）42.90m，比设计洪水位高 0.5m。

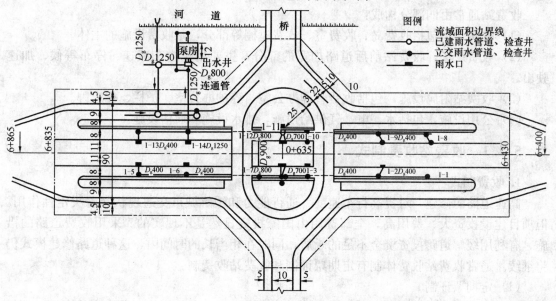

图 5.49 泵站排水平面布置图（尺寸单位：管径为 mm，距离为 m）

3. 排水设计要求

（1）对立交桥桥上排水，当桥上纵坡大于 2‰ 而桥长小于 50m 时，雨水可流至桥头从引道上排出，桥上不必设置专用排水管道。当桥上纵坡大于 2‰，且桥长超过 50m 时，宜在桥上每隔 12～15m 设置汇水管。并沿桥墩设置完善的落水管道，将雨水引排至地面排水系统。

（2）对立交桥下地面水，宜采用自流排除。当不能自流排出且有条件修建蓄水池时，可采用调蓄排水。无调蓄条件时，应设泵站排水。当立交处地下水位较高，影响路基稳定时，应采取降低地下水位的措施。

（3）为了减少桥下排水，在下穿式立体交叉引道两端纵坡起点处，应设置倒坡，使分水点经外的水流不流入桥下，如图 5.50 所示，并在道路两侧采取截水措施，以防匝道、绿地、慢车道的地面水流入桥下。

图 5.50　立交桥下排水设置

（4）根据行车道宽度、路面种类、道路纵坡、坡长、降雨强度以及附近地形、雨水口的排水能力，在桥下坡道上及最低点处设置足够的雨水口。纵坡大于 2% 的坡段内，不宜设置雨水口，应在凹形曲线最低点道路南侧集中设置并联雨水口，其数量应按设计流量计算确定。

（5）立交桥下的行车道应有一定纵坡度，以利水体流入最低点，集中排入雨水口。最小纵坡为 0.15%～0.3%。

（6）立交桥下坡道低于常地下水位的地段，路面下应设盲沟并浆砌接入泵站。

5.4　收费站及广场设计

收费站是用来对通过的车辆或行人收取通行费用的设施。收费站是收费道路的重要设施，一般多设于收费道路进、出口，因此收费站和广场是立交附属设施的组成部分之一。收费站通常由四部分构成：

（1）收费口，包括收费岛、收费室、收费遮棚等部分，是收费设施的主体。

（2）收费广场，收费站前后道路加宽的部分，主要用于进车减速、停车等候、加速驶出。

（3）收费站附属设施，包括收费管理办公室、养护办公室、护栏、标志牌。

（4）公用设施，包括水、电、气供给设施，排水设施和通信设施。

5.4.1　收费站收费制式

1. 收费制式

高速道路的修建，对提高行车速度、通行能力和缓解城市交通现状起着决定性作用。但项目建设投资大、费用高，全部费用由国家投资显然是不现实的。采用收费道路的措施，有利用缓解道路投资资金不足的矛盾，同时在相当长的时间内，这种道路修建模式仍将继续。通常收费站收费体制有定期票证制和收费站收费制。

（1）定期票证制

有些车辆在一段固定的时期内，使用立体交叉具有一定的规律，称为规律车辆。例如经常通过立体交叉的公共交通车辆，市区出租汽车，立体交叉附近地区单位车辆等。这些车辆的共同特点是在一段时期（如一个月或半年）内，它们通过立体交叉的次数大致均衡不变或少变，对此类规律车辆的收费可采用定期票证制。定期票证制可采用月票、季票或年票，将票证贴在汽车挡风玻璃上，在收费处外侧通道或专用通道上直行通过。

（2）收费站收费制

有些车辆通过立体交叉是没有规律的，称非规律车辆。例如外地过境车辆。使用票证制对这些车辆是不合适的，必须设置专门的收费服务站进行收费。

2. 收费站类型

收费站类型的选择是收费道路或收费立体交叉项目设计必须考虑的内容，它直接影响互通式立体交叉的数量和位置。

（1）均一式收费制式（简称均一式），指收费站均设置在公路主线或互通立交的入口或出口，车辆仅在一个收费站停车交费，就可在该路段自由行驶的一种收费制式。

（2）开放式收费制式（简称开放式），指在公路主线上或某些进出口处设置收费站，并按统一费率收费的制式。

（3）封闭式收费制式（简称封闭式），指在高速公路控制出入的所有进出口设置收费站，并按行驶里程收费的制式。

（4）混合式收费制式（简称混合式），指开放式和封闭式结合的收费制式。

3. 收费方式

目前经常采用的收费方式较多，各国根据实际情况和实践经验所采用的方式也不相同。但总的来说可分为：人工收费、硬币收费、统一票证收费、磁卡式收费、半自动收费和全自动收费等几种。如美国采用的收费方式主要有人工收费、硬币式收费、统一票证收费和全自动车辆辨认收费四种，日本高速公路上的收费方式主要有半自动收费和全自动收费两种。国内各地高速公路收费方式不尽相同，以人工收费方式为主，并逐步向半自动收费和全自动收费方式过渡发展。

（1）人工收费

这是目前最简单且仍在使用的收费方式，它是在每个收费室由收费员完成对通过车辆的收费。其收费操作程序分为识别车辆、收取费用、发给收据和放行车辆四步。识别车辆是由收费员目测车辆的类型；按下计费按钮，在显示牌上向车主显示收费金额。也有少数收费站是用仪器对车辆类型进行识别，然后显示收费金额；收费员手工收取费用完成必要的找零钱准备；发给车主由收款机即时打印或事先印好的收据，并找回零钱。收据上一般记载有时间、地点、收费员编号、金额等，以备查询；收费员按下通行按钮，显示绿灯信号或打开栅栏放行。

人工收费方式的最大优点是简便易行，需要的收费设备简单，可节省大量资金。但其突出的缺点是在管理上较为麻烦，收费员劳动强度大，易发生少收、漏收、闯岗、人情关系等现象。

（2）硬币式收费

硬币收费机在20世纪60年代开始使用。在收费站的通道上安装硬币收费机，车辆经过时，车主把规定数额的硬币投入收费机内；收费机自动鉴别硬币的真伪和数量；确认后打开栅栏或亮起绿色信号灯，允许车辆通过。随着收费机的广泛应用，其性能也不断得到改善，如用电磁法代替机械法对硬币进行检验，有的收费机还可以接受信用卡或纸币。

（3）统一票证收费

人工收费和硬币式收费方式一般情况下都是单端收费，也就是收费操作是在车辆进入高速道路的入口或离开高速道路的出口处一次完成。统一票证收费方式则广泛用于对不同车辆采用不同的收费率，即从不同的入口进入后在出口处进行收费，它是一种多端收费方式。其基本程序是在入口处由管理人员发给车主进入高速道路的凭证，在相应出口处将凭证交给收费员，计算费用，收取费用并发给收据，显示通行信号让车辆通过。发放的凭证一般为直接打印的文字纸票或卡片和磁卡等，凭证上记录有车辆类型、进入高速道路的时间和地点等信息。这种收费方式能使发放凭证和收取费用分开操作，出口计费、打印收据并记录存储收费情况可在计算机上进行，避免了许多人为的差错。适用于全立交、全封闭、控制出入的高速公路收费系统。

(4) 磁卡式收费

车辆通过收费车道时，检测器检测车型，显示应支付费用，车主将磁卡放入磁卡机，磁卡机判断剩余金额和是否有效，退回磁卡，显示绿灯信号，打开栅栏放行。在此过程中如果磁卡失效，工作人员会及时帮助、分析解决问题。

(5) 半自动收费

这种方法实际上是手工与机械相结合使用，目前在日本高速公路上是主要的收费方式。半自动收费方式即收现金，也收通行券，如信用卡、高速公路磁卡、预售联票及一次性预售票等。当收现金时，通过人工操作计算机自动打印出收据，并将有关资料输送到中央控制室。当收取各类通行券时，同样也能通过计算机处理并存储信息。特别当车主使用高速公路磁卡时，只需将磁卡插入收费机中，就能自动扣除应交费用，当卡中余额不足时，能自动显示并提醒车主用现金补足。半自动收费方式灵活机动，能随时向车主通过显示屏告示收费情况，并输送到中央控制室，也为精确统计车流量提供数据。

(6) 全自动收费

全自动收费方式是道路收费系统发展的方向。它是多种先进的计算机通讯和激光技术等的合成系统，近几年才投入试用。以美国全自动收费系统为例，采用此法需预先在车辆的规定位置贴上与该车型相对应的识别条码，车辆经过收费站时，激光判读装置自动读取识别条码信息并传送给计算机，计算机按接收到条码来读取预先储存的该车车型、车主姓名和所有计费信息，系统按规定费率计算费用。车主可以预先交付一定数量的费用，车辆每次经过收费站会自动计费并记录存储，到一定时间按累积费用统一结账；另一种是车主不预交费用，收费站定期按累积额发寄收费单，要求车主按规定的时间和方式交费。这种全自动收费方式既可用于单端收费，也可用于多端收费，还可以为收费及其他信息处理工作提供原始数据和资料。此法的最大优点是车辆通过收费站时不需停车，可以大幅度提高收费车道的通行能力。

5.4.2 收费站布置方式

1. 收费站布设方式

收费站设置在主线的起、终点和立交的出入口匝道上。根据收费车道、站房和设备集中的程度可分为：分散式、集中式和组合式。

(1) 分散式。在互通的各个转向象限上都设有收费站。分散式的优点是车辆不需绕行，缺点是人员、设备、服务设施分散，投资大，管理不便，在实际中较少使用。

(2) 集中式。整个互通只存在一个收费站。集中式的优点是便于集中管理，集中布置与收费站配套的设备、人员、服务设施；缺点是所有出入收费道路的车辆都要通过绕行集中在一起，容易引起交通堵塞，车辆相对绕行距离长，互通通行能力较低。

(3) 组合式。介于分散式和集中式之间。组合式的优点是根据实际情况，将两个以上象限相邻的收费站集中在一起，但仍有多于一个收费站的布置形式，即局部集中，车辆绕行距离适中；缺点是人员、设备、服务设施仍然分开，不能集中于一处。图 5.51（a）、（b）、（c）为 3 种封闭式收费站的布置方式。

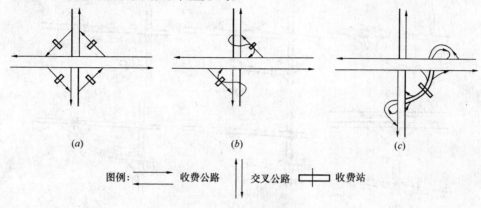

图 5.51 3 种封闭式收费站的平面布置图
（a）分散式；（b）组合式；（c）集中式

由于各分散的收费站每天都要安排收费人员，配备相应的收费设备和收费站服务设施，投资费用和管理费用较多，相对而言，集中式收费站比较合理。实现集中封闭式收费站的方法是在收费道路与其相交道路的交叉口的适当距离处设一联络线，使联络线分别与收费道路、相交道路形成三路立交，如图 5.52 所示。

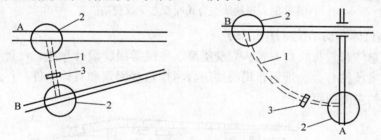

图 5.52 收费道路设置立交的方法
1—联络线；2—三路立交；3—收费站；
A—收费道路；B—交叉道路

2. 收费站布设示例

（1）苜蓿叶立交收费站布设示例见图 5.53（a）、（b）。

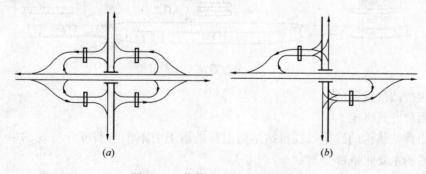

图 5.53 苜蓿叶立交收费站位置

(2)连接线组合式收费站布设示例见图 5.54（a）～（h）。

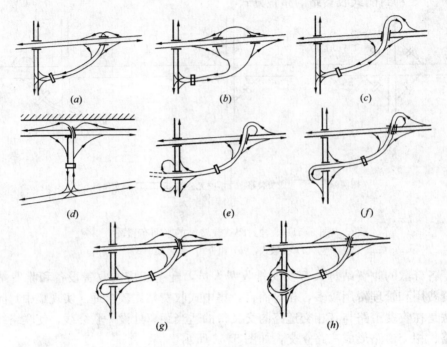

图 5.54　连接线组合式收费立交收费站位置

3. 收费站总体布局示例（图 5.55）

收费站的总体布置与收费方式、立交类型、主线等级、设计车速、设计交通量以及收费站的地形环境条件有关。规划布局时要综合考虑这些因素和具体条件，经过方案比较确定。总体布局的主要内容有：

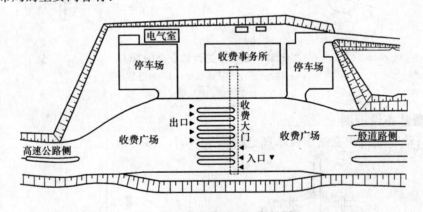

图 5.55　某收费站平面布置图

(1)收费站位置选择。

(2)收费方式确定。

(3)收费站结构的选定（收费站结构主要是指集中单个收费或分离式的多个收费场，以及收费站的主要组成部分）。

(4)收费站总平面图。

5.4.3 收费站车道数计算

收费站的收费车道数应根据交通量、服务时间和服务水平三个因素确定。

1）设计交通量

按设计小时交通量（DHV）计，一般采用第30位高峰小时交通量比较合适，可由年平均日交通量（ADT）按下式计算：

$$DHV = ADT \times K \times D \tag{5.2}$$

式中 DHV——主要方向高峰小时交通量（即设计小时交通量）（pcu/h）；

ADT——设计年限的年平均日交通量（pcu/d）；

K——高峰小时系数，即第30位高峰小时交通量与ADT之比；一般应由观测资料确定，无资料时建议城市采用11%，平原地区13%，山区15%；

D——方向分布系数，即高峰小时期间主要方向交通量与双向总交通量之比。一般应实测确定，当无资料时可采用0.60。

2）服务时间

指车辆进收费站所用的时间，以秒计。服务时间越短，服务效果越好，通行能力就越大。根据统计，服务时间服从正态分布，一般区间收费的入口处服务时间为6s，出口为14s；集中一处统一收费服务时间为8s；其他情况视具体统计数据确定。

3）服务水平

用各种收费车道平均等待的车辆数表示。在一定交通量条件下，平均等待收费车辆越少，其服务水平就越高，但所需要的收费车道数就越多。一般以等待1.0辆为宜，当受地形或其他原因限制时，可适当增大，但不应大于3.0数值。

4）采用排队模型计算车道数

收费站的收费车道数影响着收费站的服务质量，可以利用交通工程学中的排队论来计算确定。按排队论，一个收费过程由输入率（即车辆到达率）、排队系统（即列队等待和接受服务）及输出率（即服务率）三部分构成。

在排队论中，车辆单线排队，服务设施（收费窗口）只一处时，称为单通道排队服务；车辆单线排队、服务设施有多处时称为多通道排队服务。

收费站通道数通常按多通道排队服务计算，步骤如下：

设 m 为随机到达率，c 为输出率，k 为服务车道数，仍设 $\rho = m/c$，称 $u = \rho/k$ 为交通强度，则确保排队能够消散的条件是 $\rho/k < 1$。

(1) 概率

在排队系数中没有车辆的概率为：

$$P(0) = 1 \Big/ \Big[\sum_{n=0}^{k-1} \frac{1}{n!}\rho^n + \frac{1}{k!}\rho^k \frac{k}{k-\rho} \Big] \tag{5.3}$$

在排队系统中有 n 辆车的概率为：

$$P(n) = \begin{cases} \dfrac{1}{n!}\rho^n P(0) & n \leqslant k \\ \dfrac{1}{k! k^{n-k}}\rho^n P(0) & n > k \end{cases} \tag{5.4}$$

(2) 排队系统中的平均车辆数：

$$n = \rho + \frac{\rho^{k+1}}{k!k} \cdot \frac{P(0)}{(1-\rho/k)^2} \tag{5.5}$$

(3) 平均排队长度：

$$q = n - \rho = \frac{\rho^{k+1}}{k!k} \cdot \frac{P(0)}{(1-\rho/k)^2} \tag{5.6}$$

第 1 车道平均等待车辆数：

$$a = \frac{q}{k} \tag{5.7}$$

(4) 排队系统中的平均等待时间：

$$d = \frac{n}{m} = \frac{q}{m} + \frac{1}{c} \tag{5.8}$$

(5) 排队中的平均等待时间：

$$W = \frac{q}{m} \tag{5.9}$$

5) 收费车道数确定

根据上述式（5.3）和式（5.6），关于 ρ 或 u 的方程并解答，可得到车道数 k、每 1 车道平均等待车辆数 q/k 以及每 1 车道交通强度 u 的对应关系，见表 5.21。

每 1 车道交通强度 u 值　　　　　表 5.21

车道数 (k)	平均等待车辆数 (q/k) 0.5	1.0	1.5	2.0	3.0	4.0	5.0	10.0
1	0.500	0.618	0.686	0.732	0.791	0.828	0.854	0.916
2	0.657	0.755	0.806	0.839	0.879	0.903	0.919	0.955
3	0.734	0.816	0.858	0.884	0.914	0.932	0.944	0.970
4	0.781	0.852	0.887	0.909	0.933	0.948	0.957	0.977
5	0.812	0.876	0.906	0.924	0.945	0.957	0.965	0.981
6	0.835	0.893	0.919	0.935	0.954	0.964	0.970	0.984
7	0.853	0.905	0.929	0.944	0.960	0.969	0.974	0.986
8	0.867	0.915	0.937	0.950	0.964	0.972	0.977	0.988
9	0.878	0.923	0.943	0.955	0.968	0.975	0.980	0.989
10	0.888	0.929	0.948	0.959	0.971	0.978	0.982	0.990

如果已知设计小时交通量（DHV）、服务时间（b）和每 1 车道平均等待车辆数（q/k），则可利用表 5.21 确定收费车数（k）。确定方法是：

在某一服务水平（平均等待车辆数）下，因为

$$ku > \rho = \frac{DHV}{3600} b \tag{5.10}$$

所以，查表 5.21 使 $k \cdot u$ 正好满足式（5.10）时的 k 值，就是所对应的车道数。

有些情况下，如果已知服务时间（b）、每 1 车道平均等待车辆数（q/k）以及初拟的车道数（k），由表 5.21 查得每 1 车道交通强度 u 值，则收费站每小时可能处理的车辆数为：

$$\frac{3600}{b} uk$$

为了便于使用，根据表 5.21、服务时间、平均等待车辆数和车道数，由上式计算所得收费站每小时可能处理的车辆数，如表 5.22 所示。

收费站每小时可能处理的车辆数（pcu/h） 表 5.22

k \ q/k	\ b	6s					8s					14s				
		0.5	1.0	1.5	2.0	3.0	0.5	1.0	1.5	2.0	3.0	0.5	1.0	1.5	2.0	3.0
1		300	371	412	439	475	225	278	309	329	356	129	159	176	188	203
2		788	906	967	1007	1055	591	680	725	755	791	338	388	415	431	452
3		1321	1469	1544	1591	1645	991	1102	1158	1193	1234	566	629	662	682	705
4		1874	2045	2129	2182	2239	1406	1534	1597	1636	1679	803	876	912	935	960
5		2436	2628	2718	2772	2835	1827	1971	2039	2079	2126	1044	1126	1165	1188	1215
6		3006	3215	3308	3366	3434	2255	2411	2481	2525	2576	1288	1378	1418	1443	1472
7		3583	3801	3902	3965	4032	2687	2851	2926	2974	3024	1535	1629	1672	1699	1728
8		4162	4392	4498	4560	4627	3121	3294	3373	3420	3470	1784	1882	1928	1954	1983
9		4741	4984	5092	5157	5227	3559	3738	3819	3868	3920	2032	2136	2182	2210	2240
10		5328	5574	5688	5734	5826	3996	4181	4266	4316	4370	2283	2389	2438	2466	2497

注：表中 b 指服务时间；q/k 指平均等待车辆数；k 指车道数。

当服务时间和平均等待车辆数为其他数值时，需另外计算。

5.4.4 收费站及广场设计

收费站一般由收费车道、收费广场和站房设施等组成。收费站的线形设计应保证车辆有足够的视距，便于驾驶员从远处看清，并做好停车准备。收费站的布置一般包括：线形设计、平面布置、收费岛及设施设计。

主线收费广场距特大桥、隧道应大于 1km。

1. 线形标准

平面线形以直线为宜。收费广场设在主线上，平面线形应与主线线形一致。主线收费广场采用的最小平曲线半径宜大于或等于表 5.23 中的一般值，特殊情况方可采用表列极限值。收费广场设在匝道上，其平曲线半径不得小于 200m。

主线收费广场设计技术线形 表 5.23

计算行车速度（km/h）		120	100	80	60	40
最小平曲线半径（m）	一般值	2000	1500	1100	500	250
	极限值	1500	1000	700	350	200
最小竖曲线半径（m）	凸形 一般值	45000	25000	12000	6000	2000
	凸形 极限值	23000	15000	6000	3000	1500
	凹形 一般值	16000	12000	8000	4000	3000
	凹形 极限值	12000	8000	4000	2000	1500

收费车道同样以直线为好。若为曲线段，需要加宽收费车道。不能在曲线车道处设超高，否则容易引起收费车道一侧积水，从而影响收费设备。收费站的平面线形应考虑收费站房、附近交通服务区出入口车流的交通组织。

纵断面线形，要求收费广场及收费车道应尽量平坦，不得将收费广场设置在易超速的凹形竖曲线的底部或长下坡路段的下方。一般要求收费站中心线前后各 50m 以上区域最大纵坡小于 2%，特殊地段小于 3%。对于设计车速大于 80km/h 的主线收费站，其最大纵坡限制的范围在中心线前后 100m 以上。

收费广场的竖曲线的半径：收费广场设在主线上时，应与主线标准一致。主线收费广场采用的竖曲线半径宜大于或等于表 5.23 中一般值的要求，特殊情况方可采用表列极限值。匝道收费广场设在匝道或其连接线上时，竖曲线半径应大于 800m，特殊情况下也不得低于 700m。

横断面，要求收费广场设置一定的横坡，其标准值为 1.5%，最大值为 2.0%。对于收费车道宽度，收费通道的标准宽度规定为 3.20m，条件受限制时可采用 3.00m。每方向右侧最外侧通道作为超大型车及维护施工车辆的通道，其标准宽度采用 4.50m，条件受限制时可采用 4.00m。

2. 平面布置

（1）收费广场长度

若收费广场入口存在多条通道或入口为多车道道路，车辆在进入收费车道之前必须选择合适的车道，车辆之间会出现交织。当通过收费站的单向车流量大于收费站单向开放的车道数的通行能力时，车辆需要在广场上排队。因此收费广场的长度必须满足车辆有适当的交织长度，且能满足一定数量的排队车辆。要求收费站中心到匝道分岔点的距离不得小于 75m，到被交叉公路的平交点的距离不小于 100m。收费通道数大于 8 条时，上述数值宜增加 25%～50%，条件允许时宜尽量采用最大值。

（2）过渡段

从收费广场向标准宽度路段过渡段，要求能够使车辆顺畅行驶。两端往路基标准宽度过渡（图 5.56），并应满足表 5.24 要求。线形过渡应平滑、圆顺，不得使车辆行驶轨迹过于勉强。

（3）双停式收费的缓冲区长度

对一些交通特别繁忙的单停式收费站，在高峰期间为了尽快疏散车辆，有些收费员背着钱袋在停车线后面对车辆进行收费，这就是双停式收费站的雏形。

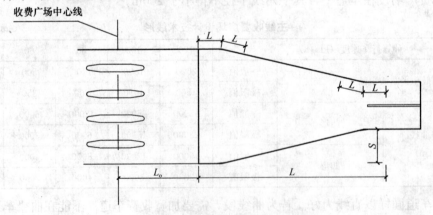

图 5.56 收费广场设置要求

L_0—广场钢筋混凝土路面长度；L——广场过渡长度；
S—广场过渡宽度；l—端部转角切线长度。

收费广场过渡段要素表 表5.24

要素值		L_0	S/L	l
推荐值	主线	100m	1/6~1/7	10m
	匝道	50m	1/4~1/5	
一般值	主线	50m~150m	1/5~1/8	5m~20m
	匝道	30m~100m	1/3~1/7	

双停式收费车道是在同一收费岛前后设置两个收费亭，同一车道同时开进两部车，对应于前后两个收费亭，两个收费员同时对两部车进行收费。设立20m缓冲区需要较大的用地面积，另外需要增加土建费用，如收费岛需要加长，雨棚需要扩大。

3. 收费广场路面设计

收费广场必须采用钢筋混凝土路面。路面设计及施工按《公路水泥混凝土路面设计规范》执行。

收费广场钢筋混凝土路面的铺设范围：主线收费站为收费广场中心线两侧各50~150m，推荐值100m以上；匝道收费站为收费广场中心线两侧至少各30~100m，推荐值50m以上。钢筋混凝土路面的宽度与广场中心线所需宽度同宽。

收费通道路面应与广场路面一样，采用水泥混凝土路面，且在岛长范围内应采用素水泥混凝土路面结构，以利安装环行线圈车辆检测器等设备。

4. 收费岛及设施设计

(1) 收费岛

收费岛是设于收费室两端、用以保护收费人员安全的设施。通常由实体混凝土栅栏或缓冲垫层组成，如图5.57所示。

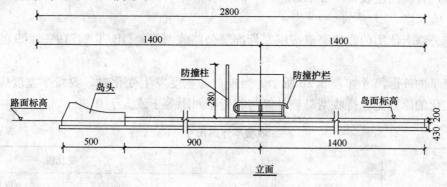

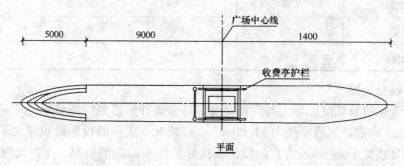

图5.57 收费岛示意图

收费岛分为岛头、岛尾和岛身三部分，岛身的中轴线位置应与广场道路中心线重合，收费岛的尺寸见表 5.25。

收费岛主要尺寸　　　　　　　　　　　　　　　　　表 5.25

尺　寸		长度（m）	宽度（m）	岛面高度（m）
主线收费站	一般值	36.00	2.20	0.20
	变化值	28.00～36.00	2.00～2.40	0.15～0.30
匝道收费站	一般值	28.00	2.20	0.20
	变化值	18.00～36.00	2.00～2.40	0.15～0.30
严寒地区或特殊情况	一般值	36.00（28.00）	2.60	0.20
	变化值	15.00～36.00	2.00～2.70	0.15～0.30

收费岛岛头（迎来车方向）应设计成流线型，高度在 1.2m 以下，长度不超过 9m。岛头应按 GB 5768—1999 的规定设置黄黑相间的反光立面标志，多雾地区一般情况下宜设置雾灯，并可设置必要的引导及防撞设施。

收费岛岛尾设计成流线型，岛尾高出岛身，也可与岛身同高，长度不超过 3.3m。

收费岛应按照收费系统机电设施总体设计要求预埋收费设施管线、设备基础和地下通道出口。

收费岛收费亭的两侧应设置防撞护栏，其前方设置防撞立柱。防撞护栏用 150×75×5mm 的槽钢或 ϕ150×5mm 的钢管或钢筋混凝土制作，防撞立柱用不低于 ϕ200×5mm 的钢管制作，且应高出收费亭 250mm。

(2) 收费亭

高速公路上使用的收费亭应按国家标准《公路收费亭》GB/T 24719—2009 的有关规定执行。

收费亭的外形尺寸如表 5.26 所示。当收费岛宽度发生变化时，收费亭宽度应相应改变，其变化的原则是保持收费岛侧外缘与收费亭间距等于或大于 0.30m。

收费亭外形尺寸　　　　　　　　　　　　　　　　　表 5.26

尺　寸	一般值		变化值	
	单向亭	双向亭	单向亭	双向亭
长度	2.60	3.6（4.0）	2.40～2.80	3.60～4.40
宽度	1.60	1.60	1.40～1.90	1.40～1.90
高度	2.50	2.50	2.40～2.60	2.40～2.60

(3) 收费天棚

收费天棚的总长度原则上与广场宽度保持一致并能覆盖广场最外侧超宽车道。天棚宽度按表 5.27 确定，其最小值为 14.00m。一般情况下天棚的投影面积应大于收费岛长度与收费广场宽度之积的 60% 为宜，以保证良好的防雨、防晒效果。收费天棚的净高应大于 5.00m。收费岛上方原则上都应设置收费雨棚。图 5.58 为某收费雨棚立面图。

收费天棚宽度参考值　　　　　　　　　　　　表 5.27

地区	宽度（m）	地区	宽度（m）
一般地区	16～18	大型广场	20～24
沿海地区	18～20		

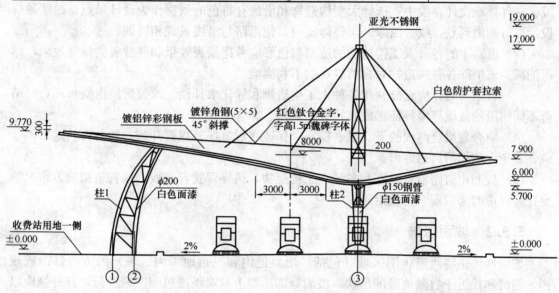

图 5.58　某收费雨棚立面图（1-3 立面比例 1：200）

5.5　景观设计

5.5.1　景观组成与要求

1）道路景观的组成

道路景观可分为内部景观和外部景观两部分。

内部景观是指行驶在道路上的驾驶员看到的景观以及在停车场、服务区等休息设施散步时所看到的景观，它是动景观，不注重构造物的细部，而注重运动状态下道路本身及其与周围环境协调的程度，以及线形对视觉的诱导作用，线形设计是内部景观设计的主体，直接影响道路景观设计的成败。

外部景观是指从沿线居民及其他道路上看到的道路景观，它是静景观，强调道路的整体印象，是从道路外部审视道路与环境的一致性。外部景观要求道路及沿线构造物与环境融为一体，协调一致，成为环境的一部分。

立体交叉景观设计的目的是使立交造型美观、视认性好，起到引导驾驶员视线、保证行车安全以及可观赏性作用。景观设计主要包括立体交叉范围内的坡面修饰和绿化栽植两方面。公路立交多侧重于坡面修饰，而城市道路立交则重视于绿化栽植。立体交叉景观设计的总原则是景观应与匝道线形布设相配合，并与环境相协调，充分显示互通式立交范围内景观设计的整体效果，提高立体交叉的视认性，增加行车的安全性和舒适性。

2) 道路景观设计的基本要求

道路景观设计应力争使自然景观与道路工程结构物达到尽可能的协调，应从使用者的视觉、心理出发，使道路具有功能、美观及经济的一致性。

（1）根据工程及沿线区域环境特征或行政区划等，宜将道路划分为若干景观设计路段。在各景观设计路段中宜选择大型构造物和沿线有特色的景物作为设计景点。道路景观设计尽可能做到点、线、面兼顾，整体统一，使道路与沿线景观相协调。

（2）道路上的各种人工构造物的造型与色彩应考虑景观效果和驾驶者的视觉效果，尽可能减少或消除各种构造物对自然景观的不利影响。

（3）有条件时，应充分利用各种人工构造物和绿化来补偿、改善道路沿线景观，并结合不同路段的区域环境特征形成其特有的风格。

（4）应合理组合路线的平、纵、横面，保证线形流畅、视野开阔，并与自然地形相适应，避免大的切割自然地形。

（5）应利用道路沿线设施和各种人工构造物，诱导驾驶者视线，预告道路前方路况的变化，以适时采取安全行驶措施。

5.5.2 坡面修饰

坡面修饰是将匝道包围区域（包括环形匝道内和三角地带内区域）的边坡修饰成规则、圆滑和接近于自然地形的形状。坡面修饰原则上只对匝道包围区域进行，其外侧应以满足通视条件、保持坡面规整为原则进行适当修整。

坡面修饰应保持坡顶圆滑、坡面规则和坡脚顺适的要求。

1) 填方地段的边坡处理

如图 5.59 所示，路堤边坡坡顶以土路肩宽度 T 为切线长，用圆弧修整棱角成圆滑形状。边坡坡度最好随高度逐渐变化，接近底部应该平缓一些；若因地形或经济等条件限制，不能采用渐变的边坡时，可采用直线形边坡，但边坡坡度以不陡于 1∶2 为宜，最大不应陡于 1∶1.5。填方段在接近原地面的一定高度内应逐渐减缓，使其整齐、美观。坡面可只修饰匝道包围的区域。如图 5.60 所示。

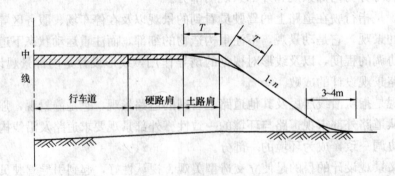

图 5.59 填方地段边坡处理

2) 挖方地段的边坡处理

立体交叉处于挖方地段时，主要应保证视距的要求，必要时应后退挖方坡脚、设视距台、挖除匝道所围区域内的小山、清除匝道曲线内侧阻挡视线的障碍物等。如图 5.61 所示，在合流端应保证主线 100m 和匝道 60m（或主线与匝道各 60m）所围区域内通视无阻，环形式匝道所围区域内的小山或其他障碍物应予以清除，以保证驾驶员能看清交汇道路（主线或匝道）上的车辆运行情况，实现安全合流。分流部位的端部应沿脊线使挖方边坡向两侧倾斜，并修整脊线成圆滑状，以起到诱导交通的作用。匝道所围区域内挖方边坡的坡顶和坡脚，一般宜用圆弧修整成圆滑形状，以开阔视野，减少压迫感。

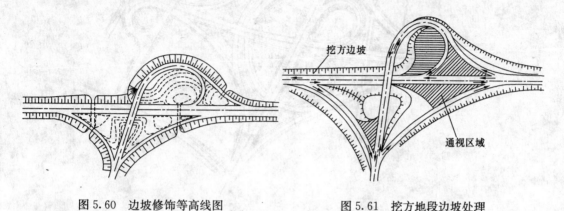

图 5.60　边坡修饰等高线图　　　　图 5.61　挖方地段边坡处理

5.5.3　绿化栽植

立体交叉范围内的绿化栽植除了美化环境、点缀城市外，还有诱导交通、提高交通安全的作用。绿化栽植应根据立体交叉各组成部分的不同功能进行绿化设计。

图 5.61 为立体交叉绿化栽植示意图，绿化栽植和禁止栽植的内容主要包括：

（1）指示栽植，采用高大乔木，设在环形匝道和三角地带内，用来为驾驶员指示位置的栽植。

（2）缓冲栽植，采用灌木，在出口一侧可栽植灌木以缩小视野，间接引导驾驶员降低车速或在车辆因分流不及而失控时，缓和冲击、减轻事故损失的栽植。

（3）诱导栽植，采用小乔木，设在匝道平曲线外侧，用来为驾驶员预告匝道线形的变化，引导驾驶员视线的栽植。匝道平曲线内一般不宜栽植乔木和高灌木，以防阻碍驾驶员的视线，在保证视距要求的条件下，可以栽植矮灌木或花丛。

（4）禁止栽植区，在立体交叉的入口处，为了保证驾驶员的视线通畅，安全合流，不能栽植树木，但可以种植高度在 0.8m 以下的草丛或花丛。立体交叉范围内的其他空地可以种花植草、栽植低矮灌木，城市道路立体交叉也可按设计图案摆放不同种类的盆花。

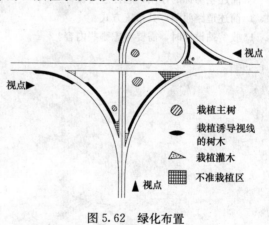

图 5.62　绿化布置

示例：组合式立交的绿化布置。

如图 5.63 所示为一大型的组合式立交。该立交由两座立交组合而成，一座是苜蓿叶

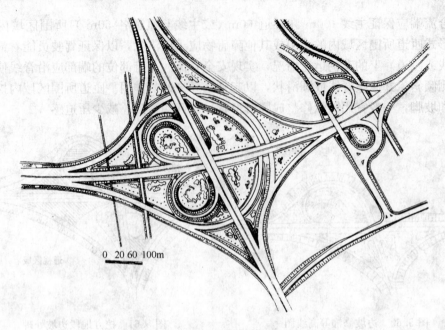

图 5.63 大型组合立交绿化布置示例

形+半定向式立交，另一座是同向部分苜蓿叶形立交。立交占地庞大，行车较复杂，给立交区绿化布置提出了较高的要求。立交绿化布置采用绿化图案与几何图形相一致的手法，行车诱导功能和绿化美化功能相统一的原则，因地制宜，点面结合，大小两个立交，其造型和绿化互相呼应，既有分离，又有过渡，既突出了重点，也兼顾了次要，给驾驶员和观行人提供了一片轻松而舒适的运行环境。

复习思考题

1. 简述护栏的作用与意义。
2. 简述轮廓标的作用，怎样进行设计？
3. 简述道路照明灯具布置方式。
4. 收费站设计时，需要考虑哪些内容？

第6章
计算机辅助设计及示例

知识要点	掌握程度	相关知识
基本概念	(1) 掌握计算机辅助设计的内容； (2) 掌握平面、纵断面和横断面设计模块； (3) 掌握挡土墙、涵洞和土石方调配模块	(1) 了解计算机辅助设计所需软件系统； (2) 了解计算机辅助设计所需硬件系统和专业软件
平交和立交设计示例	(1) 掌握平交设计方法及软件应用； (2) 掌握立交设计方法及软件应用； (3) 了解平交设计所需图表； (4) 了解立交设计所需图表	(1) 专业应用软件操作知识； (2) 平交口设计方法及图表； (3) 立交设计方法及图表

技能要点

技能要点	掌握程度	应用方向
平交设计示例	(1) 掌握平交口设计方法； (2) 掌握应用软件的使用	平交口或交通岛设计
立交设计示例	(1) 掌握立交设计方法； (2) 掌握 Autocad 及应用软件应用； (3) 了解立交设计所需的图表	(1) 立交设计； (2) Autocad 及应用软件应用

 基本概念

  计算机辅助设计及示例：平面设计模块、纵断面设计模块、横断面设计模块、挡土墙设计模块、涵洞设计模块、土石方调配模块和图表输出模块；平交口设计、交通岛设计、平交口模型、路脊线、边线和平交口范围；喇叭形立交、主线、被交线、匝道、线位数据图、连接部图、总体布置图。

引例

  计算机辅助设计在道路设计领域得到广泛应用，国内外有许多专业应用软件，如 CARD/1、MOSS、纬地、鸿业、EICAD 和 DICAD 等软件。这些专业软件具有强大的平纵横三维设计功能，使设计人员从繁杂的计算过程中解放出来，设计时间短、快，所设计图表清晰，便于设计人

员修改。同时由于计算机的快速发展，高效、动态、实时的道路设计成为可能。

6.1 计算机辅助设计

6.1.1 计算机辅助设计发展状况

计算机辅助设计（CAD）在工业与工程设计领域得到广泛应用，在道路交通领域也是一样，道路 CAD 技术的应用提高了道路设计进度，使设计人员有更多时间对设计图表进行优化、对比，从而提高设计质量，节省工程造价，给工程投资、设计和施工等部门带来了显著的经济和社会效益。20 世纪 60 年代初，计算机开始在公路设计中应用，当时主要用于繁杂的数值计算和路线优化，20 世纪 70 年代，英国、法国、原联邦德国、丹麦等一些欧美国家都相继在道路路线优化（特别是纵断面优化）和辅助设计绘图等方面取得了较成熟的成果，并在实际生产中得到用到。20 世纪 80 年代．许多工业化国家已形成了具有数据采集、设计、计算、绘图等完整功能的软件系统，并达到了商业化的水平。目前国外的道路 CAD 软件已向三维渲染、参数化设计和工程数据库支持的方向发展，所支持的设计对象也从以前的新建公路向已有道路改建发展。现在国外具有代表性的道路 CAD 软件有德国的 CARD/1 系统、英国的 MOSS 系统和美国的 INTERGRAPH-INROADS 系统等。

20 世纪 70 年代我国开始进行路线优化技术研究，有关高等院校及科研设计单位先后编制了有关的路线优化程序。20 世纪 80 年代，各单位开始开发研制路线辅助设计系统。随着计算机软硬件水平的提高，我国相继出现了许多高质量的道路设计软件，如纬地、鸿业、EICAD 和 DICAD 等。这些软件目前在道路 CAD 设计过程中得到应用，极大地促进我国道路设计事业的发展，产生巨大的经济和社会效益。

6.1.2 道路辅助设计系统的组成

计算机辅助设计（CAD）是指利用计算机及外围设备帮助设计工程师进行工程和产品的原始数据采集、设计、绘图等工作。CAD 系统由硬件和软件两部分组成。硬件包括计算机（主机、显示器、硬盘等）和外围设备（打印机、绘图机、数字化仪和图形扫描仪等），见图 6.1。CAD 系统的软件包括：操作系统（如 WINDOWS、OS／2、UNIX 等）、语言环境（如 C、FORTRAN 等）和支撑软件（如 AutoCAD，Micro Station 等）。目前

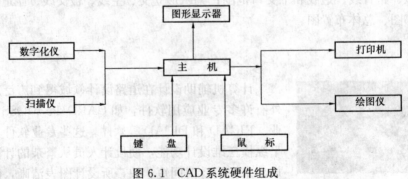

图 6.1 CAD 系统硬件组成

道路CAD系统的主机平台主要有小型机工作站和PC机两种。MOSS,INROADS就是建立在小型机平台上的道路计算机辅助设计系统,国内多以PC机作为工作平台。一个典型的PC机道路计算机辅助设计系统的主要组成如图6.2所示。

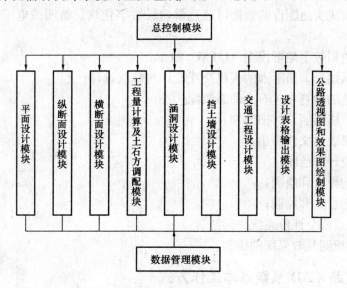

图6.2 系统的组成

6.1.3 道路设计对CAD软件的要求

道路设计有以下特点:

1) 原始资料复杂。道路设计的原始数据中包括数据和图形,且数据的随机性较大,如地形图、地质资料等。

2) 设计对象的离散性。如:地形是一个离散的三维体,在设加宽的缓和曲线段上,道路边线是一条变化曲线,无法用独立的常规方程来描述,道路边坡则是一个不规则曲面,这就造成了软件建模复杂。

3) 各部分设计有一定的次序,但也常有交叉。并且数据输入、输出贯穿于整个设计过程。因此对道路CAD软件就提出如下要求:

(1) 功能性要求,道路CAD软件应能完成设计任务,同时还要求满足数据和图形的输入、输出及编辑、修改。

(2) 可靠性要求,道路设计往往涉及的参数繁多,操作随意性大,对系统的纠错和出错保护提出了很高的要求。

(3) 可定制性要求,不同设计单位设计的习惯不同,要求设计软件可定制或修改,以适应不同设计单位使用。

(4) 易使用性要求,软件的易使用性是相对的,同一个软件,对于不同的用户,感觉也不尽相同。因此在满足功能要求的前提下,操作方式和人机界面应设计得尽可能简洁、直观。同时强大的在线帮助系统也是必须的。

(5) 可维护性要求,软件维护是软件生命周期中的重要一环,同时也是减少和解决软件在使用过程中的问题,当规范及外部条件发生变化时,能及时进行维护更新。

6.1.4 道路 CAD 系统的基本功能

道路 CAD 系统应具备以下功能：
1) 纸上定线或实地测设的数据可通过键盘、数字化仪、航测或电子手簿等方式输入计算机的技术；
2) 建立和使用数字地形模型（DTM）技术；
3) 进行平纵线形、横断面的人机交互设计与修改设计；
4) 工程数量的计算和土石方动态调配；
5) 平、纵、横断面设计图绘制；
6) 各种成果表格文件输出；
7) 涵洞的设计和绘制；
8) 挡土墙的设计和绘制；
9) 交通工程设计和绘制；
10) 道路交通安全评价系统；
11) 公路透视图及效果图的绘制。

6.1.5 道路 CAD 系统基本工作方式

道路 CAD 系统的各个模块按如下方式工作：

1. 平面设计模块

平面设计过程中，设计工程师在大比例尺（1∶2000 以上）地形图上确定道路导线位置，其后采用人机对话方式逐个完成曲线设计，在设计过程中或设计完成以后，设计工程师可对原设计进行修改，模块还可提供所定的平面方案对应的纵、横断面的信息，并可输出纵、横断面地面线略图。对实地定线所得的平面设计方案，模块可提供平面移线设计功能，最后可绘制平面设计图。

2. 纵断面设计模块

纵断面设计模块的基本工作方式为：将实测地形数据输入计算机或利用数模获得的纵断面数据，设计工程师可进行纵坡设计，以人机对话方式对设计方案进行检查、修改，直至满意，最后即可绘制纵断面设计图。计算机能显示与纵断面当前方案所对应的挖填高度等数据，供工程师检查修改作参考。同时可以结合平纵设计和自然水系等情况，确定桥梁、涵洞和挡土墙等构造物的位置。

3. 横断面设计模块

横断面设计模块工作方式为：手工输入横断面数据或利用数模获得横断面数据，设计工程师根据各路段的具体情况定义各段的标准设计横断面，计算机根据标准横断面自动进行横断面设计。因此计算机自动设计完成后，工程师即在屏幕上对横断面逐个进行连续显示检查，当发现不合理的设计即暂停显示，进行修改，而后再接着连续显示检查，直到全部断面都满意为止。最后计算机计算土石方工程数量，绘制横断面设计图并输出有关数据成果。

4. 土石方调配模块

在人工设计中通常采用逐桩调配，计算工作量大，调配的结果偶然性大，整体考虑不易做到合理。采用计算机调配土石方，可以动态观测土石方调配，利用在横断面设计输出的土石方数据，直接计算并输出 Excel 或 Word 格式的土石方计算表，方便用户打印输出和进行调配、累加计算等工作。系统可在计算中自动扣除大、中桥，隧道以及路槽的土石方数量，并考虑到松方系数、土石比例及损耗率等影响因素。最后输出土石方数量与调配表。

5. 涵洞设计模块

涵洞设计模块主要依靠部颁标准图进行设计，可完成板涵、拱涵、圆管涵中由不同进口形式组合而成的 20 余种涵洞的设计、绘图。基本工作方式为：输入设计所必须的参数，如：涵洞与路线交角、路线纵坡、超高与加宽值、涵洞的跨径、净高、涵底设计标高等基础数据，模块根据这些数据自动绘图，工程师在屏幕上对图幅稍加修改后，可绘制涵洞设计图，同时向打印机输出工程数量。

6. 挡土墙设计模块

挡土墙设计模块通常具有较强的人机交互功能，设计工程师输入相应挡土墙设计基础尺寸和路线设计数据，通过显示典型横断面检查挡土墙高度是否合理，如不合理则可修改，高度、地质等基础数据确定后，计算机自动绘制图表，设计工程师可以对图形进行修改编辑，即可绘制挡土墙设计图，同时计算工程数量并输出。

7. 交通工程设计模块

交通工程设计模块包括交通标志、路面标线、信号系统三大功能模块。各模块涵盖交通设施布局、设计、修改、工程量统计和成图成表等工作流程。该模块以国家和行业规范为基础，涵盖国标中全部标志牌、标线、信号设备等图库。设计工程师可绘制交通标志、路面标线、信号相位图和相应的图例，同时提供工程数量的统计表格。

8. 设计表格输出模块

该模块的功能就是向打印机输出主要技术经济指标表、路基设计表、土石方计算表、路基每公里土石方数量表、逐桩坐标表、直线及曲线一览表、边沟（排水沟）设计表等多种设计表格，能直接复印装订成册。设计工程师只要输入表格名称及打印起讫点，计算机即自动打印。

9. 透视图及效果图绘制模块

《公路路线设计规范》明确要求：一级公路以及风景区公路的个别路段应绘制公路透视图予以评价。有条件时二、三级公路的个别路段亦可采用公路透视图进行检验。对于道路设计的平纵横组合及其安全、舒适性的评价，透视图和效果图是直观、有效的方法。

6.2 平交设计示例

设计交叉口的主线为双车道山岭区二级公路，被交线为某立交 A 匝道，交叉口采用渠化交通设计。

1. 原始资料

1）交叉点主线里程：K0+500。

2）设计路线（主线）设计资料：

(1) 公路等级：二级公路；设计速度：60km/h。

(2) 交叉口处于主线的直线段。主线中线上交叉点前后两点的坐标如表6.1所示。

主线中线坐标表　　　　　　　　　　　　　　　　　　　　表6.1

序号	里　程	X坐标	Y坐标
1	K0+448.765	X=3338783.145285	Y=35540264.886281
2	K0+500	X=3338732.448071	Y=35540272.291857
3	K0+542.739	X=3338690.157712	Y=35540278.469404

(3) 主线路幅资料：路基宽10m；行车道宽7.0m；硬路肩宽0.75m；土路肩宽0.75m。

(4) 主线纵坡和横坡

纵坡：－2.904%（从北往南）。

路拱横坡：2%；土路肩横坡：3%。

3) 被交线（A匝道）平面设计资料

(1) 公路等级：立交对向分离双车道匝道；设计速度：60km/h。

(2) 交叉口处于被交线的直线段。被交线中线上两点坐标如表6.2所示。

被交线中线坐标表　　　　　　　　　　　　　　　　　　　表6.2

序号	里　程	X坐标	Y坐标
1	K0+000	X=3338732.448071	Y=35540272.291857
2	K0+049.067	X=3338750.642548	Y=35540317.861334

(3) 被交线路幅资料：路基宽15.5m；中央分隔带宽1.0m；行车道宽2×3.5m；硬路肩宽2×2.5m；土路肩宽2×0.75m。

(4) 被交线纵坡和横坡

纵坡：1.29%（往交叉口倾斜）。

路拱横坡：2%；土路肩横坡：3%。

2. 平面设计

1) 平面线形设计

转角曲线A的右转车速选用35km/h，根据计算路面转角曲线半径A采用40m。转角曲线A路基的转角曲线半径采用40－0.75＝39.25m。转角曲线B的右转车速选用30km/h，根据计算路面转角半径B采用30m，转角曲线A路基的转角曲线半径采用30－0.75＝29.25m。

转角曲线线形设计通常采用单圆形，也可以采用多心复曲线设计，本例采用较简单的单圆形设计。转角曲线设计方法有两种，一种是标明圆心的坐标；另一种是确定转角曲线的元素转角表，本例就是采用第二种，采用纬地软件主线平面设计或立交平面设计均可，然后选择表格—绘制元素曲线表即可。

2) 交通岛设计

相交公路设有中央分隔带。本例采用渠化交通设计，因交叉口较大，防止车辆行驶混乱，采用导流岛来分隔道路交通流。由《城市道路交叉口设计规程》CJJ 152—2010 表 4.7.6-1 可知，本例交叉口二相交道路设计速度为 60km/h，因此偏移值 S 取 0.5m，内移距 Q 取 0.75m，R_0 取 0.5m，R_1 取 1.0m，R_2 取 1.5m。

3. 竖向设计

竖向设计模式：相交公路的等级相近，在交叉口范围内，主线与被交线的纵坡都保持不变，横坡都改变。

交叉口的交叉角为 77°，大于 75°，路脊线不用调整。交叉口特征点的设计标高可根据 2.7.3 节方法计算。

可采用纬地平交口设计软件进行设计，方法如下：

1) 路拱的设置，选择路拱的形式和坡度；
2) 创建平交口模型，依次选择路脊线、边线和平交口范围；
3) 进行等高线设置和标注设置；
4) 输入特征点的高程，然后输出等高线，平交竖向设计完成。

4. 设计成果

根据以上的原始资料和设计方法，绘制出该三路交叉口的平面设计图和高程设计图，具体见图 6.3、图 6.4。

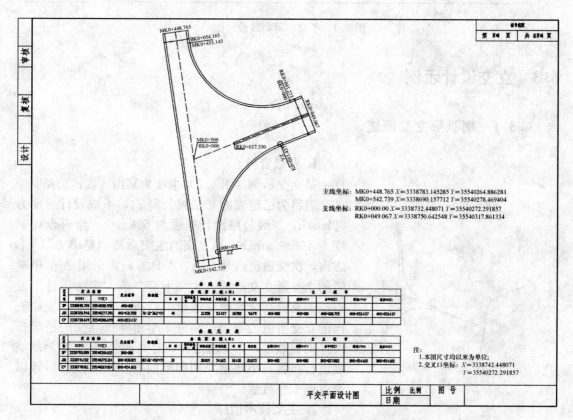

图 6.3 平交平面设计图

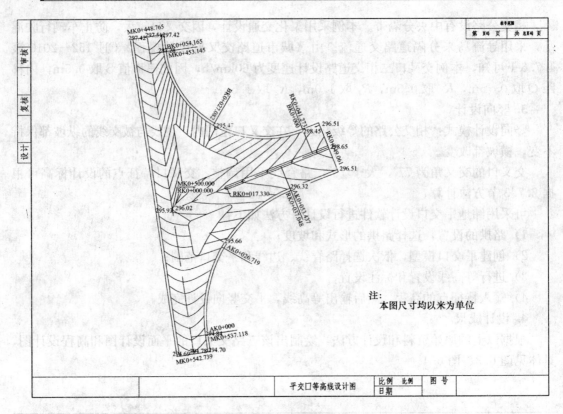

图 6.4 平交口等高线设计图

6.3 立交设计示例

6.3.1 喇叭形立交概述

1. 背景资料

某立交示例（图 6.5）主线为某山区高速公路 Z_1，被交道路为已建成的某二级公路 Z_2，主线设计速度为 80km/h，二级公路设计速度为 60km/h，匝道设计速度为 40~60km/h。该立交的主交通流向是 B-A、A-D 方向，次交通流向是 C-A、A-B 方向，采用 A 型单喇叭的全互通立交形式，主线下穿。该方案的设计出发点是：充分结合预测交通量的特点，在保证主交通流向的立交匝道的等级较高外，尽量降低立交的桥梁长度等工程数量，立交匝道沿现有高速公路 Z_1 的两侧空地进行布置，小环道采用卵形曲线，尽量减少拆迁以及占地工程数量。

2. 主要技术指标

1）计算行车速度

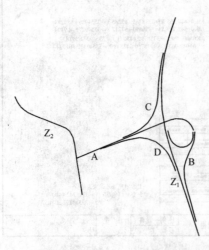

图 6.5 喇叭形立交示意图

相交的主线 Z_1 为某山区高速公路，计算行车速度为 80km/h；被交线 Z_2 为某山区二级公路，计算行车速度为 60km/h；A 匝道双车道段计算行车速度为 60km/h，A 匝道小环道段、B、C、D 匝道计算行车速度为 40km/h。

2）平面设计线形指标

具体平面线形指标如表 6.3 所示。

匝道设计参数　　　　　　　　　　　　　表 6.3

匝道	匝道设计速度 (km/h)	圆曲线最小半径 (m)	回旋线参数		分流鼻处匝道平曲线的最小曲率半径 (m)
			A (m)	L (m)	
A_1	60	150	70	50	250
A_2、B、C、D	40	60	35	35	250

3）桥下净空

机动车采用 5.0m。

4）路基及车道宽度

高速公路 Z_1 采用 24.5m 宽的双向四车道断面（图 6.6），行车道宽为 2×7.5m；二级公路采用 10m 宽的双向双车道断面（图 6.7），行车道宽为 2×3.5m；A 匝道采用 15.5m 宽对向分隔双车道断面（图 6.8），行车道宽为 2×3.5m；A 匝道单车道、B、C、D 匝道采用 8.5m 宽单车道断面（图 6.9），行车道宽为 3.5m。

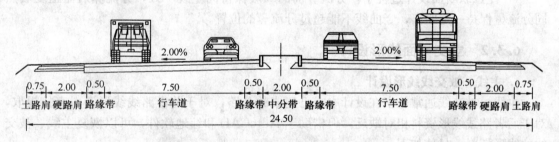

图 6.6　24.5m 高速公路横断面（尺寸单位：m）

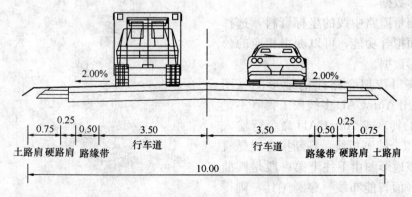

图 6.7　10m 二级公路横断面（尺寸单位：m）

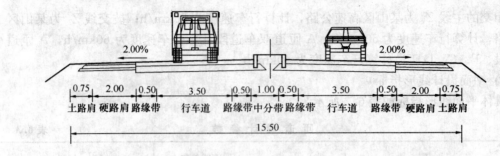

图 6.8 对向分隔双车道匝道横断面（尺寸单位：m）

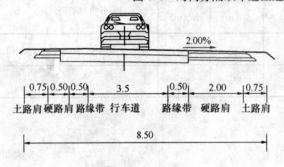

图 6.9 8.5m 单车道匝道横断面（尺寸单位：m）

3. 设计要点

图 6.5 所示为喇叭形立交设计图，设计要点如下：

1) 首先设计 A 匝道，注意 A 匝道同主线 Z_1 斜交的角度，如果地形有限，斜交角度可以小点，这时 A 匝道小环道往往形成卵形或多心复曲线，斜交角度较大时，可采用单圆形曲线，但占地面积相对较大。

2) 注意 B 匝道与 A 匝道小环道的偏移，同时注意 A、B 匝道在此位置分岔。

3) 注意加速车道和减速车道偏移值不同。

4) 注意纵断面设计过程中，分流鼻前的纵坡保持同主线一致，分流鼻后匝道变坡点同分流鼻保持一定距离，竖曲线不能超过分流鼻的位置。

6.3.2 立交平面线形设计

1. 主线、被交线线形设计

主线、被交线通常是正在设计中或已建成的公路，对于前者路线线形资料直接提取，对于后者路线线形资料相对缺乏，但借助于 AutoCAD 和纬地软件，可以恢复主线、被交线的线形资料，具体如下：

1) 从旧路或已建成公路资料恢复主、被交线线形数据

可以测量道路中线的坐标资料，选择设计—平面拟合功能，可以获得相应的公路平面线形数据。

（1）获得待拟合路线的地形图（图 6.10），采用 AutoCAD 多线段工具（不是一般线段工具）或 AutoCAD 命令行输入 PL，沿待拟合线画折线，判断拟合线是直线或圆，该地形图由下往上第一段是圆曲线，选择平面智能布线—穿圆工具，则得到拟合圆，提示你输入圆的半径，输入相

图 6.10 某地形图

应的圆半径即可。随后按上述方法拟合第二段圆和第三段直线。采用 AutoCAD 剪切工具修剪圆弧，使其满足接线即可。

（2）采用平面智能布线的曲线相接工具分别选择相邻圆曲线和直线，得到拟合的路线线形曲线（图 6.11）。

（3）采用平面智能布线—转为匝道工具（或转为交点），选择相接的路线线形曲线，则提示曲线完成转换。然后打开立交平面设计（或打开主线平面设计）（图 6.12），拟合的路线的线形同图内道路基本重合（图 6.13）。

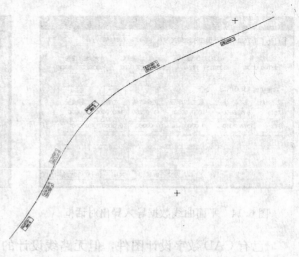

图 6.11　拟合后的路线线形

2）从已知路线交点数据资料恢复主、被交线线形数据

（1）选择设计—主线平面设计功能，输入相应的路线交点数据（表 6.4），在对话框输入相应的半径和缓和曲线参数值，即可恢复主线、被交线线位资料。

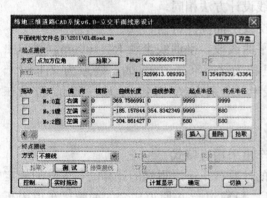

图 6.12　立交平面设计图

图 6.13　拟合的线形与原路线比较

某主线平面设计数据表　　　　　　　　　　　　　　　　　表 6.4

桩　号	大　地　坐　标	
K86+700.000	X=3338317.17235	Y=35540929.06873
JD1	X=3339120.73553	Y=35540659.21279
K87+891.350	X=3339468.64159	Y=35540803.74860

半径 $R=1000m$，前缓和曲线 160m，后缓和曲线为 0m

（2）选择数据—平面数据导入导出工具，输入相应的数据，存盘。然后导入为交点数据，即可恢复主线、被交线线位资料（图 6.14）。

（3）选择数据—平面交点导入导出工具，输入相应的数据，存盘。然后导入为交点数据，即可恢复主线、被交线线位资料（图 6.15）。

3）从已有 CAD 数字设计图件恢复主、被交线线形数据

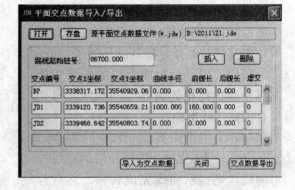

图 6.14　平面曲线数据导入导出对话框　　　　图 6.15　平面交点数据导入导出对话框

已有 CAD 数字设计图件，但无路线设计的交点数据，可选择设计—立交平面设计，结合 AutoCAD 修剪功能，分段拾取主线、被交线的线位数据，从而恢复主、被交线线形数据。

4）从主、被交线平面设计获得主、被交线线形数据

可选择设计—主线平面设计功能，选择相应的交点和圆曲线半径等参数，设计相应的主线、被交线平面线形数据。该方法与一般路线设计方法相同。

本例采用第 3 种方法获得某立交主线、被交线平面设计数据。

在该互通式立交范围内，主线处于直线—平曲线段，平曲线半径 $R=1000m$，缓和曲线参数 $A=400m$。主线在立交范围的起点里程为 $Z_1K86+700.000$，终点为 $Z_1K87+891.530$。被交线为两平曲线加直线，两平曲线半径分别为 $R_1=140m$、$R_2=80m$。立交在被交线的设计起点为 $Z_2K0+500.000$。

2. 变速车道和辅助车道

该立交单车道加速车道采用平行式，减速车道采用直接式。

变速车道的长度和出入口渐变率根据主线的计算行车速度得到的计算值与规范的规定值比较，取其大者，具体数据如表 6.5 所示。C、D 匝道与 A 匝道相交的加减速车道因车速相差不大，未按表内数据设计。

变速车道长度及分流鼻半径指标　　　　表 6.5

变速车道类别		主线设计速度 (km/h)	变速车道长度 (m)	渐变率 (1/m)	渐变段长度 (m)	主线硬路肩或其加宽后的宽度 C_1 (m)	分、汇流鼻端半径 r (m)	分流鼻处匝道左侧硬路肩加宽 C_2 (m)
A-Z_1	加速	80	180	—(1/40)	70(160)	2.5	0.6(0.75)	
B-Z_1	减速	80	110	1/20	80	3.0	0.60	0.80
C-Z_1	减速	80	110	1/20	80	3.0	0.60	0.80
C-A	加速	60	155	—(1/35)	60(140)	2.5	0.6(0.70)	
D-A	减速	60	95	1/17.5	70	3.0	0.60	0.70
D-Z_1	加速	80	180	—(1/40)	70(160)	2.5	0.6(0,75)	

3. 匝道线形设计

喇叭形立交中 A 匝道设计是关键，B、C、D 匝道的设计有待 A 匝道设计的数据，因此通常喇叭形立交中 A 匝道最先设计。

1) A 匝道线形设计

通常对 A 匝道采用两种方法来进行设计，第一种是将 A 匝道作为整体设计，在分岔处将小环道曲线偏移一定距离，然后接 Z_1 高速公路，分岔前 A 匝道采用对向分隔双车道，分岔后采用单车道匝道。第二种是将 A 匝道从分岔处分为两匝道来设计。第一种方法相对直观，整体性好，本例采用前一种方法进行设计。

A 匝道的起点位于被交线，而 A 匝道往往跨越主线，因此尽量在跨线部分设计为直线或较简单的曲线，进入分岔处，A 匝道分为 A、B 匝道，设计中心将发生偏移值，同时 A 匝道与 Z_1 主线间为加速车道，因而 A 匝道接线位置为主线最外侧的附加车道的中心线，本例具体数据如下：

根据单向匝道、双向匝道与主线的标准横断面，小环道起终点应位于如下两偏置线上：

双向匝道设计线偏置值＝1.0/2＋0.5＋3.50/2＝2.75m

主线偏置值＝2.0/2＋0.5＋2×3.75＋0.5＋3.50/2＝11.25m

A 匝道与主线 Z_1 的加速车道长度按我国《公路路线设计规范》JTG D20—2006 11.3.7 条规定："变速车道为单车道时，减速车道宜采用直接式，加速车道宜采用平行式。变速车道为双车道时，加、减速车道均应采用直接式。"因此 A 匝道分流鼻端后段匝道进入高速公路时按平行式加速车道设计，如表 6.5 所示。

在纬地设计中，A 匝道设计可以采用如下方法：

(1) 采用立交平面设计方法，确定 A 匝道在被交线上的桩号位置和方位角，然后开始设计其他线形；

(2) 采用 AutoCAD 绘制 A 匝道的示意图，采用设计—主线平面设计（图 6.16）选择交点位置并设计好相应线形数据，保存后进入立交平面设计。

本例采用第二种方法进行设计，进入设计—立交平面设计时，注意将控制一线元连续勾选，随后分别设计线位（图 6.17）（本例采用圆—缓—圆的卵形线组合，也可以采用二心或三心复曲线组合或单圆形组合），分别设计缓和曲线—圆曲线和缓和曲线，在圆曲线

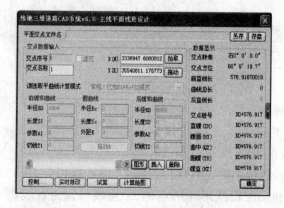

图 6.16　主线平面设计菜单

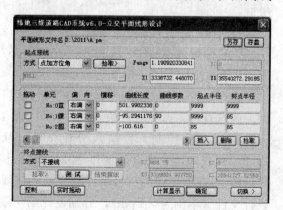

图 6.17　立交平面设计菜单

和第二缓和曲线间有 2.75m 的偏置值。准备接线操作。在接线操作前，首先看接线的对象，该处接线的对象是一段圆弧，而终点接线方式主要有七种，即：不接线、圆+缓+圆（卵形）、圆+缓+缓+圆（S形）、圆+缓+直、直+缓+圆、圆+直、圆+圆。本例选择圆+缓+圆（卵形）（图 6.18），先用 AutoCAD 偏移工具将接线对象偏移 11.25m，将拖动的勾勾选在直线段，然后拾取偏移有圆弧（注意，如是接线对象是直线的话，注意拾取的方向同车道行驶的方向一致）。

实施拖动操作，第一种方法是随鼠标的移动，A 匝道的线形在不断变化，当线形合适时松开鼠标，然后测试，输入 A 值，本例输入 A=80，最后点击结束接线，保存即可（图 6.19）。第二种方法是随鼠标的移动，A 匝道的 A 值是不断变化，在拖运过程中，可以不断地按 S（减小）和 L（增大）来调整 A 值，当 A 值达到 80（设定值）时松开鼠标，点击结束接线，保存即可。A 匝道基本设计完毕，但 A 匝道与 B 匝道分岔的位置尚未最后确定，待 B 匝道设计完后再确定。

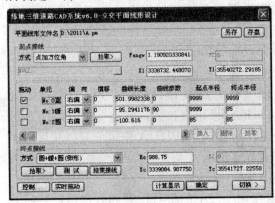

图 6.18　接线方式

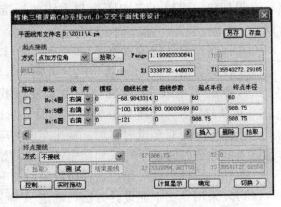

图 6.19　测试及保存

2) B 匝道线形设计

B 匝道的设计相对简单。起点为减速车道，偏移位置为主线外侧车道的中心线位置，终点接 A 匝道分岔处，其偏置值如下：

根据单向匝道、双向匝道与主线的标准横断面，B 匝道起终点应位于如下两偏置线上：

双向匝道设计线偏置值=1.0/2+0.5+3.50/2=2.75m

主线偏置值=2.0/2+0.5+3.75+3.75/2=7.125m

B 匝道减速车道长度如表 6.5 所示。

在纬地设计中，选择设计—立交平面设计，采用文件控制_2［注意起点方式有四种，即：两点直线、点加方位角、文件控制_1（两点直线加文件控制）和文件控制_2（点加方位角加文件控制）］。输入分流角度，从《公路路线设计规范》JTG D20—2006 表 11.3.7-3 获知，主线设计速度 80km/h，相应的减速单车道渐变率 1/20，换算为 0.05。随后随意取 Z_1 主线的桩号（注意在拖动接线的过程中确定具体位置），文件选择相应主线设计文件（本例为 Z_1.pm），分别设计第一段和第二段线形［因本例 Z_1 主线位置为直线，因此第一段线形为直线段，第二段线形为缓和曲线（如果主线为圆曲线的话，则第一段应为圆曲线，圆曲线半径取决于主线的圆曲线半径加减偏置值)]（图6.20）。但设计的线形必须满足减速车道的长度要求，从《公路路线设计规范》JTG D20—2006 表11.3.7-3 知，单车道减速车道渐变段长度80m，变速车道长度110m，通过搜索端部的命令，可知该减速车道长度是否满足规范要求，如不满足，可修改第一、二段的长度直至满足为止。考虑B匝道线形情况，本例B匝道圆曲线半径取200m（图6.21）。

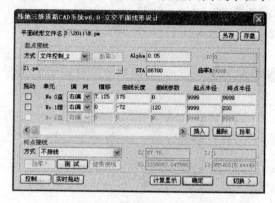

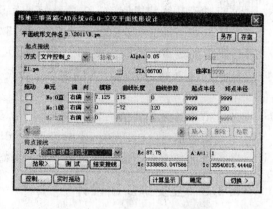

图6.20　B匝道第一、二段线设计　　　　图6.21　B匝道接线方式

准备接线，在接线前将A匝道接线部位的圆曲线用AutoCAD偏移工具偏移2.75m，因接线的对象是圆弧，本例B匝道终点接线方式选择圆＋缓＋缓＋圆（S形），拖动对象不用选择，即为拖动整条线形。点击实时拖动操作，至适合的位置松开鼠标即可，测试，输入A＝100，点结束接线，保存即可（图6.22）。至此B匝道设计完成。

但是A、B匝道不是在同一位置分岔，这样有必要重新调整A匝道分岔处的位置。重新加载A匝道线位，以B匝道的终点为基础，将A匝道的85m圆弧部分多余的部分剪去，然后点工具—查询单元，获得圆弧剪切后的实际长度（图6.23），将实际长度复制粘贴到相应位置，计算显示，发现圆弧后偏置段发生移动，删除第二缓和曲线后的线位，重新接线，勾选第二缓和曲线，选择圆＋缓＋圆（卵形）接线方式，拖动接线，测试，输入A＝80，点结束接线，这样A匝道线形重新调整完毕，可以看到A、B匝道在分流鼻处偏移的位置相同，A、B匝道设计完成。

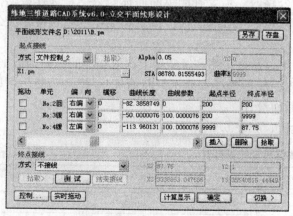

图6.22　测试及保存　　　　　　　　　图6.23　查询单元数据

当然也可以将 A、B 匝道分成三匝道来设计，具体操作基本相同，在此不再叙述。

3）C、D 匝道线形设计

C、D 匝道设计同上述操作，不再叙述。

C 匝道起点自 Z_1 主线分流，为减速车道，终点汇入 A 匝道，为加速车道，其相应的偏置值如下：

A 匝道设计线偏置值＝1.0/2＋0.5＋3.50＋0.5＋3.50/2＝6.75m

主线偏置值＝2.0/2＋0.5＋3.75＋3.75/2＝7.125m

C 匝道加减速车道的长度如表 6.5 所示。

D 匝道自 A 匝道分流，为减速车道，终点汇入 Z_1 主线，为加速车道，其相应的偏置值如下：

A 匝道设计线偏置值＝1.0/2＋0.5＋3.50/2＝2.75m

主线偏置值＝2.0/2＋0.5＋2×3.75＋0.5＋3.50/2＝11.25m

D 匝道加减速车道的长度如表 6.5 所示。

6.3.3 立交纵断面设计

立交纵断面设计除克服上、下高差外，最主要的作用是处理好出入口处匝道与主线的纵坡衔接问题，匝道各段纵坡与平面线形相协调，满足交叉处桥跨、通道净空需要。

1. 纵断面数据获取

纵断面数据获取有两种方法，一是从数据—纵横断面数据输入，手工输入所需要的纵断面数据，工作量大，效率低。二是利用纬地的数模功能，但需要数字地形图，速度快，效率高。

在纬地设计过程中，打开数模—新数模，建立新数模。选择三维数据输入，可以选择不同的数据格式，常用的数据格式是 DWG 和 DXF 格式，选择立交设计所用的三维地形图。随后进行数据预检—三角构网—网格显示，也可以进行三角网优化和优化数模边界等操作，选择数模应用获得纵断面插值。即可进行纵断面设计。

2. 主线、被交线纵断面设计

主线、被交线纵断面设计同一般路线设计方法相同。但针对现有设计中或已建公路和旧路来说，设计方法略有差别，具体如下：

1）当主线、被交线是旧路或已建的公路时，需要补测纵断面标高数据，选择数据—纵断面数据输入菜单手工输入。然后选择设计—纵断面优化/拟合功能，可以获得相应公路纵断面设计数据并进行纵断面设计。

2）当具有数字地形图或纸质资料，可以从数字图和纸质图上获取相应的纵断面数据，选择数据—纵断面数据输入菜单手工输入。然后选择设计—纵断面优化/拟合功能，可以获得相应公路纵断面设计数据并进行纵断面设计。

3）已知纵断面线资料恢复纵断面设计，如表 6.6 所示。

某主线纵断设计资料表　　　　　　表 6.6

桩　号	高　程	竖曲线半径	桩　号	高　程	竖曲线半径
86700.000	292.313		87620.000	303.891	14000
86843.680	290.646	9000	87891.530	298.595	

4）当全新设计主线、被交线时，可利用从数据—纵断面数据输入或利用纬地数模功能获取纵断面数据，进行纵断面拉坡设计并完成纵断面设计。

3. 匝道纵断面设计

1）A 匝道纵断面设计

A 匝道纵断面设计相对较为复杂，主要有以下关键点：①A 匝道起点的高程确定；②A 匝道跨线桥的位置及高程确定；③A 匝道与 B 匝道分岔点高程的确定与处理；④A 匝道与主线汇合的加速车道坡度的确定。

（1）A 匝道起点高程确定，A 匝道与被交线交于 $Z_2K0+500$，加载 Z_2 线位，选择工具—设计标高命令，输入交点在 Z_2 线的桩号 $Z_2K0+500$，则得到 296.021m 的高程，此高程就是 A 匝道起点的高程，在进行 A 匝道纵断面设计时输入。

（2）跨线桥位及高程确定，按主线 Z_1 和 A 匝道加速车道的宽度，先确定跨线桥具体位置。用工具—搜索桩号 A 匝道上相应位置的桩号。本例为 AK0+489.086～AK0+523.586 区间。然后按 3.4.3 节确定桥下净空，本例桥梁净空 5.00m，加上跨线桥桥梁上部构造高度等，跨越高度为 6.30m 左右。用同样的方法查 A 匝道与主线 Z_1 交点处 Z_1 主线的高程，得到其设计高程 298.973m，加上净空要求高程，即桥面高程为 305.303m。设计过程中跨线桥面高程高于此高程即可。

（3）确定分岔点设计高程，本例 A 匝道设计分为两段，分岔处前为对向分隔双车道，分岔处后为单向单车道设计，在分岔点，设计线相应偏置 2.75m，因此在分岔点设计高程有差异。分岔点的桩号为 AK0+697.908，用前述方法获得高程 299.636m，此处超高率为 10%，相应偏置点的高程为 299.636−2.75×10%=299.361m。因此纵断面设计过程中，此点有两交点，位置相同，但两高程不同，分别为 299.636m 和 299.361m。

（4）A 匝道与 Z_1 主线汇流段纵坡设计，参考 3.7.2 变速车道纵坡设计节。选择工具—点到曲线功能，求出该点对应的主线 Z_1 的桩号，随后选择工具—设计标高功能获取该 Z_1 主线点的高程，用 AutoCAD 工具—查询两点的距离，这时可以根据主线横坡度计算 A 匝道该点的高程。得到 A 匝道鼻端到加速车道终点各点的高程，然后获得其平均坡度，本例该处的平均坡度为 1.896%，同时可以获得 A 匝道终点的设计标高。

选择项目—设计向导，设计 A 匝道的横断面、边坡、水沟和加宽方式等指标（注意 A 匝道有两种路面，设计指标不同，分段设计）。然后加载前期做的数模文件，获得 A 匝道的纵断面插值和横断面插值数据。然后设计—纵断面设计，即可完成 A 匝道纵断面设计，保存。并且布置好桥梁和涵洞的位置的类型。在数据—控制参数输入相应的桥、涵洞数据。设计—纵断面绘图，可获得 A 匝道纵断面设计图（图 6.24）。

2）C 匝道纵断面设计

C 匝道与 Z_1 主线分流段纵坡设计，选择工具—点到曲线功能，求出该点对应的主线 Z_1 的桩号，随后选择工具—设计标高功能获取该 Z_1 主线点的高程，用 AutoCAD 工具—查询两点的距离，这时可以根据主线横坡度计算 C 匝道该点的高程。得到 C 匝道减速车道起点到鼻端各点的高程，然后获得其平均坡度，本例该处的平均坡度为 −0.423%。

C 匝道与 A 匝道汇流段纵坡设计，选择工具—点到曲线功能，求出该点对应的 A 匝道的桩号，随后选择工具—设计标高功能获取该 A 匝道点的高程，用 AutoCAD 工具—查询两点的距离，这时可以根据 A 匝道横坡度计算 C 匝道该点的高程。得到 C 匝道鼻端到

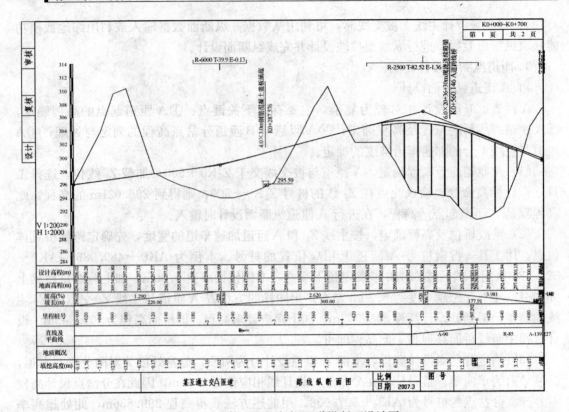

图 6.24 某互通立交 A 匝道纵断面设计图

加速车道终点各点的高程，然后获得其平均坡度，本例该处的平均坡度为 −3.720%，同时可以获得 C 匝道终点的设计标高。

选择项目—设计向导设计好 C 匝道的横断面、边坡、水沟和加宽方式等指标。然后加载前期做的数模文件，获得 C 匝道的纵断面插值和横断面插值数据。然后设计—纵断面设计，即可完成 C 匝道纵断面设计，保存。并且布置好桥梁和涵洞的位置的类型。在数据—控制参数输入相应的桥、涵洞数据。设计—纵断面绘图，可获得 C 匝道纵断面设计图（图 6.25）

B、D 匝道纵断面设计方法同前述，即可相应获得 B、D 匝道的纵断面设计图。

6.3.4 立交端部及横断面设计

立交端部设计是很重要的内容，前两节平面设计和纵断面设计涉及端部设计的内容，本节详细探讨端部设计的基本方法。

1. 端部设计支距文件

查《公路路线设计规范》JTG D20—2006 表 11.3.7-3 可知，端部小鼻端位置，为给误行车辆提供返回余地，行车道边缘硬路肩有一定加宽，本例出口处主线 Z_1 线硬路肩可加宽至 3.0m，A 匝道硬路肩可加宽至 3.0m，B、C 匝道与 Z_1 主线分流位置可加宽 0.8m，而 A 匝道与 D 匝道分流位置可加宽 0.7m。入口处主线 Z_1 线硬路肩可加宽至 2.5m，A 匝道硬路肩可加宽至 2.5m，A、D 匝道与 Z_1 主线汇流位置不加宽，而 A 匝道与 C 匝道汇流位置不加宽。本例立交各端位支距值见表 6.7。

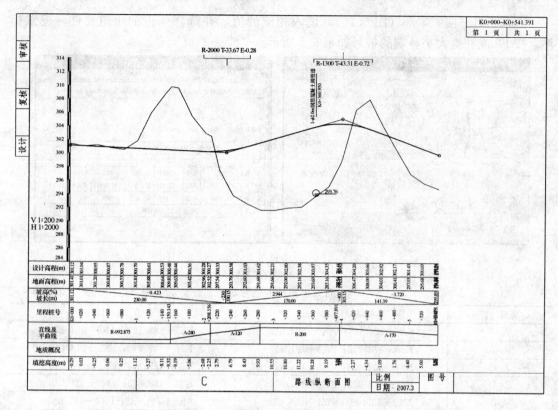

图 6.25 某互通立交 C 匝道纵断面设计图

各端部支距值　　　　　　　　　　　　　　表 6.7

端部位置	小鼻端（$R=0.6$m）	大鼻端（$R=1.0$m）
Z_1-A	$D_1=2.0/2+0.5+7.5+2.5=11.5$ $D_2=3.5/2+1=2.75$	$D_1=2.0/2+0.5+7.5+2.5+0.75=12.25$ $D_2=3.5/2+1+0.75=3.5$
Z_1-B	$D_1=2.0/2+0.5+7.5+3=12$ $D_2=3.5/2+1+0.8=3.55$	$D_1=2.0/2+0.5+7.5+2.5+0.75=12.25$ $D_2=3.5/2+1+0.75=3.5$
Z_1-C	$D_1=2.0/2+0.5+7.5+3=12$ $D_2=3.5/2+1+0.8=3.55$	$D_1=2.0/2+0.5+7.5+2.5+0.75=12.25$ $D_2=3.5/2+1+0.75=3.5$
Z_1-D	$D_1=2.0/2+0.5+7.5+2.5=11.5$ $D_2=3.5/2+1=2.75$	$D_1=2.0/2+0.5+7.5+2.5+0.75=12.25$ $D_2=3.5/2+1+0.75=3.5$
A-B	$D_1=3.5/2+1=2.75$ $D_2=3.5/+1=2.75$	$D_1=3.5/2+1+0.75=3.5$ $D_2=3.5/2+1+0.75=3.5$
A-C	$D_1=1.0/2+0.5+3.5+2.5=7.0$ $D_2=3.5/2+1=2.75$	$D_1=1.0/2+0.5+3.5+2.5+0.75=7.75$ $D_2=3.5/2+1+0.75=3.5$
A-D	$D_1=1.0/2+0.5+3.5+3.0=7.5$ $D_2=3.5/2+1+0.7=3.45$	$D_1=1.0/2+0.5+3.5+2.5+0.75=7.75$ $D_2=3.5/2+1+0.75=3.5$

选择工具—搜索端部（图 6.26），填入相应的值，并选择邻近的匝道文件，搜索标注。按 F2 或获得大小鼻端的桩号如表 6.8 所示。

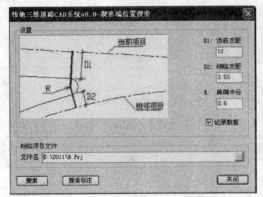

图 6.26 小鼻端

各大小鼻端的桩号表　　　　　　　　　　　　　　　　　　　　表 6.8

端部位置	小鼻端（$R=0.6$m）	大鼻端（$R=1.0$m）
Z_1-A	K87+226.715；AK0+884.536	K87+223.269；AK0+881.233
Z_1-B	K86+972.232；BK0+191.412	K86+999.750；BK0+218.660
Z_1-C	K87+502.058；CK0+194.418	K87+487.834；CK0+208.843
Z_1-D	K87+153.032；DK0+415.971	K87+158.023；DK0+411.013
A-B	AK0+732.084；BK0+456.855	AK0+746.642；BK0+441.054
A-C	AK0+362.564；CK0+443.828	AK0+368.813；CK0+437.653
A-D	AK0+291.343；DK0+155.323	AK0+300.982；DK0+164.912

2. 主线宽度文件修改

以 Z_1-B 端部设计为例进行设计并修改宽度文件如下：

1）选择工具—点到曲线，获得 B 匝道起点对 Z_1 主线的桩号，本例相应的桩号为 K86+780.816。然后选择项目—数据编辑器选取 Z_1 的宽度文件，D：\2011\Z1.wid，如图 6.27 所示。

2）本宽度文件内数据每两段为一组，详细请看软件帮助文件，首先修改第一段，B 匝道位于 Z_1 主线的右侧，第一段为 Z_1 主线的起点至 B 匝道的起点，即 K86+700～K86+780.816，该段线宽度没有变化，如图 6.28 所示。

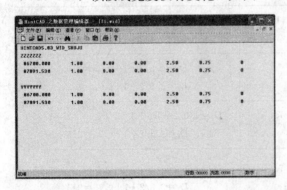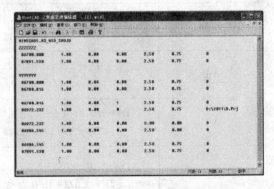

图 6.27 Z_1 宽度文件　　　　　　图 6.28 Z_1 端部宽度文件修改（Z_1-B）

3）第二段为 B 匝道的起点到小鼻端位置，也就是减速车道渐变段和减速段的位置，道路的宽度发生变化，将第四列的数据分别改为 1 和 0，然后在第 7 列位置引入 B 匝道的项目文件，供绘制连接部图时计算用。

4）第三段为小鼻端到大鼻端间，这两组数据就是将小鼻端的硬路肩宽度改为 3.0m，同时将小鼻端和大鼻端位置的土路肩宽度修改为 0m。

5）第四段为大鼻端以后地段，该段路面宽度文件不必修改，这样可完成 Z_1-B 端部文件修改。

6）采用同样的方法修改 B 匝道在该端部的宽度文件（图 6.29）。点绘图—绘制连接部图，得到图 6.30。

7）采用前述方法可以完成该立交其他端部的设计和宽度文件的修改。

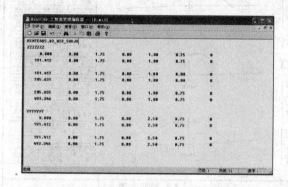

图 6.29　B 端部文件修改（Z_1-B）

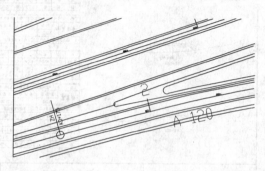

图 6.30　Z_1-B 端部图

3. 横断面设计

横断面设计相对简单，在本节前设计主线、被交线和各匝道的横断面形式，此处设计俗称"戴帽子"，横断面的边坡和边沟在设计向导时设计，同时桥涵和挡土墙可以通过数据—控制参数输入来定义。对于主线、被交线是旧路或已建公路的情况，可通过补测横断面高程数据，利用数据—横断面数据输入或导入菜单手工输入数据。对于具有数字地形图的图件，可以利用数据—横断面数据输入或利用数模获得主线、被交线和各匝道的横断面插值。下面简单介绍如下：

1）路基设计计算。

2）横断面设计绘图，将相应的选项选择即可。

3）横断面设计成果，如图 6.31 所示。

4）分离式路基设计

立交设计过程中，主线与匝道、匝道与匝道的分合处涉及分离式路基的处理。具体设计如下：

选择设计—分离式路基处理，然后选择相邻项目，点击批量搜索，然后选中横断面的中线，回车后弹出对话框，回答是否确定剪断原有设计线，重新绘制，确定即可。以立交 A-D 匝道分流处为例，A-D 匝道小鼻端的位置在 AK0+291.343；DK0+155.323 处，先加载 A 匝道项目，输出 A 匝道横断面图，然后选择设计—分离式路基处理（图 6.32），相邻项目选择 D 匝道，搜索宽度设置为 100m，选择批量搜索或单个搜索，按提示选中路基

216 | 第 6 章 计算机辅助设计及示例

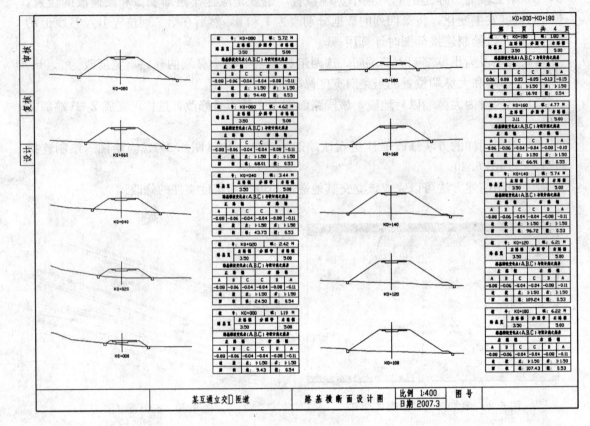

图 6.31 横断面设计图

横断面的中线,则剪断原有地面线并重新绘制即可(图 6.33)。

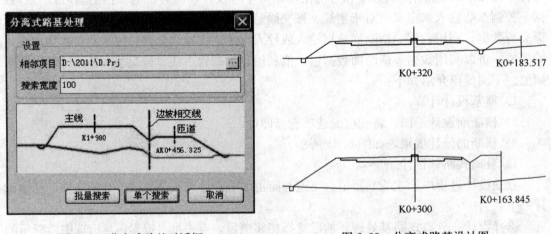

图 6.32 分离式路基对话框　　　　　图 6.33 分离式路基设计图

5) 路基挖台阶处理

路基横断面设计过程中,有时遇到斜坡地形,如处理不当,可能造成路基失稳。为处理斜坡地形的路基失稳或破坏,通常在路基横断面设计过程中对斜坡地形进行挖台阶处理，以提高路基的整体稳定性。具体设计如下：

选择设计—挖台阶处理菜单，弹出挖台阶处理对话框（图 6.34），选择台阶的水平距离和垂直距离，确定后选择路基横断面图的地形线，获得路基挖台阶设计图（图 6.35）。

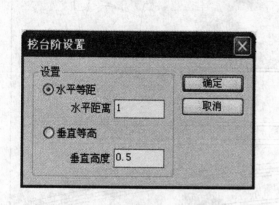
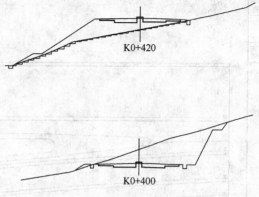

图 6.34　挖台阶设置对话框　　　　图 6.35　路基挖台阶设计图

6.3.5　立交设计部分图表

1. 连接部图和连接部高程数据图

1) 连接部图绘制

（1）打开纬地，分别加载设计文件，重绘立交线形；

（2）采用手工分图，必须安装 Express Tools 工具，虽然安装 Express Tools 工具，但 CAD 不能完全加载，从 CAD—工具—加载应用程序，加载 Express 目录里面所有程序；

（3）选择扩展—平面分图处理，按要求预处理分幅。对连接部设计图进行编号，并在相应的位置加入编号，并将立交线位图制成图块备用；

（4）绘制连接部图，选择绘图—绘制连接部图，注意分段绘制；

（5）预分幅分图，随后裁图；

（6）对图形进行修改，插入前期立交线位图块，调整到适当大小时即可（图 6.36）。

2) 连接部高程数据图绘制

（1）打开纬地，分别加载设计文件，重绘立交线形；

（2）采用手工分图，必须安装 Express Tools 工具，虽然安装 Express Tools 工具，但 CAD 不能完全加载，从 CAD—工具—加载应用程序，加载 Express 目录里面所有程序；

（3）选择扩展—平面分图处理，按要求预处理分幅；对连接部设计图进行编号，并在相应的位置加入编号，并将立交线位图制成图块备用；

（4）绘制连接部路面标高图，选择绘图—绘制路面标高图，注意分段绘制；

（5）预分幅分图，随后裁图；

（6）对图形进行修改，插入前期立交线位图块，调整到适当大小时即可（图 6.37）。

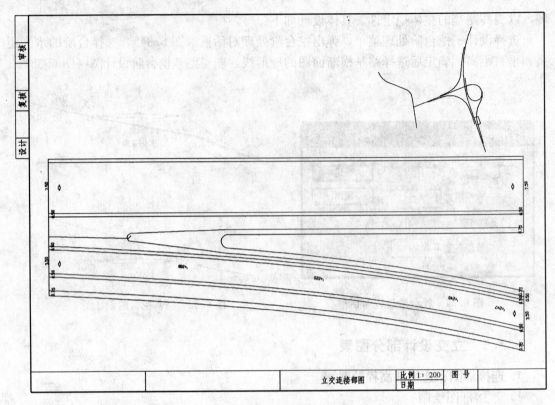

图 6.36 立交连接部图

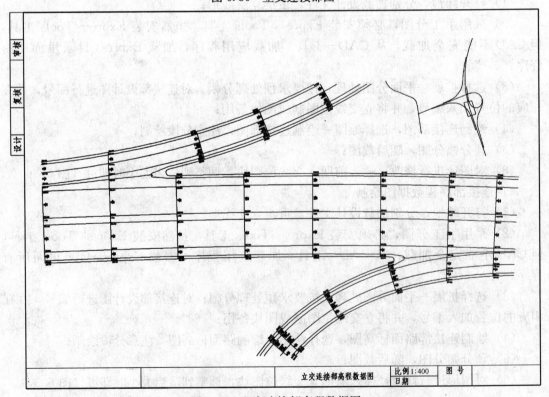

图 6.37 立交连接部高程数据图

2. 路基设计表

选择表格—输出路基设计表，即绘制路基设计表如图 6.38 所示。

路 基 设 计 表

某立交Z₁主线　　　　　　　　　　　　　　　　　　　　　　　　　　　　　第2页　共3页

桩号	平曲线		竖曲线		地面高程(m)	设计高程(m)	填挖高度(m)		路基宽度(m)							以下各点与设计高度之差(m)						坡口、坡脚至中桩距离(m)		备注
	左偏	右偏	凹偏	凸偏					左侧			中分带		右侧		左侧			右侧					
							填	挖	W1	W2	W3	W0	W3	W2	W1	A1	A2	A3	A3	A2	A1	左侧	右侧	
K87+253.790	K87.253.790 (HY)				307.89	297.64		10.25	0.75	2.50	8.00	2.00	12.94	2.51	0.75	0.29	0.32	0.24	-0.35	-0.40	-0.42	23.02	21.36	
+260			1.71%	776.32	307.37	297.75		9.62	0.75	2.50	8.00	2.00	12.51	2.50	0.75	0.29	0.32	0.24	-0.34	-0.39	-0.41	22.54	20.63	
+280					303.98	298.09		5.89	0.75	2.50	8.00	2.00	12.01	2.50	0.75	0.29	0.32	0.24	-0.32	-0.37	-0.40	20.57	19.37	
+300					301.06	298.43		2.63	0.75	2.50	8.00	2.00	12.00	2.50	0.75	0.29	0.32	0.24	-0.32	-0.37	-0.40	16.24	18.56	
+320					296.92	298.77	1.86		0.75	2.50	8.00	2.00	12.00	2.50	0.75	0.29	0.32	0.24	-0.32	-0.37	-0.40	13.48	19.81	
+340					293.39	299.11	5.73		0.75	2.50	8.00	2.00	12.00	2.50	0.75	0.29	0.32	0.24	-0.32	-0.37	-0.40	18.10	23.22	
+360				QD K87+364.060	291.41	299.45	8.04		0.75	2.50	8.00	2.00	12.00	2.50	0.75	0.29	0.32	0.24	-0.32	-0.37	-0.40	25.14	28.71	
+380					289.97	299.79	9.82		0.75	2.50	8.00	2.00	12.00	2.50	0.75	0.29	0.32	0.24	-0.32	-0.37	-0.40	27.51	34.20	
+400					289.71	300.09	10.39		0.75	2.50	8.00	2.00	12.00	2.50	0.75	0.29	0.32	0.24	-0.32	-0.37	-0.40	28.80	35.28	
+420					289.84	300.37	10.53		0.75	2.50	8.00	2.00	11.40	2.50	0.75	0.29	0.32	0.24	-0.34	-0.42	-0.44	28.27	35.20	
+440					290.10	300.61	10.52		0.75	2.50	8.00	2.00	10.26	2.50	0.75	0.29	0.32	0.24	-0.31	-0.38	-0.41	26.30	34.35	
+460					292.74	300.83	8.09		0.75	2.50	8.00	2.00	9.12	2.50	0.75	0.29	0.32	0.24	-0.27	-0.35	-0.37	23.80	32.50	
+480					295.59	301.02	5.43		0.75	2.50	8.00	2.00	8.00	2.50	0.75	0.29	0.32	0.24	-0.24	-0.32	-0.34	16.91	27.66	
+500					300.30	301.18	0.89		0.00	2.93	8.00	2.00	8.00	2.50	0.75	0.33	0.33	0.24	-0.24	-0.32	-0.34	14.73	20.69	
+520					304.24	301.32		2.92	0.75	2.50	16.46	2.00	8.00	2.50	0.75	0.37	0.35	0.24	-0.24	-0.32	-0.34	29.66	14.38	
+540		JD1 141.08.246 R=1000 Ls=160.00 Ly=638.74			306.52	301.42		5.10	0.75	2.50	15.46	2.00	8.00	2.50	0.75	0.39	0.42	0.40	-0.24	-0.32	-0.34	29.64	14.38	
+560					305.12	301.50		3.62	0.75	2.50	14.50	2.00	8.00	2.50	0.75	0.42	0.44	0.39	-0.24	-0.32	-0.34	28.93	14.59	
+580					301.71	301.54		0.17	0.75	2.50	13.53	2.00	8.00	2.50	0.75	0.39	0.42	0.37	-0.24	-0.32	-0.34	21.92	16.96	
+600				303.89 K87.620	298.82	301.56	2.74		0.75	2.50	12.56	2.00	8.00	2.50	0.75	0.37	0.39	0.34	-0.24	-0.32	-0.34	19.38	23.36	
+620				R=14000 T=255.94 E=2.34	297.09	301.55	4.46		0.75	2.50	11.58	2.00	8.00	2.50	0.75	0.34	0.36	0.31	-0.24	-0.32	-0.34	15.87	24.41	
+640					298.70	301.51	2.81		0.75	2.50	10.59	2.00	8.00	2.50	0.75	0.34	0.34	0.29	-0.24	-0.32	-0.34	17.21	23.61	
+660					300.10	301.45	1.34		0.75	2.50	9.59	2.00	8.00	2.50	0.75	0.30	0.32	0.27	-0.24	-0.32	-0.34	14.05	20.13	
+680					299.86	301.35	1.49		0.75	2.50	8.59	2.00	8.00	2.50	0.75	0.29	0.32	0.24	-0.24	-0.32	-0.34	15.13	16.01	
+700					299.78	301.22	1.44		0.75	2.50	8.00	2.00	8.00	2.50	0.75	0.29	0.32	0.24	-0.24	-0.32	-0.34	15.88	15.88	
+720					300.78	301.07	0.29		0.75	2.50	8.00	2.00	8.00	2.50	0.75	0.29	0.32	0.24	-0.24	-0.32	-0.34	14.85	15.82	
+740					300.44	300.89	0.45		0.75	2.50	8.00	2.00	8.00	2.50	0.75	0.29	0.32	0.24	-0.24	-0.32	-0.34	12.71	16.07	
+760					298.85	300.68	1.83		0.75	2.50	8.00	2.00	8.00	2.50	0.75	0.29	0.32	0.24	-0.24	-0.32	-0.34	15.75	16.05	
+780					296.93	300.44	3.52		0.75	2.50	8.00	2.00	8.00	2.50	0.75	0.29	0.32	0.24	-0.24	-0.32	-0.34	18.96	17.21	
+800					294.43	300.17	5.75		0.75	2.50	8.00	2.00	8.00	2.50	0.75	0.29	0.32	0.24	-0.24	-0.32	-0.34	24.01	21.18	

编制：　　　　　　　　　　　　　　复核：　　　　　　　　　　　　　　审核：

图 6.38　路基设计表

3. 路基土石方数量表

选择表格—输出土方计算表，即绘制路基土石方数量表如图 6.39 所示。

4. 线位数据图

线位数据图主要内容为立交主线、被交线及各匝道的线形特征，立交主线、被交线及各匝道的主点坐标表。具体设计如下：首先加载立交设计文件，重绘立交线位图。加载 Express Tools 工具，加载主线 Z_1 设计文件，选择扩展—平面分图处理，按要求预处理分幅，最后插入立交主线、被交线和匝道的主点坐标表即可，注意图纸的比例。如图 6.40 所示。

5. 立交总体布置图

立交总体布置图主要内容包括：立交总体布置、边坡、桥涵洞的位置，立交端部的变化和边沟排水沟线等内容。

绘制方法：选择绘图—绘制总体布置图，修改部分不完整的示坡线和加入桥梁锥坡。并对总体布置图进行修剪，然后选择绘图—构造物标注，插入指北针等。加载主线 Z_1 设计文件，选择扩展—平面分图处理，按要求预处理分幅，注意图纸的比例。如图 6.41 所示。

路基土石方数量计算表

某立交A匝道　　第2页　共3页　SIII—3

桩号	横断面积(m²) 挖	横断面积(m²) 填土	横断面积(m²) 石	距离(m)	挖方分类及数量(m³) 总数量	I %	I 数量 土	II %	II 数量	III %	III 数量	IV %	IV 数量 石	V %	V 数量	VI %	VI 数量	填方数量(m³) 土	填方数量(m³) 校正土方	填方数量(m³) 石	利用方数量及调配(m³) 木桩利用 土	利用方数量及调配(m³) 木桩利用 石	利用方数量及调配(m³) 填缺 土	利用方数量及调配(m³) 填缺 石	利用方数量及调配(m³) 挖余 土	利用方数量及调配(m³) 挖余 石	利用方数量及调配(m³) 远运利用级	调配示意	借方数量(m³)及运距(km) 土	借方数量(m³)及运距(km) 石	东方数量(m³)及运距(km) 土	东方数量(m³)及运距(km) 石	总运量(m³·km) 土	总运量(m³·km) 石	备注
1	2	3	4	5	6	7	8	9	10	11	12	13	14	15	16	17	18	19	20	21	22	23	24	25	26	27	28	29	30	31	32	33	34	35
K0+420	0.7	39.4		20.0	14.8	20	3.0	6.0	8.9	20	3.0							1138.8	1138.8		14.8		1124.0												
K0+440	0.7	74.4		19.6	90.6	20	18.1	60	54.4	20	18.1							1401.5	1401.5		90.6		1310.9												
K0+459.630	8.5	68.4																												大中桥梁					
K0+660.662	87.9	6.0		19.3	1882.9	20	354.5	60	1063.7	20	354.6							58.0	58.0		58.0		1714.9							大中桥梁					
K0+680	95.5			17.9	2554.9	20	511.0	60	1532.9	20	511.0												2554.9												
K0+697.908	189.8			2.1	340.4	20	68.1	60	204.3	20	68.1												340.4												
K0+700	135.6			20.0	3843.5	20	768.7	60	2306.1	20	768.7												3843.5												
K0+720	248.7			20.0	6307.8	20	1261.6	60	3784.7	20	1261.6												6307.8												
K0+740	382.0			20.0	8611.8	20	1722.4	60	5167.1	20	1722.4												8611.8												
K0+760	479.1			14.4	7663.9	20	1532.8	60	4598.3	20	1532.8												7663.9												
K0+774.370	587.5			5.6	3389.1	20	677.8	60	2033.5	20	677.8												3389.1												
K0+780	616.5			20.0	12661.0	20	2532.2	60	7596.6	20	2532.2												12661.0												
K0+800	649.7			20.0	11689.9	20	2338.0	60	7014.0	20	2338.0												11689.9												
K0+820	519.3			20.0	7963.5	20	1592.7	60	4778.1	20	1592.7												7963.5												
K0+840	277.0			3.4	897.8	20	179.6	60	538.7	20	179.6												897.8												
K0+843.355	258.2			16.6	3918.9	20	783.8	60	2351.4	20	783.8												3918.9												
K0+860	212.5			20.0	3976.2	20	795.2	60	2385.7	20	795.2												3976.2												
K0+880	184.9			20.0	3545.9	20	709.2	60	2127.5	20	709.2												3545.9												
K0+900	169.7			20.0	2861.8	20	572.4	60	1717.1	20	572.4												2861.8												
K0+920	116.5			20.0	1711.7	20	342.3	60	1027.0	20	342.3												1711.7												
K0+940	54.7			3.5	183.5	20	36.7	60	110.0	20	36.7												183.5												
K0+943.548	48.8																																		
小计					83999.9		16800.0		50400.0		16800.0							2598.3	2598.3		163.4		2434.9		83836.5										

图 6.39　路基土石方数量表

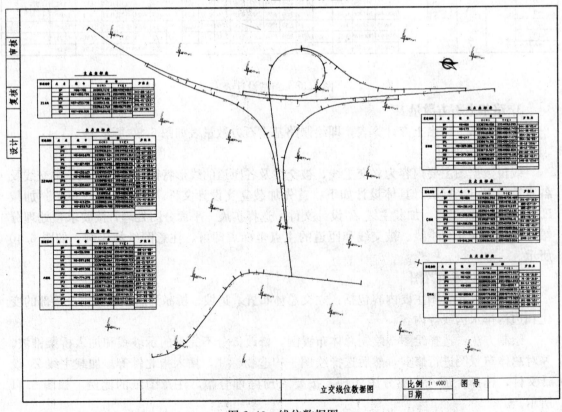

图 6.40　线位数据图

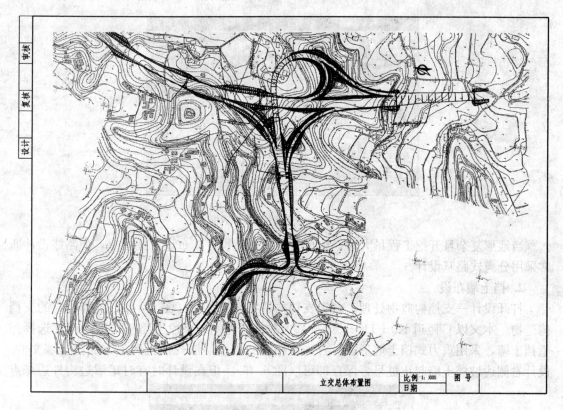

图 6.41 总体布置图

6.3.6 构造物及收费站设计

1. 桥梁、涵洞通道、隧道布设

道路是由路基、路面、桥梁、涵洞、隧道和沿线设施所组成的线形构造物。在确定好路线平、纵、横参数后，必须根据地形、水系和交通等因素，布设区域内桥梁、隧道、涵洞的位置，确定区域内桥梁、隧道、涵洞的标高和选型。首先打开纬地数据—控制参数输入菜单（图6.42），输入桥梁的起始点桩号，随后确定桥梁形式和名称等参数，依次进行，整个路线的桥梁布设完成。注意高速公路跨线桥设置时，只需确定中心桩号和桥型，其与路线正交或斜交，设计与否取决高速公路两侧行车或行人的需要。

涵洞、通道设置主要考虑公路两侧的水系和车辆行人的需要，具体要求参考《公路路线设计规范》JTG D20—2006。涵洞主要有圆管涵、盖板涵和拱涵等构造物。首先打开纬地数据—控制参数输入菜单（图6.43），输入涵洞或通道的桩号、角度、洞底标高及结构物形式等参数即可，依次进行完成整条路线涵洞的布设。

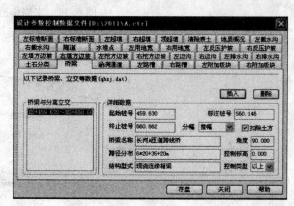

图 6.42 某桥梁布设对话框

图 6.43 某涵洞布设对话框

当地形复杂且开挖工程量大时，也可考虑隧道布设，其布设方式同上，但路线设计通常采用分离式路基设计。

2. 挡土墙布设

打开设计—支挡构造物处理，获得支挡构造物设计菜单（图 6.44），选择相应的支挡构造物。本文以 C 匝道 K0+110~K0+190 右边坡为例，该段为路堑边坡，因此选择路堑挡土墙，采用重力式挡土墙形式。首先将相应的挡土墙形式拖入到下方的挡土墙文件，设计右侧边坡挡土墙起止桩号，保存即可（图 6.45）。但在设计时有时矩形边沟外边缘点

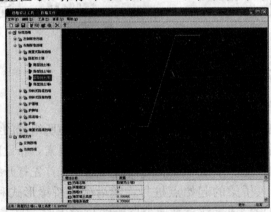

图 6.44 支档构造物设计

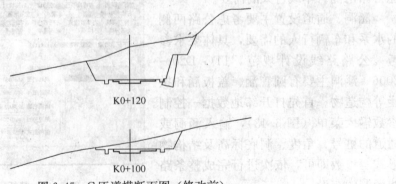

图 6.45 C 匝道横断面图（修改前）

直接接挡土墙,可以在控制参数输入中将此段边沟外侧增加一组数据,设置一个碎落台(图6.46),碎落台外侧点接挡土墙(图6.47)即可。同时可以发现图6.45挡土墙上方碎落台的宽度较宽,可以进行控制参数输入菜单修改相应的右挖方边坡的第一碎落台的宽度来调整。

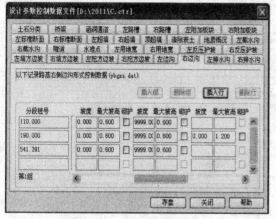

图6.46 右边沟对话框

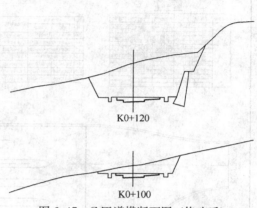

图6.47 C匝道横断面图(修改后)

3. 收费站设计

收费站的平面设计应考虑交通流量、交通安全等其他因素,因此应选择收费站的规模、收费出入口的数量等参数。一般应选择地形平坦、视野开阔的地段,同时收费岛最好位于直线段或大半径的平曲线上。同时纵面线形应尽量平顺,其纵坡一般不超过2%,以保证车辆的加速、减速和停靠方便。具体设计如下:

1)工具—收费站岛布置(图6.48),可以设置收费站的中心桩号,调整收费站各项指标,在此不详述。

2)获得收费站边线线位数据。首先新建项目,选择立交平面设计,利用拾取功能,将收费站两侧的线形全部拾取,获得收费站边线的线位数据文件(图6.49)。将边线主点坐标表和元素表放入平面设计图(图6.50),绘制收费站刚性路面板块划分图。

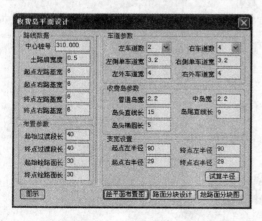

图6.48 收费站岛设计对话框

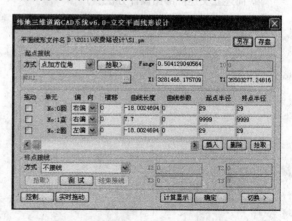

图6.49 收费站岛边线设计线位数据

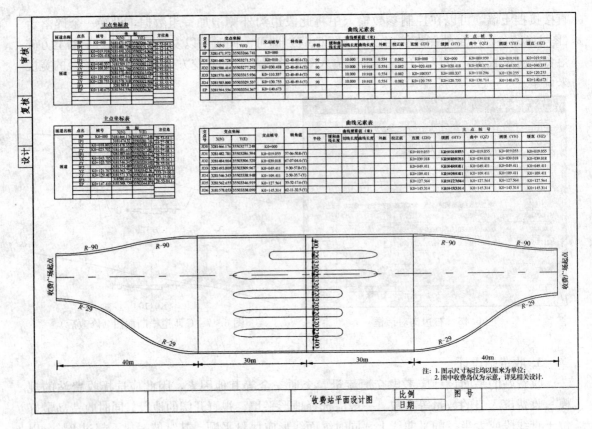

图 6.50 收费站平面设计图

复 习 思 考 题

1. 试述计算机辅助设计在道路设计中的应用。
2. 简述平交口设计方法。
3. 简述立交纵断面设计的方法。
4. 简述立交连接部图设计方法。
5. 试述主线、被交线平面设计的方法。

参 考 文 献

[1] 张雨化. 道路勘测设计[M]. 北京：人民交通出版社，1997.
[2] 杨少伟. 道路勘测设计(第二版)[M]. 北京：人民交通出版社，2004.
[3] 张金水. 道路勘测设计(第 2 版)[M]. 上海：同济大学出版社，2009.
[4] 孙家驷. 道路勘测设计(第二版)[M]. 北京：人民交通出版社，2005.
[5] 冯桂炎. 道路交叉设计[M]. 长沙：湖南科学技术出版社，1995.
[6] 杨少伟. 道路立体交叉规划与设计[M]. 北京：人民交通出版社，2000.
[7] 孙家驷. 道路立交规划与设计[M]. 北京：人民交通出版社，2009.
[8] 乔翔，蔺惠茹. 公路立交规划与设计实务[M]. 北京：人民交通出版社，2001.
[9] 吴国雄，李方. 互通式立体交叉设计范例[M]. 北京：人民交通出版社，2002.
[10] 刘洪波. 互通式立体交叉计算机辅助设计[M]. 南京：东南大学出版社，2009.
[11] 交通部. 公路工程技术标准 JTG B01—2003[S]. 北京：人民交通出版社，2003.
[12] 交通部. 公路路线设计规范 JTG D20—2006[S]. 北京：人民交通出版社，2006.
[13] 交通部. 公路工程基本建设项目设计文件编制办法[S]. 北京：人民交通出版社，2007.
[14] 住房和城乡建设部. 城市道路交叉口设计规程 CJJ 152—2010[S]. 北京：中国建筑工业出版社，2010.
[15] 住房和城乡建设部. 城市道路交叉口规划规范 GB 50647—2011[S]. 北京：中国计划出版社，2011.
[16] 住房和城乡建设部. 城市道路工程设计规范 CJJ 37—2012[S]. 北京：中国建筑工业出版社，2012.
[17] 国家标准局. 标准轨距铁路机车车辆限界和建筑限界 GB 146.1～146.2—83[S]. 北京：中国标准出版社，1983.
[18] 建设部. 城市人行天桥与人行地道技术规范 CJJ 89—95[S]. 北京：中国建筑工业出版社，1996.
[19] 交通部. 公路交通安全设施设计规范 JTG D81—2006[S]. 北京：人民交通出版社，2006.
[20] 交通部. 公路交通安全设施设计细则 JTG/T D81—2006[S]. 北京：人民交通出版社，2006.
[21] 国家质量技术监督局. 道路交通标志和标线 GB 5768—1999[S]. 北京：中国标准出版社，1994.
[22] 建设部. 城市道路照明设计标准 CJJ 45—2006[S]. 北京：中国建筑工业出版社，2006.
[23] 质量监督检验总局. 公路照明技术条件 GB/T 24969—2010[S]. 北京：中国标准出版社，2010.
[24] 建设部. 城市道路绿化规划与设计规范 CJJ 75—97[S]. 北京：中国建筑工业出版社，1997.